Numérologie 2025

*Votre chiffre CLÉ révèle
ce qui vous attend chaque mois !*

**Travail – amour – famille
– finances – santé – jeux…**

Édition : BoD – Books on Demand, info@bod.fr.
Impression : BoD – Books on Demand, In de Tarpen 42,
Norderstedt (Allemagne).

Impression à la demande

ISBN : 978-2-3225-3953-6
Dépôt légal : Juin 2024

Martine MÉNARD

Numérologie 2025

*Votre chiffre CLÉ révèle
ce qui vous attend chaque mois !*

**Travail – amour – famille
– finances – santé – jeux…**

Disponible en 2 FORMATS :
PAPIER : FORMAT A5 (14,8 X 21)
&
EBOOK (téléchargement)

☞ AU SOMMAIRE

ৎ০ৎ

☞ **Pour Calculer votre nombre
<u>CLÉ</u> de vie**

une simple addition suffit :

votre JOUR de naissance
+
votre MOIS de naissance

réduire à un CHIFFRE (entre 1 & 9)

**<u>*Exemples :*</u>
Si vous êtes né.e un 20 novembre
Soit : 20 + 11 = 31 = (3 + 1) = 4**

**Pour connaître
Les prévisions <u>détaillées</u> de votre année
PERSONNELLE 2025**

Vous vous reportez au chiffre CLÉ

(qui correspond à l'addition ci-dessus)

☞ PRÉAMBULE

➢ **La NUMÉROLOGIE** n'a plus ses preuves à faire. Les nombres sont partout ! Ils font partie intégrante de notre vie.

– **L'influence des chiffres** est à <u>la numérologie</u> ce que **l'influence des planètes** est à <u>l'astrologie</u>.

– Tout comme cette dernière, **la numérologie** permet de se préparer aux aléas du quotidien et d'anticiper notre futur proche comme à moyen et long terme, de connaître les tendances (bonnes ou mauvaises) pour les jours, mois, voire années à VENIR !

➢ **Cet ouvrage sur LA NUMÉROLOGIE…**
est une partie « *clonée* » et allégée du manuel

> **LA NUMÉROLOGIE FACILE !**
> <u>***Tome 2***</u>
> **Vos Prévisions PERPETUELLES**
> *Annuelles - mensuelles - journalières*
> **Pour AGIR au bon MOMENT !**

Tout en gardant autant d'informations principales !
<u>**Telles que :**</u>
➢ Les *tendances de l'ANNÉE* en cours…
➢ De quoi seront faits les *12 mois à venir* ?
➢ Quelles seront les *possibilités de réussite* ?
➢ Quels *défis* devront être relevés ?
➢ *Quels jours* préférer pour entreprendre les démarches importantes ? Les *chiffres* pouvant être joués, quelles seront les chances de gain ? Etc.

➢ <u>Savoir à l'AVANCE</u> ce que **chaque mois** à venir vous RÉSERVE, voire certains jours signalés…, vous donne un avantage important sur le destin. Vous vous préparez psychologiquement à affronter les événements FORTS.

– Ainsi prévenu.e, à vous de gérer votre avenir proche et éviter ainsi les tracasseries inutiles...

➢ <u>Ce manuel sera je l'espère, votre GUIDE</u>
<u>pour toute votre **année 2025.**</u>

2024 était sur le plan universel
sous l'influence du 8
__Année matérialiste !__
Besoin de rééquilibrage
de la situation économique et sociale.
7 impactée par PLUTON,
Détruire pour reconstruire...
Arrivées des nouvelles réformes,
pas toujours bien vues mais nécessaires...
recadrage dans le domaine de l'éducation...

en 2025 sur le plan collectif
*sous l'influence du **9 Impacté par NEPTUNE***
(la spiritualité et l'idéalisme)
un cycle se termine.
Une année dans l'ensemble bénéfique avec une
belle éclaircie vers le printemps.

En voici, page suivante, un aperçu global.

Et pour vous, quel que soit le **chiffre CLÉ**
qui détermine vos prévisions,
gardez également à l'esprit, l'influence collective
de l'année **2025** citée ci-après !

ഇൽ

L'influence COLLECTIVE.

☞ *En GÉNÉRAL*

➢ 9, chiffre universel de **2025** sera un appel à l'humanité. Sous l'influence de NEPTUNE, planète de la spiritualité, incarnant les valeurs humanistes et idéalistes, se situeront des enjeux internationaux touchant la nature.

– Dans cette période de bilan, prenons conscience plus que jamais du réchauffement climatique et de ses conséquences. Tirons enseignement du récent passé et allons à l'essentiel. Respectons le vivant (nature, animaux terrestre, marins…) et gardons la foi…

– En **2025**, l'exploration de l'espace continuera… Est-ce si bon pour notre planète tous ces engins spatiaux ? Car des bouleversements dans la nature (volcan qui se réveille, orages de plus en plus violents, raz de marée…) sont à craindre. Egalement l'année de l'enseignement, le retour de l'apprentissage et des formations professionnelles. Tout comme trouver des solutions aux problèmes latents en retrouvant une croissance économique.

– De nouveaux décrets, plus justes et plus créatifs, seront votés et adoptés par un large collectif. La recherche, les nouvelles technologies, l'art et la médecine sont des domaines qui revêtiront une grande importance. De nouvelles dispositions pourraient être mises en place pour améliorer le temps de travail des soignants dans les maisons de retraite, mais aussi dans le but de faciliter le vieillissement à domicile.

☞ *LES MOIS IMPORTANTS*

– *1ᵉʳ trimestre* difficile, demandant de la patience. Grèves, manifestations, administration ralentie…

– *MAI* : prise de conscience collective, le changement s'amorce. Le monde semble devenir plus spirituel, plus à l'écoute d'autrui…

OCTOBRE : un cap est franchi ! Mais avons-nous tiré des leçons du passé ? *DÉCEMBRE* **2025, ferme un cycle de 9 ans...**

☞ *Et pour vous sur le plan personnel…*

Si votre chiffre CLÉ est

Voici les prévisions <u>détaillées</u>

de votre année

PERSONNELLE 2025

de

JANVIER à DÉCEMBRE

ෂා౧ఴ

...REDÉMARRER UNE NOUVELLE RÉVOLUTION PERSONNELLE !

> ➤ *C'est parti pour une nouvelle période de 9 ans !*
> *Nouveau départ, nouvelles perspectives...*
> *Tirer un trait sur le passé, et prendre les décisions*
> *qui s'imposent pour réaliser ses vœux, ses projets...*

Vos MOTS CLÉS pour 2025 sont donc : *Action & concrétisation.*

☞ *En GÉNÉRAL*

➤ Si en 2025, vous avez fait le nécessaire pour vous libérer de tout ce qui pesait dans votre vie, alors c'est le moment d'agir pour innover, de penser à l'avenir... sinon, il vous faudra à la fois, vivre cette année **2025** comme il aurait fallu le faire l'année précédente (*faire « le nettoyage » mais uniquement en 1er semestre !*) pour pouvoir rattraper cette période.

– En *cette année 2025*, bien que vous ayez l'impression d'avoir perdu assez de temps, ne précipitez rien ! Agir certes, mais sans impulsivité. Procédez avec clarté, adaptation, responsabilité et engagement. Restez humble. En respectant des prérogatives, vous aurez la sensation de renaître à tous niveaux !

– Année sous l'influence de MARS (ténacité & témérité) et du SOLEIL (audace & ardeur) vous déborderez d'énergie. Mettez-la à profit pour développer vos projets... prenez des initiatives, mettez vos compétences en avant, faites les démarches qui s'impose pour faire évoluer toute situation.

– La roue tourne et vous revoilà en phase montante, saisissez les occasions quand elles se présentent. Mais, faites preuve d'humilité devant cette chance insolente, ne vous montrez pas trop agressif.ve et ne prenez personne de haut ! Vous en auriez des retombées défavorables.

☞ *Comment « vivrez-vous » 2025 ?*

– C'est en faisant preuve à la fois de fermeté et de douceur, que vous pourrez parvenir à vos fins. À vous de trouver le juste milieu dans votre comportement, car de ce dernier, vous aurez votre entourage avec vous… ou contre vous ! Alors à vous de savoir vous maîtriser : une main de fer dans un gant de velours !

➢ *PLAN PROFESSIONNEL :*

– Le domaine professionnel est très important en ce début de cycle, et nécessite de votre part, une totale implication. Donnez le maximum de vous-même, soyez ambitieux.se, car c'est le moment de faire aboutir vos idées, de concrétiser vos projets... Ces derniers prendront forme à partir de JUIN. Ce peut être une mutation souhaitée, la création de votre entreprise, changement de poste tant espéré… Tout est possible, visez grand !

➢ *PLAN AFFECTIF :*

– L'année **2025** devrait être celle du renouveau ! Bien décidé.e à mettre fin à la solitude, vous reprenez confiance en vous et ça se voit ! Vous pourriez bien vivre cette fois, une véritable histoire.

– *Pour les couples,* envie d'engagement et de confort. Les mauvaises expériences du passé n'ont plus lieu d'être. Vous voilà prêt.e à vous impliquer davantage.

➢ *PLAN FAMILIAL :*

– Les projets se réalisent. Nouveau logement, agrandir la famille, prendre enfin de vraies vacances… tout est possible !

➢ *PLAN MATÉRIEL :*

– La situation s'améliore ! Des emprunts qui se terminent, une augmentation de salaire, un commerce prospère…

➢ *SANTÉ :*

– Résolution d'une nouvelle hygiène de vie ? Bravo ! C'est une excellente année pour adopter une alimentation plus saine, plus équilibrée… 3 repas par jour, manger régulièrement fruits et légumes, ne plus grignoter entre chaque, et boire au minimum 1,5 L d'eau, (additionnée de sirop sans sucre) ou nature… vous n'en retirerez que des bienfaits. Quelques kilos à perdre, c'est aussi le bon moment. Votre énergie étant montante, vous ne devriez pas avoir trop de difficultés à vous motiver ! Et en vous y mettant dès janvier, vous devriez avoir retrouvé une belle silhouette pour septembre !

    – Tout ce qui concerne la tête peut être fragilisé ! Les yeux, la gorge, les sinus…

☞ *QUELQUES CONSEILS* :

    – **2025** étant pour vous une année synonyme d'action, cessez de tergiverser et prenez les décisions qui s'imposent pour faire avancer vos projets. Tout est possible en cette année à condition de savoir agir, et ce, rapidement. Cependant, il vous faut rester à l'écoute d'autrui, ne pas chercher à empiéter sur un terrain qui ne vous appartient pas ! Ce que vous avez à accomplir, faites-le, mais avec honnêteté et conscience. Réfléchissez toujours avant tout engagement. En agissant en régularité avec les Forces Cosmiques, en persévérant les 8 premiers mois malgré les perturbations inévitables, *SEPTEMBRE* apportera la concrétisation des efforts fournis…

☞ *LES MOIS IMPORTANTS*

    – *FÉVRIER* : le mois des belles rencontres. Favorable aux déplacements, aux voyages…

    – *AVRIL* : des litiges en cours ? Ils devraient se régler en votre faveur. Attention aux accidents domestiques ! Ce n'est pas le moment de faire des acrobaties sur le toit pour réparer la toiture. Attendez d'être moins speed ! Juin ou août par exemple.

    – *JUILLET* : calmez le jeu ! Vous êtes une véritable pile électrique. Prudence lors des déplacements.

    – de *SEPTEMBRE à NOVEMBRE* : vous récoltez les fruits des 8 mois passés. Si vous avez donné le maximum de vous-même, la récolte sera fructueuse.

    – DÉCEMBRE : dernière ligne droite avant d'entrer **en 2025.**

Vos PRÉVISIONS pour JANVIER 2025
☞ Si votre chiffre clé est 01

Votre QUOTIDIEN

AFFAIRES – PROFESSIONNEL – ACTIVITÉS – LOISIRS...

– Durs-durs les lendemains de fêtes. **2025** ne commencera pas sur les chapeaux de roues. Profitez de ce 1er mois pour préparer des démarches qui serviront vos futures entreprises. Ayez une attitude zen, concentrée, modérée, détendue, sans agressivité… Faites preuve de lâcher-prise, ne tentez rien en janvier, ne forcez ni les choses ni les événements… rien de positif n'en sortirait. Patientez ! En février, vous pourrez vous laisser vivre en toute sérénité. Vous aurez carte blanche pour entreprendre à nouveau des projets novateurs.

– Si vous êtes à la *recherche d'un emploi,* les démarches risquent de rester infructueuses, surtout entre le 1 et le 10. Toutefois, ne restez pas isolé.e, allez au-devant des autres, car de vos contacts pourraient jaillir des surprises, des « pistons ».

– *Si vous êtes en activité professionnelle,* attendez-vous, du 1 au 10, à subir quelques imprévus contraignants… Attention aux conflits, surtout les 7, 16 et 25, souvent liés à des tensions occasionnées par des retards, et une certaine instabilité prédominante entre le 14 et le 21. À partir du 11 et jusqu'à la fin du mois, une période plus favorable vous permettra de faire aboutir ce qui était en attente, en particulier, en ce qui concerne les négociations ou les remaniements d'équipe...

– Réfléchissez avant de vous engager dans toute nouvelle action ou démarche quelconque, principalement les 6, 15 et 24, imposez-vous un temps de réflexion.

– Toutefois, si vous devez signer un contrat ou un accord prévu, donnez la préférence au 8, 17 ou 26 du mois !

– Si vous êtes dans le domaine créatif, – *retraité.e ou actif.ve* – vous serez bien inspiré.e les 1, 10, 19, et le 28.

– *En affaires,* ne prenez aucun engagement ou décision hâtive les 6, 15 et 24 !

– Quoi qu'il en soit, ce mois de janvier, allez au-devant des autres, renouez avec d'anciens collègues, surtout ne vous isolez pas !

– Envie de _voyager_ ? Préférez les 3, 12, 21 et 30 du mois. Évitez les 2, 11, 20 et 29.

AMOURS – FAMILLE – AMITIÉS – RELATIONS...

– Si vous êtes _célibataire,_ voici un bon mois pour les rencontres, (principalement entre le 14 et le 21), même si dans un premier temps, elles ne restent qu'au stade de l'amitié, car vous ne serez pas en manque d'affection, mais il manquera le petit plus pour vous enflammer.

– Si vous êtes à la _recherche de l'âme sœur_, les rencontres nouvelles faites les 1, 10, 19, et le 28 se révéleront positives pour le futur.

– Si vous vivez _en couple_, prudence les 1, 3, 10, 12 et 19, et en cas de crise, c'est entre le 19 et le 30 que vous pourrez espérer un radoucissement de votre relation amoureuse avec votre conjoint.

– _En famille,_ vos proches peuvent être de bons conseils. Soyez à l'écoute des idées nouvelles à exploiter et des propositions qui pourraient se révéler de véritables aubaines.

– _Entre amis,_ beaucoup d'invitations et de sorties en vue, surtout en fin de mois. Ne les refusez pas. Les échanges avec autrui seront très enrichissants pour vous. Favorisez vos relations existantes, ce sont celles sur lesquelles vous pouvez encore compter le plus.

ARGENT – JEUX

– Évitez d'investir en janvier. Quant aux placements effectués le mois dernier, soyez patient.e; Ils porteront leurs fruits, mais pas dans l'immédiat. Donnez-leur le temps de mûrir !

– Si vous avez des projets de création d'entreprise ou autres, attendez le mois prochain, car rien ne bouge ce mois-ci. Les rentrées se font attendre... Et n'espérez pas un revirement de situation avant la fin du mois qui vous sera un peu plus favorable.

– Faites preuve de prudence tout particulièrement les 6, 15 et 24 !

– En attendant, ayez une gestion stricte, pas de dépenses futiles, et si vous avez fait des folies le mois dernier pour les fêtes, il ne vous reste plus qu'à vous serrer la ceinture.

– Ce mois-ci, financièrement, c'est PRUDENCE – RÉFLEXION – PATIENCE !

– Tentez chance *aux jeux* mais **en groupe ou au moins à deux**.
Vos *chiffres* à essayer : 3, 12, 15, 27, 39, 48 et 30.

SANTÉ – FORME

– La forme est bien moyenne en ce début d'année. Vous vous êtes beaucoup agité.e le mois dernier, vous avez dépensé beaucoup d'énergie et vous voici complètement à plat !

– Vous vous sentez fatigué.e, et vous avez les nerfs à fleur de peau, surtout en ce début de mois.

– Détendez-vous, ne forcez pas physiquement, préférez les activités intellectuelles. Tension nerveuse à craindre les 7, 16 et 25.

– Quelques jours de congés si vous le pouvez, ne vous feront pas de mal, et vous permettront de retrouver votre équilibre intérieur.

– Pour votre plus grand bien, entamez dès à présent une cure de vitamines.

TOUS DOMAINES
☞ **Vos meilleurs JOURS**
(où vous serez d'humeur conciliante) : **8 – 17 – 26**
☞ **Vos jours DIFFICILES**
(où il faudra contrôler votre agressivité) : **2 – 11 – 20 – 29**

Vos PRÉVISIONS pour FÉVRIER 2025
☞ Si votre chiffre clé est 01

Votre QUOTIDIEN

AFFAIRES – PROFESSIONNEL – ACTIVITÉS – LOISIRS...

– En février, vous vous sentirez en pleine forme. Mois de communication, profitez-en pour appuyer vos idées et faire part de vos projets à votre entourage. Restez concentré.e sur vos intentions et soyez curieux.se des nouveautés du moment.

– Cette première semaine, vous serez en ébullition. Vous aurez tendance à vous éparpiller.

– En revanche, la deuxième semaine, vous vous dépenserez dans un travail exigeant beaucoup d'énergie et de persévérance.

– Du 11 au 20, voici quelques jours de calme. Essayez d'en tirer le meilleur parti, profitez-en pour réfléchir posément à tout ce qui vous préoccupe ou à ce que vous avez envie de mettre en route.

– Si vous êtes en *activité professionnelle*, vous pourriez faire une rencontre inattendue qui pourrait se révéler très bénéfique pour votre carrière.

– Méfiez-vous cependant de certaines personnes mal intentionnées susceptibles de vous diriger sur de mauvaises pistes. Ne vous dispersez pas !

– Si vous êtes à la *recherche d'un emploi,* la conjoncture n'est pas franchement favorable aux démarches, mais plutôt aux projets... Osez des contacts qui peuvent se révéler gratifiants dans les mois à venir. Sachez que vous bénéficiez d'un climat propice à de nombreuses possibilités.

– Les 6, 15 et 24 peuvent se révéler des journées importantes. Vous serez enfin récompensé.e des efforts fournis et des initiatives prises par le passé.

– Si vous êtes à *la retraite*... de bons moments en vue... Retraite n'est pas égale à inactivité. Exploitez vos possibilités, car elles sont nombreuses.

– Si vous êtes doué.e d'un esprit créatif ou inventif, adonnez-vous librement à vos talents et laissez libre cours à votre imagination (peinture, couture, tricot, bricolage…)

– Cette période sera pour vous une des plus clémentes de l'année.

– En fin de mois, un _déplacement_ pourrait vous ouvrir de nouvelles portes, surtout si vous êtes dans le domaine créatif, et ce, les 2, 11, 20 et 29.

– Vos projets peuvent aboutir les 6, 15 et 24: soyez prêt.e.

– Envie de _voyager_ ? Préférez les 2, 11, 20 et 29 du mois.
Évitez les 1, 10, 19 et 28.

AMOURS – AMITIÉS – FAMILLE – RELATIONS…

– La première semaine, quelques tensions _familiales_ et une certaine agitation pourraient vous inciter à agir trop impulsivement. Prenez sur vous, surtout les 3, 12, 21 et 30.

– Débarrassez-vous de ce qui vous encombre dans vos _relations_, faites une auto-analyse et allez vers l'essentiel.

– Vous pourriez renouer avec _des amis_ de longues dates, ou approfondir vos liens avec ceux présents. Toujours est-il que vous saurez reconnaître les sincères parmi les profiteurs.

– Si vous êtes _célibataire_ et en recherche de l'âme sœur, une heureuse rencontre sera prometteuse surtout les 2, 11, 20 et 29.

– Si vous êtes _en couple,_ vous pourriez concevoir vos conditions de vie à deux. Envisager légaliser la situation, changer d'appartement pour un plus confortable… mais aussi, en cas de difficultés, prévoir une thérapie de couple (qui portera ses fruits) pour résoudre les problèmes qui persistent.

ARGENT – JEUX

– Pas de problèmes _financiers_ majeurs… mais ne vous laissez pas tenter par les crédits faciles. Préférez demander à votre banque un prêt perso.

– Essayez de prendre vos R.D.V concernant les affaires d'argent, les 1, 5, 10, 14, 19, 23 et 28.

– Si vous êtes dans l'attente de remboursements, soyez quand même vigilant.e, il vous faudra prévoir quelques retards de paiement.

– La chance *aux jeux* est présente ce mois.
– *Chiffres à jouer* éventuellement si vous êtes joueur.se :
4, 8, 11, 13, 17, 30 et 47.

SANTÉ – FORME

– La deuxième semaine du mois, tout particulièrement entre le 8 et le 18, évitez tout excès.

– Votre organisme, en cette période est affaibli, et tout virus qui traîne est pour vous. Surtout maux de gorge, rhume…

– La circulation sanguine aussi pourrait vous causer quelques soucis. Tension artérielle en dents de scie.

– Et comme les jours se suivent et ne se ressemblent pas, à partir du 20, vous « revivrez.»

– Faites du sport si votre état le permet, ou tout simplement de la marche, du vélo… pour libérer votre trop plein d'énergie !

TOUS DOMAINES
☞ **Vos meilleurs JOURS**
(où vous serez d'humeur conciliante) : 7 – 16 – 25
☞ **Vos jours DIFFICILES**
(où il faudra contrôler votre agressivité) : 1 – 10 – 19 – 28

Vos PRÉVISIONS pour MARS 2025

☞ **Si votre chiffre clé est 01**

Votre QUOTIDIEN

AFFAIRES – PROFESSIONNEL – ACTIVITÉS – LOISIRS...

– Ce mois-ci, vous devez faire preuve de courage et de persévérance. Rien ne se passe comme prévu. Tout va de travers.

– Vous pourriez être contrarié.e par le retard d'un dossier ou d'une demande en cours.

– Ne lâchez pas prise, relancez régulièrement les personnes ou organismes concernés jusqu'à ce que vous obteniez un résultat. Mais ne comptez sur aucune aide extérieure.

– Vous et vous seul.e devez résoudre ce dilemme. Seule votre ténacité vous permettra de venir à bout de ces obstacles.

– Soyez également vigilant.e tout au long du mois, car vous pourriez rencontrer des problèmes d'ordre administratif, juridique ou fiscal... ne faites pas l'autruche et accomplissez les démarches qui s'imposent pour trouver une solution.

– La première semaine, ne prenez aucune décision importante. Attendez la deuxième quinzaine avant de vous engager.

– Les meilleurs jours du mois sont entre le 21 et le 30. (Surtout le 24 !)

– C'est aussi le moment de faire le point sur votre situation personnelle et mettre de l'ordre dans vos affaires et vos papiers : trier, classer, jeter... Le ménage de printemps en quelque sorte !

– *Si vous êtes en activité professionnelle,* une proposition stimulante sous forme de contrat pourrait vous être offerte, principalement entre le 21 et le 30 du mois.

– Même si elle vous semble intéressante, ne vous précipitez pas, donnez-vous le temps de faire le point sur votre situation actuelle, car ce changement ne sera concluant que courant avril.

– Autour du 24, un stage de remise à niveau ou de développement des connaissances pourrait vous être proposé, ce qui entraînera un certain nombre de déplacements pour avril.

– *Si vous êtes à la recherche d'un emploi,* une proposition de formation pourrait vous être soumise...

– ***Déplacements*** en train ou avion **à éviter** (retards, grèves…)
– Ou faire de ***longues routes*** (bouchons)
surtout les 4, 9, 13, 18, 22, 27 et 30.

AMOURS – AMITIÉS – FAMILLE – RELATIONS...

– Contrôlez votre agressivité envers votre entourage. Plutôt que de vous emporter, cherchez d'abord à éclaircir calmement la situation. Le dialogue est encore la meilleure façon de trouver une solution et de régler les désaccords. Parfois, il ne s'agit que d'une parole mal interprétée. Personne n'est à l'abri d'un malentendu.

– Du 4 au 11, quelques soucis avec *les enfants* qui auront l'esprit de contradiction et seront exigeants.

– Prenez votre mal en patience et avec une certaine autorité bienveillante, tout rentrera dans l'ordre.

– Des personnes âgées et malades qui savent qu'elles peuvent compter sur vous, risquent de vous solliciter souvent. Faites preuve de souplesse et de tolérance, vous aussi, le jour viendra ou aurez leur âge.

– La deuxième partie du mois sera également agitée. Quelques conflits avec votre famille seront présents, ne baissez pas les bras mais, au contraire, profitez-en pour remettre les pendules à l'heure, surtout les 4, 9, 13,18, 22, 27 et 31.

– C'est en restant vigilant.e et diplomate que vous saurez résoudre tous les problèmes pratiques et les diverses difficultés familiales apparues.

– Entre le 21 et le 30, une occasion intéressante pourrait s'offrir à vous, telle que : changement d'appartement, achat d'une maison. Visitez, discutez, mais attendez le mois d'avril pour vous décider.

ARGENT – JEUX

– La première semaine du mois, portez une attention particulière à votre courrier. Ne négligez pas des relances éventuelles de factures.

– Si celles-ci sont trop lourdes pour votre budget du moment, réglez-les en plusieurs fois. Mais faire l'autruche pourrait vous apporter son lot de rappels à l'ordre.

– Contrairement au mois précédent, ne vous fiez pas à votre intuition, toute signature qui vous sera demandée doit être mûrement réfléchie.

– Soyez prudent.e; Pas d'engagement que vous pourriez amèrement regretter plus tard.

– Le 4, 13, 22 ou 31 seront des journées très favorables pour traiter une affaire immobilière par exemple.

– La chance *aux jeux* est possible ce mois.
– *Vos chiffres* si vous êtes joueur.se : 5, 9, 10, 14, 23, 37 et 47.

SANTÉ – FORME

– Quelques problèmes circulatoires pourraient vous préoccuper. Prenez-les au sérieux. Prévoyez aussi un contrôle dentaire.

– Évitez les sports violents, ils pourraient être néfastes, tant pour le côté cardiaque qu'articulaire. Aussi préférez la marche, la natation ou la gymnastique.

TOUS DOMAINES
☞ **Vos meilleurs JOURS**
(où vous serez d'humeur conciliante) : **6 – 15 – 24**
☞ **Vos jours DIFFICILES**
(où il faudra contrôler votre agressivité) : **9 – 18 – 27**

Vos **PRÉVISIONS** pour **AVRIL 2025**
☞ **Si votre chiffre clé est 01**

Votre QUOTIDIEN

AFFAIRES – PROFESSIONNEL – ACTIVITÉS – LOISIRS...

– Mois des changements et des décisions à prendre, vous n'aurez pas le temps de vous ennuyer.

– Vos projets professionnels seront au premier plan. Aussi il vous faudra sans doute sortir de la routine et être plus patient.e vis-à-vis de votre entourage (tant professionnel qu'amical…)

– Si vous êtes *en activité professionnelle,* il vous faudra trouver la bonne organisation. Évitez de vous éparpiller…

– Vers le 8, vous serez vite submergé.e; Pour venir à bout de toutes vos tâches, sachez déléguer, surtout si vous devez mener plusieurs projets à la fois.

– Les premiers et les derniers jours du mois, des déplacements, surtout si vous êtes commercial.e, peuvent se révéler fructueux et se concrétiser par des signatures.

– Vos jours favorables sont les 4, 13 et 22, et une promotion est possible le 13.

– Si *vous êtes à votre compte,* et que vous envisagez l'embauche d'un intérimaire ou d'un stagiaire, agissez après mûre réflexion. Et ne changez rien dans votre façon d'être, vous seriez mal compris.e…

– Si vous *êtes dans la vente* ou à *la recherche d'un emploi* ou souhaitez en changer, profitez de cette période pour faire des démarches et aller de l'avant.

– La conjoncture vous sera également favorable pour de nouveaux marchés ou faire aboutir vos efforts surtout les 9, 18 et 27.

– Vos autres dates importantes sont les 4, 13 et 22.

– Pour *vos activités et loisirs,* vous connaissez vos compétences, alors n'hésitez pas à vous lancer dans une occupation. En passant à l'action, vous n'en retirerez que du positif. Si au contraire, vous restez renfermé.e sur vous-même, vous n'en retireriez que du négatif.

— Acceptez toutes les invitations qui vous permettront de dépenser votre trop plein d'énergie, telles que : danse, gymnastique… ainsi que découvrir des domaines encore inconnus : yoga, peinture, poésie, langue étrangère…

— Envie de _voyager_ ? Préférez les 9, 18, 22 et 27 du mois. Évitez les 8, 17 et 26.

AMOURS – AMITIÉS – FAMILLE – RELATIONS…

— Prenez du bon temps. Mais évitez les excès de toutes sortes. Surtout jusqu'au 11… Surveillez vos propos qui peuvent être irréfléchis, tout comme votre agitation physique.

— Votre besoin et envie de liberté doivent s'exprimer, certes, mais parfois il vaut mieux garder son enthousiasme pour soi que de le partager, car vous risqueriez de grosses déceptions en constatant que vos proches ne sont pas de votre avis ou ne partagent pas la même allégresse.

— Agissez seul.e et à votre façon, ainsi, vous évitez bien des contrariétés.

— Un enfant (si vous en avez) pourrait vous causer quelques soucis : problèmes de santé ou de scolarité…

— Une reprise de contact avec _des amis_ d'enfance lors de retrouvailles (des 40 ou 50 ans… par exemple) ou lors d'une réunion familiale (anniversaire, mariage, baptême…) est probable, surtout vers le 6, 15, ou le 24. Acceptez l'invitation, même si le trajet est long… car d'heureux moments vous attendent.

— _Si vous êtes libre,_ des sorties et des rencontres amoureuses qui vous plongeront dans une ambiance sensuelle et agréable.

— Si vous êtes _« accompagné.e »_ mais pas encore affirmé.e dans votre relation, des changements vers un engagement définitif, pourraient se concrétiser aux alentours du 13 au 24 du mois.

– Si vous *êtes en couple* « installé », attention à une éventuelle dispute vers le 5 ou le 9.

– Ne cédez pas à l'envie de papillonner, cela ne serait pas supporter par le conjoint.

ARGENT – JEUX

– Jusqu'au 21, soyez vigilant.e; Ne succombez pas aux achats impulsifs. Contentez-vous des dépenses courantes.

– Du 8 au 16, des frais sont à prévoir pour vos enfants (si vous en avez) ou quelqu'un de très proche (cadeaux).

– Entre le 21 et le 30, une rentrée financière est possible (prime, remboursements, subvention, gain aux jeux…)

– Si vous prévoyez investir ou placer ARGENT, attendez le 21. Toutefois, je vous conseille de tenir compte de l'avis d'un spécialiste dans le domaine.

– La chance *aux jeux* est excellente ce mois.
– Les *chiffres à tenter* : 4, 6, 11, 13, 15, 26 et 41.

SANTÉ – FORME

– Étant un mois d'agitation, la fatigue se fera vite ressentir. Afin de limiter des phases d'épuisement, habituez-vous dès à présent, à faire une demi-heure de marche par jour, ou optez pour une gymnastique douce.

– Non seulement votre forme sera excellente et votre moral au beau fixe, mais cela vous vaudra d'arriver le 30 avec un tonus sans pareil.

TOUS DOMAINES
☞ **Vos meilleurs JOURS**
(où vous serez d'humeur conciliante) : 5 – 14 – 23
☞ **Vos jours DIFFICILES**
(où il faudra contrôler votre agressivité) : 8 – 17 – 26

Vos **PRÉVISIONS** pour MAI 2025
☞ Si votre chiffre clé est 01

Votre QUOTIDIEN

AFFAIRES – PROFESSIONNEL – ACTIVITÉS – LOISIRS...

– Joli mois de mai... La nature renaît et vous aussi. Profitez-en pour faire une introspection, votre autocritique, sur vous-même et sur votre vie en général. C'est en analysant votre existence de façon réaliste que vous pourrez ensuite envisager la réalisation de vos ambitions, de vos désirs... Et s*i vous êtes en activité professionnelle,* attendez-vous, surtout du 24 au 31, à avoir une semaine bien remplie. Mais vous saurez faire face aux tâches qui vous incombent. Vous agirez avec efficacité et méthode. Vos aptitudes à organiser et diriger tout en souplesse feront sensation... Bien que votre besoin de changement en cette période   risque de se faire sentir, et que des opportunités pourraient se présenter, restez clairvoyant.e et ne prenez pas de décision ni d'engagement à la hâte, principalement entre le 6 et le 13, car vous pourriez vous en mordre les doigts par la suite. Le moment est également favorable pour demander une augmentation de salaire, un travail plus valorisant ou un bonus vacances, surtout entre le 14 et 17 mai.

– Si vous *travaillez à votre compte,* c'est l'occasion d'investir dans du matériel plus performant. Réétudiez les propositions reçues précédemment.

– *Si vous êtes à la recherche d'un emploi,* inscrivez-vous dans les boites d'intérim pour les remplacements d'été... Si vous avez décroché des entrevues professionnelles, mettez toutes les chances de votre côté et soignez votre aspect extérieur. Ne négligez aucun détail vestimentaire. Bien que *«l'habit ne fait pas le moine»,* plusieurs propositions pourraient s'ensuivre. Toutefois, je vous conseille d'attendre le 21 pour confirmer votre choix. Discutez-en d'abord avec votre conjoint (s'il y a), ou des amis sûrs, surtout si un projet vous incite à déménager.

– Pour *vos activités de loisirs,* ou vos projets personnels, attendez le 10 pour étudier ou explorer les possibilités qui s'offrent à vous, en n'hésitant pas à demander des entretiens… Et s'ils ne répondent pas exactement à votre attente, restez souriant.e mais gardez vos positions.

– *Pour vos démarches importantes*, (juridiques entre autres) les 7, 11, 16, 20, 25, 29 sont les jours à préférer. Et quelle que soit votre situation (*à la retraite ou en activité professionnelle*), dans l'ensemble, si votre désir d'acheter une habitation est toujours en suspens, de nombreuses offres intéressantes vous seront faites. Toutefois, prudence les 7, 16 et 25 qui sont à surveiller de près, car il y aura des imprévus, voire des intrigues.

– Évitez de voyager ou faire de *grands déplacements*…
– Si activité oblige : **ABSTENEZ-VOUS** les 9, 16, 18, 25 et 27.

AMOURS – AMITIÉS – FAMILLE – RELATIONS…

– Un mois plutôt agréable à passer avec les vôtres. À part quelques obligations *familiales* concernant principalement de jeunes enfants ou des adolescents que vous devrez gérer du 6 au 14. Dans l'ensemble, le climat général sera à la détente et au bien-être.

– Profitez-en pour une séance de massage ou prendre rendez-vous chez le coiffeur ou l'esthéticienne...

– Votre *entourage* aura encore besoin de vos conseils, de vos lumières, car vous savez être à l'écoute, et si nécessité est, de rassurer. Même si, actuellement, c'est vous qui aimeriez avoir une épaule sur laquelle vous appuyer. Heureusement, vous êtes fort.e et trouverez vous aussi, un appui solide qui vous stabilisera.

– Si vous *vivez en couple*, votre vie sera embellie par des attentions particulières de votre conjoint...

– Si vous *êtes libre*, de belles possibilités entre le 14 et le 23, de rencontrer une personne qui vous donnera envie de vous lancer dans la vie à deux ou de tout recommencer.

– Une invitation dans le milieu artistique ou en rapport avec la mode sera l'occasion idéale pour acheter le costume neuf (ou la robe) que vous convoitiez depuis quelque temps.

– Des moments agréables en compagnie de ceux qui vous sont chers (famille, amis…) seront au programme de ce mois de mai, surtout les 9, 18 et 2...

– Ne commettez pas d'impaires les 2, 11, 20 et le 29 (vous le regretteriez !)

ARGENT – JEUX

– Votre équipement ménager ou audiovisuel pourrait connaître quelques défaillances occasionnant ainsi quelques dépenses imprévues.

– La chance *aux jeux* est possible ce mois.
– *Chiffres à jouer* éventuellement si vous êtes joueur.se :
7, 8, 14, 16, 21, 35 et 43.

SANTÉ – FORME

– Pas de mouvements brusques, et évitez de porter des charges lourdes, car vous risquez des complications au niveau de votre dos (problèmes de vertèbres), surtout entre le 7 et le 17. *

– N'abusez pas non plus de la caféine ni de la cigarette.

– Préférez les viandes grillées et les salades, sans oublier le poisson. Attention au cholestérol qui vous guette ainsi que l'hypertension. Ne vous surmenez pas inutilement. Même si votre rythme de vie est très actif, forcez-vous à des pauses régulières, ceci vous évitera un stress trop important.

– Faites preuve de prudence tout particulièrement les 8, 17 et 26.

TOUS DOMAINES
☞ **Vos meilleurs JOURS**
(où vous serez d'humeur conciliante) : **4 – 13 – 22 – 31**
☞ **Vos jours DIFFICILES**
(où il faudra <u>contrôler</u> votre agressivité) : **7 – 16 – 25**

Vos PRÉVISIONS pour JUIN 2025
☞ Si votre chiffre clé est 01

Votre QUOTIDIEN

AFFAIRES – PROFESSIONNEL – ACTIVITÉS – LOISIRS...

— C'est un mois de RÉFLEXION et de MÉDITATION qui se révélera positif pour le futur, même si vous avez l'impression que rien ne bouge comme vous le souhaitez.

— Si vous le pouvez, choisissez ce mois pour prendre des vacances afin de vous ressourcer et de réfléchir sur les problèmes latents et les doutes qui vous assaillent. Vous y verrez plus clair la dernière semaine. Profitez de cette période « détente » pour lire ce livre qui vous attend ou approfondir vos connaissances, comme vous lancer dans l'apprentissage d'un art qui demande réflexion et méditation (TAROT – ASTROLOGIE...)

— Les 2, 11, 20 et 29 seront les meilleures journées du mois !

— Si vous *êtes en activité professionnelle*, tout au long du mois, vous serez surpris.e de constater que tout le monde « est calme » autour de vous (collègues, supérieurs ou employés...). De plus, le travail sera au ralenti. Profitez-en pour peaufiner vos projets, étudier les éventuelles propositions qui pourraient vous être faites et faire vos choix. Toutefois, ne mettez rien en route entre le 7 et le 14. C'est seulement en juillet/août que tout se mettra en place. Vous seul.e devrez décider sans vous laisser influencer par votre entourage.

— *Pour vos affaires juridiques ou administratives*, les 6, 15 et 24 seront contrariants. (Report d'audience dans une affaire juridique par exemple).

— Les décisions importantes doivent être prises de préférence les 2, 11, 20 et 29.

— Pour vos déplacements d'affaires, préférez les 5, 14 et 23.

— Envie de *voyager* ? Préférez les 2, 10, 20 et 29 du mois. Évitez les 6, 15 et 24.

<u>*AMOURS – AMITIÉS – FAMILLE – RELATIONS...*</u>

– Un mois de juin important où une prise de conscience sera nécessaire.

– Une période « cafardeuse » pourra se manifester mais ne laissez pas ce sentiment de solitude vous abattre, ce n'est que passager. Profitez-en pour analyser les faits marquants vécus depuis le début de l'année.

– À partir du 16, vos relations *amicales et familiales* retrouveront leur élan de complicité.

– Si vous *êtes en couple*, des anicroches sont à prévoir avec votre conjoint les 7, 16 et 25. Ce fait inattendu pourrait être lié à de nouvelles connaissances faites récemment, entraînant la jalousie du (de la) partenaire... Posez-vous la question : cette réaction est-elle fondée ? Peut-être que le conjoint est plus lucide que vous, et que, malgré la bonne impression ressentie au début, ces personnes ne sont pas tout à fait ce qu'elles laissent paraître.

– *Si vous êtes célibataire*, à partir du 16, sortez, car de bonnes soirées s'annoncent à l'horizon. Ouvrez l'œil. Le coup de foudre pourrait être au rendez-vous avant la fin du mois et vous pourriez vous enthousiasmer, surtout les 7, 16 et 25.

<u>*ARGENT – JEUX*</u>

– Beaucoup de projets, mais pas tous réalistes. N'entreprenez rien dans l'immédiat, principalement si le côté financier est instable. Ce n'est qu'à partir du 21 que vous pourrez prendre des décisions sans mettre votre budget en péril. Des frais imprévus, tels que : panne de voiture, électroménager arrivant en fin de vie... pourraient venir aggraver une situation financière déjà limitée. N'hésitez pas à demander des arrangements de règlements en plusieurs fois. Mieux vaut payer en quelques mensualités que pas du tout ou de mettre un compte en danger.

– Pour *les investissements*, rien de positif avant le 15. Si vous devez tenter quelque chose, faites-le entre le 15 et le 24. Avant ou après ces dates, les risques sont importants et vous éprouveriez beaucoup de regrets.

– La chance *aux jeux* est présente ce mois, mais uniquement si elle n'est pas programmée.

– *Chiffres à jouer* : écoutez votre intuition ou essayez les grattages (entre autres).

SANTÉ – FORME

– Les 2 premières semaines seront malaisées. La fatigue et surtout la nervosité seront présentes. Un proche pourrait vous causer des tracasseries, avoir à votre égard des propos qui vous peineront. Plutôt que cogiter sur les « *non-dits* » ou sur les « *piques* » reçues, mettez les choses au clair, éclaircissez la situation. Ressasser des idées noires et ne pas réagir n'est pas la solution. Vous verrez qu'une fois les pendules remises à l'heure, les malentendus éclaircis, les insomnies disparaîtront. Une bonne journée détente le 20. Profitez-en !

– Vous vous sentez à plat ? Réagissez et commencez une cure de magnésium – vitamines B6 ainsi qu'une activité sportive (1/2 heure de marche, vélo…) Vous en retirerez un réel bienfait tant physique que psychologique…

– *Par ailleurs, c'est une excellente année* pour démarrer un régime si besoin est. Votre dynamisme et votre ténacité vous aideront à faire la chasse aux kilos en trop et à résister à l'abus des plats en sauces. Mais étant un mois « *d'illusions* » entre autres, ne succombez pas à toutes les publicités qui vont bon train en ce moment. Pilules miracles pour vous faire perdre 4 kg en 1 semaine !… restez réaliste, et préférez vous diriger vers un nutritionniste - diététicien diplômé qui saura vous conseiller et vous aidera à perdre ces kg superflus en toute sécurité et vous accordera un suivi régulier !

TOUS DOMAINES
☞ **Vos meilleurs JOURS**
(où vous serez d'humeur conciliante) : 3 – 12 – 21 – 30
☞ **Vos jours DIFFICILES**
(où il faudra <u>contrôler</u> votre agressivité) : 6 – 15 – 24

Vos PRÉVISIONS pour JUILLET 2025
☞ Si votre chiffre clé est 01

Votre QUOTIDIEN

AFFAIRES – PROFESSIONNEL – ACTIVITÉS – LOISIRS...

– Enfin, un mois comme vous les aimez. Même s'il est un peu en dents de scie, vous pourrez mettre vos points forts en valeur. Si vous êtes en vacances, vive la sieste et un bon livre ! Vous avez trop tiré sur la corde et vous voila épuisé.e; Reposez-vous ! Les congés servent à ça, si c'est votre période, sinon, en soirée, après une rude journée de travail, prenez une chaise longue et profitez des soirées chaudes et encore bien ensoleillées.

– Sachez toutefois, que jusqu'au 20, vous ne devrez compter que sur vous-même pour résoudre les dilemmes ou difficultés présentes. Gardez vos idées claires, pesez bien le *pour et le contre* en toute circonstance.

– C'est ainsi que vous pourrez atteindre le but recherché et ne vous formalisez pas sur des détails insignifiants qui mettraient vos nerfs à vif et vous feraient perdre vos moyens et votre temps.

– En fin de mois et entre le 7 et le 19, la période étant instable, n'entreprenez rien de nouveau, contentez-vous de rester en retrait de toute altercation, détendez-vous et faites preuve de patience et de tolérance.

– Si vous êtes *en recherche d'emploi,* inscrit.e en intérim par exemple... entre le 8 et le 14, pourrait vous être proposé quelque chose d'intéressant (un remplacement de longue durée entre autres !) Acceptez-le. Les répercussions professionnelles comme financières seront intéressantes.

– Si *vous êtes en activité professionnelle,* un avancement ou un nouveau poste à responsabilités pourrait s'annoncer. Pour les autres, vos résultats seront atteints aux alentours du 28.

– Si vous avez des décisions à prendre, Il ne faudra compter que sur vous-même et attendre le 28 pour donner votre réponse définitive.

– Si *vous êtes un.e retraité.e actif.ve,* vous ferez preuve d'un esprit créatif et à partir du 21, vous aurez de bonnes idées pour vous lancer dans une activité de loisir quelconque et tout projet concernant une éventuelle association par exemple, sera bien accueilli. Et si des personnes remettent en causes vos aptitudes, vous saurez faire face avec cran et hardiesse, mais en veillant à rester diplomate.

– La période la plus favorable se situe du 25 au 30.

– Déplacements et voyages : Prudence tout le mois
si vous devez faire de longs trajets.
(*Déplacements* en train ou avion **à éviter** (retards, grèves…)

AMOURS – AMITIÉS – FAMILLE – RELATIONS…

– Si vous *vivez en couple* (surtout depuis peu de temps), voici une période idéale pour préparer des projets communs à long terme.

– Si *vous êtes célibataire* et que vous n'avez pas le moral, commencez par vous offrir le costume (ou le tailleur) de vos rêves et efforcez-vous de sortir, car une série de rencontres pourrait vous procurer des moments mémorables.

– Toutefois, rien de constructif dans l'ensemble, juste de bonnes occasions de passer du bon temps, principalement entre le 16 et le 22.

– *En famille,* vous avez envie de vous rapprocher des vôtres et de redécouvrir les bénéfices de ces moments privilégiés que vous aviez un peu mis à l'écart, trop occupé.e ailleurs ! Et c'est très bien, car eux aussi, seront heureux de ces moments complices.

– Vos jours **« électriques »** sont les 5, 14 et 23. Prudence !

ARGENT – JEUX

– Un début de mois qui pourrait être stressant, car des retards de paiement ou de remboursements se font attendre et mettent votre budget en difficulté. Mais courant 2e semaine, les choses pourraient commencer à se régulariser.

    – Aux alentours du 25 au 30, une rentrée d'argent inattendue pourrait s'annoncer (gains aux jeux, donation, aide…), ce qui vous permettra d'aménager votre budget. Cependant, restez sur vos gardes, ne faites pas d'achats impulsifs sous prétexte que votre compte en banque est au beau fixe, mais attendez la fin du mois pour arrêter votre choix (surtout s'il concerne une auto ou tout autre véhicule).

    – La chance _aux jeux_ n'est guère présente ce mois.
Toutefois, voici les :
– _Chiffres à jouer_ éventuellement si vous êtes joueur.se :
4, 5, 9, 18, 27, 36 et 45.

SANTÉ – FORME

    – Attention tout particulièrement sur la route, les risques d'accidents étant élevés, ne prenez pas le volant de nuit si vous êtes fatigué.e.

    – Une baisse de vitalité et une grande nervosité se feront sentir en début de mois. Ne compensez pas par des excès de nourriture et de caféine qui fragiliseraient votre foie et votre estomac. Préférez un verre de jus d'orange, riche en vitamine C, il vous redonnera l'énergie manquante.

    – De même, faites preuve de vigilance pour les activités sportives… pas de surmenage, car vous risquez des chutes et des entorses.

TOUS DOMAINES
☞ **Vos meilleurs JOURS**
(où vous serez d'humeur conciliante) : 2 – 11 – 20 – 29
☞ **Vos jours DIFFICILES**
(où il faudra contrôler votre agressivité) : 5 – 14 – 23

Vos PRÉVISIONS pour AOÛT 2025
☞ Si votre chiffre clé est 01

Votre QUOTIDIEN

AFFAIRES – PROFESSIONNEL – ACTIVITÉS – LOISIRS...

– Si vous êtes en vacances, ce mois d'août vous sera très agréable et si vous êtes au travail, le temps passera à vitesse grand V... Vos activités quotidiennes seront stimulantes...

– Si vous êtes *en activité professionnelle*, le temps est venu de récolter les fruits de vos efforts, mais attention, tout n'est pas encore gagné. Restez concentré.e et continuez de donner le meilleur de vous-même et ce, dans tous les domaines.

– Vous « hériterez » sans doute de tâches supplémentaires. Acceptez de faire quelques heures en plus.

– Il est possible également qu'un stage de formation concernant de nouvelles techniques de travail vous soit proposé. Acceptez sans hésitation. Lancez-vous, surtout entre le 17 et le 26 et en particulier le 21.

– Si vous désirez vous associer, attendez la deuxième partie du mois pour vous engager tant professionnellement que financièrement.

– Si vous *êtes commercial.e,* les contacts seront enrichissants, principalement si vous travaillez en relation avec l'étranger.

– Toutes les audaces vous seront permises et même opportunes, surtout les 21 et 30.

– Envie de changer d'entreprise ou d'activité ? De nouveaux horizons pourraient s'ouvrir à vous. Prenez quand même le temps de faire le point sur votre situation actuelle et sur vos projets afin d'être opérationnel.le dès le mois prochain.

– Deux très bonnes journées les 21 et 30 ou tout est permis !

– Si vous *êtes à la recherche d'un emploi,* une place dans un établissement pour une formation pourrait se libérer d'ici octobre, à moins que vous sachiez saisir une opportunité d'embauche pour septembre... posez votre candidature !

– Envie de voyager ? Choisir les 5, 14 et 22
Évitez les 4, 13, 22 et 31.
– *Partir à L'ÉTRANGER : Préférez les 9, 18 et 27 du mois.*

AMOURS – AMITIÉS – FAMILLE – RELATIONS…

– La joie de vivre vous accompagne jusqu'à la moitié du mois, vous finirez par rompre de façon définitive avec une partie de votre passé qui vous bloquait.

– Votre préoccupation principale : VOUS DISTRAIRE, et c'est bien, car les occasions de passer de bons moments, *en famille ou avec des amis,* seront nombreuses.

– Un conseil, laissez vos problèmes de côté, profitez des moindres sorties proposées.

– Acceptez les invitations, brisez la monotonie du quotidien, sortez, visitez des musées, même ceux qui jusqu'ici ne vous inspiraient guère. Vous serez étonné.e de constater que les goûts changent.

– *Si vous êtes en vacances,* partez quelques jours dans une région inconnue, pas forcément éloignée, vous en découvrirez de nouveaux paysages et apprécierez le charme d'un bord de lac par exemple.

– Ne cherchez pas à rencontrer la personne qui pourrait partager votre vie, ce n'est pas une période propice, cependant les moments de solitude sont à éviter ce mois-ci.

– Vos randonnées peuvent vous amener à partager une aventure romantique avec une personne de passage dans la région (en vacances ou en voyage d'affaires) plus jeune que vous. Profitez-en le 6, 15 et le 24. Mais n'attendez pas de suite !

– Jours ou la prudence vous est recommandée sont les 8, 9, 17, 18, 26 et 27.

ARGENT – JEUX

– Soyez tout particulièrement scrupuleux.se en matière d'argent la première semaine et tout particulièrement le 1ᵉʳ du mois.

– Ensuite, après avoir connu ces derniers temps une période de « vaches maigres », c'est une excellente qui s'ouvre à vous sur le plan financier. Et si vos moyens le permettent, faites des économies en prévision des mauvais jours, placez-les sur votre livret de Caisse d'Épargne, sur un Codevi (entres autres), ou si votre âge le permet, ouvrez un Plan d'Épargne Logement, vous pourrez ainsi, dans quelque temps, envisager l'acquisition de votre chez-vous. Dans le cas d'un besoin particulier, vous pouvez solliciter une aide financière auprès d'un organisme à partir du 12 et jusqu'à la fin du mois.

– Profitez de la période du 17 au 26 pour boursicoter ou régler vos échéances.

– La chance *aux jeux* est présente +++ ce mois.
– *Chiffres à jouer* éventuellement si vous êtes joueur.se :
1, 9, 10, 19, 28, 24 et 36.

SANTÉ – FORME

– Même si vous êtes en vacances, n'abusez pas des bonnes choses. Que ce soit alimentaire ou boisson, votre foie en serait mis à mal. Ce petit sacrifice verra votre silhouette récompensée.

– De même, protégez-vous du soleil. Surtout si vous êtes sous médication. Une insolation pourrait également entraîner des complications. Pensez à bien vous hydrater.

– Recherchez en cette période le contact de bons amis si vous êtes seul.e, car du 8 au 17, la solitude pourrait se faire sentir et entraîner une déprime.

TOUS DOMAINES
☞ **Vos meilleurs JOURS**
(où vous serez d'humeur conciliante) : 1 – 10 – 19 – 28
☞ **Vos jours DIFFICILES**
(où il faudra contrôler votre agressivité) : 4 – 13 – 22 – 31

Vos PRÉVISIONS pour SEPTEMBRE 2025

Votre QUOTIDIEN

AFFAIRES – PROFESSIONNEL – ACTIVITÉS – LOISIRS...

– Voici une rentrée active et remplie de nouveautés. Soyez audacieux.se, imposez-vous, faites preuve de fermeté. Toutefois, attendez le 16 pour vous mettre en avant, car vous subirez des pressions de la part de votre entourage et l'ambiance sera tendue en première quinzaine du mois, mais vous saurez vous montrer convaincant.e et efficace, et grâce à votre envie d'entreprendre, vous pourrez atteindre votre but.

– Vous aurez ainsi la satisfaction de voir vos projets se réaliser d'une façon bénéfique, mais seulement en fin de mois.

– Comme vous saurez faire preuve de tolérance dans tous les domaines, votre patience sera bien récompensée, aussi bien dans la vie quotidienne (avec des adolescents) qu'au niveau du travail (face à vos collègues ou supérieurs hiérarchiques si vous êtes en activité).

– Par contre, attendez-vous à traverser une période de tumultes du 18 au 26 ; Vous vivrez des situations stressantes. Ce qui rendra vos initiatives plus efficaces que d'habitude, mais des altercations sont prévisibles, surtout les 8, 17 et 26.

– *Si vous êtes à la recherche d'un emploi,* modérez vos propos, et contrôlez votre agressivité.

– Ne soyez pas imbu.e de vous-même. Cette période ne sera guère propice aux entretiens...

– *Si vous êtes en activité,* évitez les affrontements avec votre hiérarchie, si vous ne voulez pas voir votre situation remise en question. Attendez le 27 pour faire valoir au maximum vos capacités et remporter une belle victoire. Avant, vous auriez du mal à instaurer un véritable dialogue, et au lieu de voir la situation s'arranger, elle ne ferait que s'envenimer. Ne faites pas de vagues, vous le regretteriez par la suite !

– Pour vos démarches diverses, préférez les 9, 18 et le 27.
– Pour entreprendre *un voyage en FRANCE*,
les 4, 13 et 22 seront les plus agréables.

– *Un voyage à l'ÉTRANGER*, Préférez les 8, 17 et 26 du mois.
Évitez les 12, 21 et 30

AMOURS – AMITIÉS – FAMILLE – RELATIONS…

– Pour beaucoup de parents, c'est la rentrée des classes. Période mouvementée où il faut rétablir les règles et reprendre en main la petite tribu.

– Pour les autres, une ambiance « refroidie » tant avec *l'entourage familial* qu'*amical,* surtout vers les 9, 12, 18, 21 et 25, car les commérages et les secrets non tenus seront de la partie et des mésententes risquent de prendre des tournures excessives. La jalousie faisant toujours des dégâts… restez discret.e ;

– Passé le 25, vous redeviendrez plus conciliant.e, moins brusque, ce qui permettra de faire de nouvelles rencontres amicales.

– *Pour les célibataires,* quelques coups de cœur et des rencontres agréables sont possibles, les 2, 11, 18 et 27.

ARGENT – JEUX

– Un budget difficile à gérer ce mois-ci.

– Mais étant bon.ne gestionnaire, les ennuis passagers seront vite surmontés. Vous restez zen en toute circonstance, ainsi les conflits et rébellions de votre entourage n'arriveront pas à vous démoraliser et vous engagerez de grandes discussions afin de trouver des arrangements à l'amiable.

– Du 9 au 18, ce sera le bon moment pour demander un crédit ou faire un placement.

– Du 27 au 30, la période est prospère.

– Par contre, si un membre de l'entourage vous demande de l'aider financièrement, soyez très vigilant.e; Même si vous connaissez bien la personne, n'hésitez pas à prendre des garanties.

– La fin du mois ne devrait pas vous causer de problèmes financiers particuliers. Et si malgré tout, quelques difficultés se présentent, vous constaterez que vous n'êtes pas seul.e face à vos problèmes.

– Soyez prévoyant.e, si votre compte est en positif, gardez ce plus sous le coude, car le mois prochain risque de vous causer quelques retards de rentrées. La prévoyance évite beaucoup de tracasseries.

– *Chiffres à jouer* éventuellement si vous êtes joueur.se :
1, 2, 11, 20, 29, 38, et 47.

SANTÉ – FORME

– Gardez-vous des plages horaires de détente.

– Reposez-vous de préférence les 6, 8, 15, 17, 24 et 26, car vous risqueriez de «craquer» nerveusement.

– Ne vous dispersez pas et fixez-vous une ligne de conduite. Mettez-vous au vert un jour par semaine.

– Même si vous vous sentez en pleine forme tout ce mois, évitez cependant un mode de vie trop irrégulier et n'accumulez pas un manque de sommeil, sinon, vos nerfs seront irrités et vous serez plus exposé.e à de violentes migraines.

TOUS DOMAINES

☞ **Vos meilleurs JOURS**
(où vous serez d'humeur conciliante) : 9 – 18 – 27
☞ **Vos jours DIFFICILES**
(où il faudra contrôler votre agressivité) : 3 – 12 – 21 – 30

Vos **PRÉVISIONS** pour **OCTOBRE 2025**

Votre QUOTIDIEN

AFFAIRES – PROFESSIONNEL – ACTIVITÉS – LOISIRS...

– En octobre, vous aurez l'impression de faire du surplace, ou du moins, ce sera votre sensation. Prenez votre mal en patience, adoptez une attitude de réflexion et d'analyse. Ne cherchez pas à vous mettre sur le devant de la scène, ne faire rien de plus que ce dont vous êtes capable de mener à bien.

– Vos projets de toutes sortes n'ont guère de chance d'aboutir en ce moment. Remettez-les à une date ultérieure, le mois prochain par exemple. Ne prenez aucun risque que vous pourriez regretter plus tard. Agir de façon impulsive serait néfaste. Et que de temps de perdu. Restez tranquille, surtout jusqu'au 11.

– Entre le 10 et le 18, *si vous êtes en activité,* vous ne saurez plus trop bien où vous en êtes professionnellement… Du calme. Vouloir changer d'entreprise, certes, mais vous savez ce que vous quittez, mais que savez-vous de ce que vous retrouverez ? Cependant, ne refusez pas les propositions que l'on pourrait vous faire, ne répondez pas sur le champ, gardez-les sous le coude. Elles pourraient se révéler fort utile d'ici peu de temps.

– Entre le 19 et le 28, si vous travaillez en contact direct *avec la clientèle,* de belles satisfactions sont annoncées.

– De même, si vous bossez en équipe, resserrez les liens avec vos collègues et motivez-vous ensemble. Vous serez beaucoup plus efficace en cette période.

– Si vous *êtes à la recherche d'un emploi,* ou inscrit en intérim, les 17 et 26 pourraient vous réserver une belle surprise !

– Pour les *autres domaines, activités créatrices* par exemple, votre inspiration est à la baisse ; n'entamez rien de nouveau pour l'instant. Passez plutôt à autre chose tels que :

sorties à deux, faire vos comptes, décorer votre intérieur (tapisserie avec votre conjoint…)

Préférez pour _vos déplacements_ les 1, 10, 19 et 28.
Envie de voyager ? Préférez les 3, 7, 19 et 30 du mois.
Évitez les 2, 11, 20 et 29.

AMOURS – AMITIÉS – FAMILLE – RELATIONS…

– _En couple,_ vous avez une tactique qui marche ! Vous exprimez vos sentiments au compte goutte, et vous savez attiser ceux de votre partenaire… il (elle) met tout en œuvre pour vous prouver son amour…

– Attention à quelques bisbilles, surtout avec des adolescents. Éclaircissez la situation, faites preuve de diplomatie, tout en étant ferme dans un éventuel refus.

– Si l'on fait appel à vous par exemple pour une aide financière, faites leur comprendre que l'on n'a rien sans retour. Donnant - donnant. Vous n'en serez que plus respecté.e et en agissant avec souplesse mais fermeté, vous leur rendrez service.

– Attendez au moins le 20 du mois pour traiter les sujets sensibles (risques de rancœurs, d'indiscrétions ou de malentendus). Mettez les choses à plat, vous vous sentirez alors libéré.e de ces chicanes.

– Entre le 11 et le 18, quelques altercations dans _les couples,_ souvent dues à des doutes et à une jalousie excessive. Mais tout semble rentrer dans l'ordre à partir du 19.

– Si _vous êtes libre,_ la possibilité qu'une ancienne relation qui a beaucoup compté pour vous réapparaisse n'est pas exclue. Vous pourriez même prendre le risque de vivre à nouveau ensemble.

– Entre le 1 et le 10, un voyage avec un.e ami.e ou un membre de la famille peut être envisagé, n'hésitez pas, si vos moyens financiers le permettent bien sûr.

– De très bons moments vous attendent.

– Vos _jours favorables_ sont les 1, 10, 19 et 28.

ARGENT – JEUX

– Un budget en dents de scie pour ce début de mois. Vous jonglerez avec vos comptes. Si vous êtes dans l'attente de remboursements, attendez-vous à un léger retard. Mais vous pourrez toujours compter sur la famille pour vous soutenir ou vous dépanner financièrement en cas de besoin.

– Toutefois, évitez les élans de générosité avant le 10 et après le 28, car le moindre dérapage serait fatal (évitez les sorties restaurants, boîtes de nuit).

– À partir du 24, une amélioration financière (vente de matériel, d'objets… regain commercial… remboursement attendu…) vous aidera à terminer ce mois et vous arriverez peut-être même à faire des économies.

– Tentez la chance *aux jeux* mais **en groupe ou au moins à deux.**

– *Chiffres à jouer* éventuellement : 3, 12, 15, 27, 39, 48 et 30.

SANTÉ – FORME

– Tous ces contretemps et cette ambiance stressante mettront vos nerfs à rude épreuve. Évitez de rester seul.e à cogiter sur des différends qui se résoudront d'eux-mêmes le mois prochain. Plutôt que de vous replier sur vous-même, faites quelques exercices de relaxation et allez prendre un bol d'air à la campagne. Profitez-en pour réduire votre consommation de café et de tabac. De même qu'une visite chez votre médecin pour refaire un bilan sera bienvenue, et si besoin est, préférez un traitement en homéopathie ou en phytothérapie.

– Évitez tant que ce peut, les efforts violents, ménagez-vous et faites vous aider en cas de nécessité.

TOUS DOMAINES
☞ **Vos meilleurs JOURS**
(où vous serez d'humeur conciliante) : 8 – 17 – 26
☞ **Vos jours DIFFICILES**
(où il faudra contrôler votre agressivité) : 2 – 11 – 20 – 29

Vos PRÉVISIONS pour NOVEMBRE 2025
☞ Si votre chiffre clé est 01

Votre QUOTIDIEN

AFFAIRES – PROFESSIONNEL – ACTIVITÉS – LOISIRS...

– Après un mois de réflexion et de patience en octobre, vous avez dès à présent le feu vert. Toutefois, ne foncez pas tête baissée. Étudiez bien vos projets à fond, parlez-en à des personnes avisées qui sont susceptibles de vous apporter des conseils supplémentaires, et ainsi, vous mettrez toutes les chances de votre côté.

– Beaucoup de possibilités ce mois-ci, mais ne vous éparpillez pas, soyez sélectif.ve, agissez avec méthode et réflexion: chaque chose en son temps.

– Du 2 au 20, vous n'aurez guère le temps de vous ennuyer, car beaucoup de travail en vue. Vous serez très sollicité.e par les uns et les autres. Dès le début du mois, faites preuve d'organisation afin de ne pas être débordé.e ;

– Vous ferez des heures supplémentaires, mais ce n'est pas pour vous déplaire. Soyez très rigoureux.se, chaque détail a son importance. Fixez votre objectif dès le départ et tenez-vous-y.

– À partir du 16, ralentissez un peu la cadence, faites le bilan des événements passés, ainsi que de nouvelles prévisions à long terme.

– *Si vous êtes salarié.e,* vers le 20, une entrevue avec votre supérieur hiérarchique sera certainement profitable et votre travail acharné se verra récompensé par une promotion.

– De même, une proposition de changement de service ou un poste plus intéressant pourrait vous être soumise.

– *Si vous êtes à *la recherche d'un emploi,* un entretien avec un éventuel employeur pourrait vous être proposé... Dans ces deux cas*, soyez particulièrement attentif.ve à votre tenue et contrôlez votre langage.

– *Si vous êtes à la retraite,* vous saurez utiliser tous vos atouts et mettre en valeur votre esprit créatif. Organisez votre emploi du temps à l'avance, car un surcroît de travail vous attend, ce qui ne vous dispense pas des corvées quotidiennes. Pas le moment de faiblir. Bien qu'étant sûr.e de vous, ne refusez pas les conseils qu'on pourra vous donner et mettez-les en application. Ne vous dispersez pas dans des activités qui ne vous rapporteront rien. Même à la retraite, adoptez une ligne de conduite et suivez-la jusqu'au bout.

    – Des contrariétés sont à prévoir entre le 16 et le 30. La prudence sur la route vous est tout particulièrement recommandée les 19 et 28.

Envie de voyager ? Préférez les, 6, 11, 20 et 29 du mois.
Évitez les 1, 10 et 28.

___AMOURS – AMITIÉS – FAMILLE – RELATIONS...___

    – le début du mois est un peu conflictuel, le dialogue n'étant pas de la partie, ce qui rend les relations difficiles, cependant, passé le 22, vous retrouverez un climat d'harmonie et le bien-être s'installera de nouveau.

    – *En famille, en couple, ou avec les amis,* du 2 au 11, ne refusez pas les invitations de toutes sortes, bien que vous serez plutôt débordé.e, réservez-leur quelques heures de distraction, car de bons moments imprévus mais agréables s'annoncent dans la première semaine du mois, même s'ils risquent de désorganiser votre vie.

    – *Les couples* verront l'harmonie régner à nouveau en cette période... Certains d'entre vous connaîtront des moments mémorables... Du 20 au 30, l'ambiance se dégradera les 20, 27 et 29, des risques de disputes sont possibles. Les 14 et 23 seront deux jours à surveiller de près. Tout peut arriver. Bonne comme mauvaise nouvelle !

    – *Si vous êtes en recherche de l'âme sœur,* votre côté séducteur.trice fera des ravages. Les occasions seront nombreuses, mais une, tout particulièrement, pourrait atteindre votre cœur, vous « transporter » et durer bien plus que prévu.

– Les dates favorables aux nouvelles rencontres
sont les 9, 18 et 27.

ARGENT – JEUX

– En cette fin d'année, évitez les dépenses inconsidérées, et ne cédez pas à toutes les tentations. Même si la période des cadeaux est proche, vous serez plus serein.e en sachant que votre budget est équilibré. Méfiez-vous des mauvais conseilleurs entre le 20 et le 30 qui pourraient vous conduire vers un placement douteux. Deux opinions valant mieux qu'une, et au risque de vexer la personne concernée, demandez quand même l'avis des professionnels, surtout si cet investissement concerne l'achat ou la rénovation d'une maison.

– La chance *aux jeux* est présente ce mois.
– *Chiffres à jouer* éventuellement si vous êtes joueur.se :
4, 8, 11, 13, 17, 30 et 47.

SANTÉ – FORME

– La tension nerveuse vous jouera quelques tours. Restez vigilant.e surtout les 6, 15 et 24. Cependant, ne restez pas enfermé.e chez vous, mais au contraire, faites du vélo ou de la marche : c'est bon pour le cœur.

– D'un autre côté, les risques d'angine ou de bronchite sont à craindre… Mettez un peu de miel dans vos boissons chaudes. C'est un antibiotique naturel !

– Par ailleurs, en prévision des fêtes, entamez un petit régime pour aider votre foie, car celui-ci est fragilisé en cette période. Le moindre excès de nourriture ou d'alcool pourrait vous être préjudiciable.

TOUS DOMAINES
☞ **Vos meilleurs JOURS**
(où vous serez d'humeur conciliante) : 7 – 16 – 25
☞ **Vos jours DIFFICILES**
(où il faudra contrôler votre agressivité) : 1 – 10 – 19 – 28

Vos PRÉVISIONS pour DÉCEMBRE 2025
☞ Si votre chiffre clé est 01

Votre QUOTIDIEN

AFFAIRES – PROFESSIONNEL – ACTIVITÉS – LOISIRS...

– Si vous parvenez à orchestrer dès le début du mois vos activités, vous vivrez une fin d'année sans surprises désagréables.

– *Si vous êtes en recherche d'emploi,* la période n'est pas opportune. Attendez l'année prochaine.

– *Si vous êtes en activité,* vous commettrez quelques inattentions dans votre travail en début de ce mois. Vous aurez l'impression de tourner en rond et vous ne pourrez compter sur personne, surtout du 10 au 14. Restez sur vos gardes le 12.

– Entre le 18 et le 30, un remaniement complet s'opérera très certainement au niveau du personnel (suite à un départ) et tout le monde sera ravi, l'ambiance sera à nouveau détendue.

– À partir du 23, vous aurez à nouveau envie de prendre des initiatives, vos aptitudes de coordination seront reconnues et appréciées à leur juste valeur et vous feront ainsi oublier vos étourderies passées.

– Après le 25, c'est une période de décompression qui s'échafaude, mais hélas, un déplacement pourrait désorganiser ce « planning détente », pour remplacer un.e collègue au pied levé. Votre patience sera mise à l'épreuve, car vous serez à la limite du harcèlement.

– Quelques moments de répits toutefois entre le 23 et le 31. Profitez-en pour mettre de l'ordre dans vos affaires personnelles (banque, administration, assurances...). Vous en tirerez de grandes compensations, car vous arriverez à dompter toutes les situations nouvelles. Votre sens de l'économie vous fera accomplir des exploits.

– ***Déplacements*** en train ou avion **à éviter** (retards, grèves…)
– Ou faire de ***longues routes*** (bouchons)
surtout les 4, 9, 13, 18, 22, 27 et 31.

– Profitez de ce mois calme pour vous relaxer. Vous ne croulerez pas sous les invitations, donc de votre côté, pourquoi ne pas prévoir une sortie ou soirée *entre amis.* Il ne faut pas que ce soit toujours les mêmes qui invitent. L'amitié fonctionne dans les deux sens. Chacun son tour…

– Les fêtes s'annonçant, profitez de la période du 3 au 11, extrêmement tranquille, pour vous reposer. Ainsi, vous serez en pleine forme pour les réveillons.

– Pourquoi ne pas les envisager à la montagne si vous faites du ski ou dans une auberge des environs.

– Cette année, évitez le premier de l'an chez des amis. Être en couples, ou l'effervescence sera d'actualité ne vous réussira pas.

– Préférez une petite soirée tranquille en tête-à-tête avec *votre conjoint,* car ce mois-ci, vous avez du mal à contrôler votre agressivité et l'alcool aidant, vous risqueriez de dépasser les bornes.

– *Célibataire,* attention de ne pas vous brûler les ailes. Une aventure pourrait être hasardeuse. La personne risque de vous cacher qu'elle est déjà en couple.

– Période harmonieuse en *famille,* mais du 12 au 30, vous connaîtrez des phases d'agitation et vous serez amené.e à entreprendre de nouvelles démarches.

– Votre entourage aura besoin de vos conseils avisés et vous serez d'une aide précieuse (en particulier si une personne vit une séparation affective difficile).

– Vos *jours les plus favorables* sont les 2, 11, 20 et 29.

– En revanche *prudence* le 9, 18 et le 27.

ARGENT – JEUX

– Dans ce domaine, quelques soucis de trésorerie jusqu'au 20. À moins que ce ne soit des conflits liés à une assurance ou un procès. Ne baissez pas les bras, persévérez dans vos démarches, rencontrez les personnes susceptibles de vous conseiller judicieusement. Vous devriez finir par obtenir gain de cause.

– Surtout si vous avez été prévoyant.e et que vous avez préparé un dossier en béton. Les choses s'aplaniront, passé le 21. Les finances retrouveront également leur équilibre.

– Si vous avez prêté de l'argent, prenez sur vous et osez réclamer votre dû qui semble se faire attendre. Préférez cette démarche les 6, 15, et le 24.

– Par ailleurs, les risques de vols sont accentués ce mois-ci. Restez vigilant.e; Fermez vos portes et ne laissez traîner ni chéquier, ni carte bancaire.

– Vos finances ne seront équilibrées que durant la période du 21 au 30.

– La chance *aux jeux* est présente +++ ce mois.

– *Chiffres à jouer* éventuellement si vous êtes joueur.se :
5, 9, 10, 14, 23, 37 et 47.

SANTÉ – FORME

– Attention si vous skiez, car les risques d'entorses sont grands. Redoublez d'attention. Ce serait dommage de finir l'année la jambe dans le plâtre.

– Ayez sous la main des antidouleur, ou si vous êtes adepte des plantes : des clous de girofle, car vous n'êtes pas à l'abri d'une bonne rage de dents et pas évident de trouver un dentiste disponible en cette période de fêtes. (Quand on repousse toujours la visite annuelle, il ne reste plus qu'à subir sa négligence.)

TOUS DOMAINES
☞ **Vos meilleurs JOURS**
(où vous serez d'humeur conciliante) : 6 – 15 – 24
☞ **Vos jours DIFFICILES**
(où il faudra contrôler votre agressivité) : 9 – 18 – 27

Si votre chiffre CLÉ est

2

Voici les prévisions <u>détaillées</u>

de votre année

PERSONNELLE 2025

de

JANVIER à DÉCEMBRE

ೞೞ

...RESTER à L'ÉCOUTE !
& CONTRÔLER ses HUMEURS

➢ *Après une année 2024 où il fallait faire vite, ne pas perdre de temps à tergiverser... en 2025, vous devez fignoler, ce que vous avez mis en places les 12 mois précédents.*

Vos MOTS CLÉS <u>pour 2025</u> sont donc :
bienveillance & maîtriser de soi !

☞ *En GÉNÉRAL*

➢ Année influencée par la LUNE entre autre ! Vos humeurs seront fluctuantes. Pas toujours facile de vous suivre ! À changer d'avis 3 fois par jour, vous risquez vite de devenir lassant.e;

– L'influence de NEPTUNE tant qu'à elle vous dote d'une belle intuition ! Servez-vous-en ! Écoutez cette petite voix intérieure, celle qui est douce, elle vous aidera ainsi à puiser la force nécessaire pour avancer au moment où tout vous semblera compliqué. Subitement, tout s'éclaire…

➢ *Financièrement*, l'équilibre sera maintenu ! Faisant preuve cette année de prévoyance, en optant pour une gestion sérieuse, vous vous éviterez bien des soucis.

– *Dans votre **vie professionnelle,*** en cas de conflits, gardez vos distances et laissez passer l'orage.

– Si *vous êtes en recherche d'emploi*, la persévérance dont vous saurez faire preuve cette année, sera payante en octobre.

☞ *Comment « vivrez-vous » 2025 ?*

– Au contraire de la précédente ou il était préférable de faire cavalier seul, ou il était nécessaire d'être déterminer et ferme, cette année nécessitera davantage de fonctionner en binôme ! Il conviendra d'être patient.e ainsi que d'apprendre à collaborer, à coopérer, parfois même vous « sacrifier » pour autrui ! Vos sautes d'humeurs seront fréquentes. Pas toujours facile de vous comprendre. Vous pouvez passer par des périodes de grande gentillesse, de douceurs et de délicates attentions vis-à-vis des vôtres ou de vos collègues, tout comme faire preuve de rébellion, d'avoir l'envie de vivre en retrait, vous isoler.

➢ *PLAN PROFESSIONNEL* :

– L'ennui et la routine s'installent. Le premier semestre vous semble fastidieux. Acceptez de vous faire aider par un.e collègue si la fatigue se fait sentir.

– Des tensions règnent, ce qui vous déstabilise. Restez en retrait des conflits, et maintenez votre cap. Même si rien n'avance aussi vite que souhaité, prenez votre mal en patience.

– Si vous avez projet de changer de poste, ou de société, attendez le deuxième semestre pour faire vos démarches.

– Idem pour envisager une formation…

➢ *PLAN AFFECTIF* :

– Si vous êtes *célibataire,* vous pourriez cette année, faire une rencontre déterminante, certainement au cours d'une sortie ! Ne laissez pas passer cette belle occasion.

– En *couple :* votre équilibre affectif reste prioritaire. Vous prenez soin de votre conjoint, mais vous attendez la même chose en retour.

➢ *PLAN FAMILIAL* :

– C'est une bonne année pour une réconciliation si besoin est. Excellente également pour changer de vie, déménager, mettre un B.B en route, s'engager…

➢ *PLAN MATÉRIEL* :

– **2025** est favorable pour les capitaux. C'est le moment de mettre une maison ou un commerce en vente par exemple, tout comme de (re)négocier un prêt… De même, contrôlez vos élans de générosité ! Aider ses enfants dans le besoin est une chose, se faire abuser en est une autre ! Prenez le temps de la réflexion.

➢ *SANTÉ*

– Tout au long de l'année, il faudra vous ménager, tant physiquement que psychologiquement. Le dos et les reins pourraient être vos points sensibles, ainsi que le système digestif.

☞ *QUELQUES CONSEILS :*

– Cette année, vous passerez par des hauts et des bas. Écoutez votre intuition, prenez le temps de la réflexion, et n'hésitez pas à prendre conseil ou avis auprès de personnes compétentes. Ouvrez-vous aux autres, ne vivez pas en ermite ! Côté projets, peaufinez-les mais ne prenez pas de décisions immédiates. Vous éviterez ainsi des erreurs regrettables tant pour vous que pour votre entourage.

☞ *LES MOIS IMPORTANTS*

– *FÉVRIER* : retards, tensions, obstacles à franchir... des questions se poseront à vous.

– *AVRIL & JUILLET* : des événements intervenant dans votre **vie amoureuse** vous inciteront à vous remettre en question et faire les bons choix.

– *MAI* sera un mois ou vous serez assez fragile. Reposez-vous et évitez toutes décisions et démarches hâtives.

– *AOÛT – SEPTEMBRE* : vous pourriez prendre une décision importante, telle que vous engager dans votre vie amoureuse.

– *OCTOBRE, DÉCEMBRE* : des mois pendant lesquels vous obtiendrez des aides, des conseils, des facilités, venus d'amis ou de supérieurs.

– *DÉCEMBRE* : **Dernière ligne droite avant d'entrer en 2025.**

Vos PRÉVISIONS pour JANVIER 2025
☞ **Si votre chiffre clé est 02**

Votre QUOTIDIEN

AFFAIRES – PROFESSIONNEL – ACTIVITÉS – LOISIRS...

    – Ce mois de janvier devrait déterminer toute l'année à venir. Des opportunités peuvent se présenter et vous n'aurez pas de seconde chance. À vous de tout mettre en œuvre pour ne pas louper le coche. Toutefois, n'agissez pas seul.e, vous n'auriez aucune chance de réussir. Entourez-vous de personnes compétentes pour vous conseiller dans vos démarches.

    – La patience vous sera souvent demandée tout au long de cette année, car vous devrez fréquemment faire face à des retards de toutes sortes. Mais retard ne veut pas dire réponse négative.

    – *Si vous êtes à la recherche d'un emploi,* il vous faudra faire preuve de diplomatie, car les réponses se feront souvent attendre, et votre patience sera mise à rude épreuve.

    – *Si vous êtes en activité professionnelle,* en revanche, vous verrez l'aboutissement de vos efforts, surtout si vous travaillez en équipe, vous vous sortez avec brio d'une situation qui s'enlisait. Vos supérieurs reconnaissent votre efficacité et vous bénéficierez d'un réel soutien de la part de vos collègues. N'hésitez pas à donner le maximum de vous-même, principalement du 18 au 27. Profitez-en également, pendant cette période bénie de demander une augmentation.

    – *Si vous êtes dans une activité artistique et/ou à la retraite,* votre côté créatif sera développé. Votre passe-temps favori peut vous apporter de grandes satisfactions et pourrait devenir pour certains, une occupation principale. De même, le succès obtenu dépassera vos espérances.

    – Pour vos *déplacements d'affaires...,* donnez la préférence aux 9, 18 et 27.

    – Envie de *voyager* ? Préférez les 6, 15, 20 et 24 du mois. Évitez les 10, 19 et 28.

– Essayez d'être disponible et à l'écoute des autres tant au travail qu'en famille. Ne restez pas en retrait, car l'effet de groupe sera pour vous un stimulant bénéfique. Vous éprouvez le besoin d'être entouré.e;

– Vous devriez vivre un mois de janvier sous le signe de la tendresse et de calme, à condition que vous recherchiez en cas de tension l'apaisement.

– *Si vous vivez en couple* depuis quelque temps, vous pouvez envisager l'avenir de façon sereine (projet de mariage, de naissance...)

– *Si vous êtes libre*, vous pourriez avoir la surprise de revoir une ancienne relation avec laquelle vous envisagerez passer de très agréables moments.

– Pourquoi ne pas vous inscrire dans une école de danse, un club de bridge, ou un groupe de randonnées... ou encore, faire partie d'une association où vos connaissances seront appréciées.

– *En famille*, on fera souvent appel à vous, à vos services et vos conseils. Mais ceci n'est pas pour vous déplaire, car ce mois de janvier, vous n'aurez guère envie de le passer seul.e; Et si de votre côté, vous avez besoin d'une oreille attentive, vous saurez trouver l'écoute que vous attendez, principalement passé le 14.

– Par contre, restez prudent.e dans vos confidences, surtout entre le 1 et le 10, car la jalousie de certaines personnes de votre entourage, qui chercheront à vous rabaisser, pourrait vous attrister. Évitez de vous vanter de vos succès.

ARGENT – JEUX

– C'est le moment de régler les factures en retard, de réorganiser votre budget. Après les fêtes, vos finances sont en baisses et vous subissez quelques blocages matériels. Prudence et patience sont de mise.

– Attention ! bien que ce soit la période des soldes, contrôlez vos dépenses, car des charges imprévues (chaudière en panne, entre autres...) risquent de se greffer à votre budget déjà bien limité.

– Si vous n'avez pas retenu de location, ce n'est pas le moment de partir aux sports d'hiver en dernières minutes. Faites plutôt preuve de prévoyance pour aider par exemple, un membre de votre famille, momentanément dans l'embarras ou pour pallier à des dépenses inattendues.

– La chance *aux jeux* est présente ce mois.
Voici les : *chiffres à jouer* éventuellement si vous êtes joueur.se :
5, 7, 12, 25, 32, 37 et 49.

SANTÉ – FORME
– L'énergie est un peu fluctuante. Ces premiers mois de l'année seront assez « pesants ». D'un côté, des personnes proches pourraient subir une intervention chirurgicale inattendue ou être malades. Ce qui demandera beaucoup d'attentions de votre part. Le stress vous gagnera peu à peu, alors aménagez-vous quelques moments de détente. Profitez-en pour lire ce livre qui attend…

– C'est aussi le moment de prévoir votre cure en thalassothérapie (aussi bien pour vos problèmes de rhumatismes que respiratoires) et d'entamer les formalités nécessaires pour ne pas être pris.e de court.

– Le repos sera de rigueur, surtout pour les premiers mois de l'année. Si vous ne vous ménagez pas suffisamment, vous risquez le surmenage et les complications qui vont avec. Vous voilà averti.e; Mieux vaut prévenir que guérir !

TOUS DOMAINES
☞ **Vos meilleurs JOURS**
(où vous serez d'humeur conciliante) : 7 – 16 – 25
☞ **Vos jours DIFFICILES**
(où il faudra <u>contrôler</u> votre agressivité) : 1 – 10 – 19 – 28

Vos **PRÉVISIONS** pour **FÉVRIER 2025**
☞ Si votre chiffre clé est 02

Votre QUOTIDIEN

AFFAIRES – PROFESSIONNEL – ACTIVITÉS – LOISIRS...

– Quel que soit le domaine d'activité, rien ne vous sera épargné en ce mois de février.

– L'ordre et la rigueur seront de mise et beaucoup de responsabilités seront dures à assumer.

– Vous devrez faire preuve de précision et de constance, car le moindre faux pas pourrait vous être préjudiciable.

– Votre endurance sera mise à dure épreuve, tout semble aller de travers, mais vos efforts porteront finalement leurs fruits après le 18. Ne vous laissez surtout pas envahir par le doute, restez confiant.e en vos capacités, coûte que coûte.

– *Si vous êtes en activité professionnelle,* vos collègues joueront un rôle important et vous pourrez compter sur eux dans toutes vos démarches professionnelles.

– Restez prudent.e les 5, 11, 14, 20 et 23, car du travail supplémentaire vous sera attribué et il y aura de l'orage dans l'air. Contrôlez-vous. Respirez un bon coup ou mordez-vous la langue avant de « balancer » des paroles qui dépasseraient vos pensées.

– La troisième semaine, soyez attentif.ve dans vos démarches diverses, ne prenez aucune décision importante et n'essayez pas de forcer le destin. Restez dans la routine.

– Passé le 19, tout rentre dans l'ordre, vous retrouvez votre énergie et votre enthousiasme au travail.

– Vos idées feront mouche, ce qui vous vaudra très certainement, une augmentation de salaire ou une promotion…

– *Si vous êtes à la recherche d'un emploi,* préférez un entretien les 8, 17 et 26, vous pourriez enfin décrocher ce poste !

– **Déplacements** en train ou avion **à éviter** (retards, grèves…)
– Ou faire de _**longues routes**_ (bouchons)
surtout les 4, 9, 13, 18, 22 et 27.
– Les _déplacements d'affaires_ tant qu'à eux seront
positifs les 8, 17 et 26.

AMOURS – AMITIÉS – FAMILLE – RELATIONS…

– Votre _entourage familial ou de voisinage_ vous causera quelques soucis. Ne soyez pas trop rigide, ne cherchez pas à résoudre un conflit latent par l'affrontement. Faites preuve de souplesse, car vous n'aurez guère la situation en main et ce, jusqu'au 19.

– Vous devrez vous accommoder avec les sollicitations de chacun.

– _Si vous êtes marié.e,_ quelques moments orageux avec votre conjoint, à moins que ce soit la belle-famille qui devienne envahissante, principalement les 9, 18 et 27. Mais vous saurez faire face en restant zen, ce qui vous permettra de rétablir un climat plus harmonieux.

– Attention de ne pas succomber à l'attrait de la nouveauté ou de la jeunesse, car une liaison secrète pourrait mettre en danger votre couple. Prenez du recul, réfléchissez avant d'aller trop loin, vous pourriez le regretter amèrement par la suite.

– _Si vous êtes seul.e,_ il semblerait que votre désir de vous poser vous permette de faire une rencontre ce mois-ci, ce qui pourrait se révéler être concrète et de longue durée. (Les 8, 17 et 26 sont des jours à exploiter).

ARGENT – JEUX

– Évitez tout risque incontrôlé ce mois-ci. Ne prenez aucune décision importante concernant des objectifs encore lointains. N'envisagez aucune transaction avec la banque, surtout pour un prêt. Il risquerait d'être refusé. Attendez le mois prochain. Idem pour les investissements, la même recommandation est à retenir.

– En ce début de mois, vérifiez que le délai de paiement de vos factures, taxes ou charges n'est pas dépassé : un rappel à l'ordre risque d'être douloureux pour votre portefeuille.

– À partir du 20, l'inquiétude financière vous guettera, et un arriéré de facture ou d'impôts ne fera qu'augmenter vos angoisses. Hélas, vous ne pourrez compter que sur vous-même pour mener à bien cette fin de mois. N'attendez pas une aide proposée qui ne viendra pas.

– La chance *aux jeux* est possible ce mois.

– *Chiffres à jouer* éventuellement si vous êtes joueur.se :
3, 6, 24, 30, 33, 36 et 42.

SANTÉ – FORME

– Vous vous sentez fatigué.e ? Faites du sport doux, du vélo par exemple. Forcez-vous à marcher dans les bois ou à la campagne, cela vous permettra de vous déstresser, de vider votre tête et de mieux canaliser vos énergies.

– Ne sollicitez pas trop vos articulations. Dans le cas où des efforts seraient prévus, pensez à vous protéger avec une ceinture lombaire, des genouillères… car des douleurs articulaires oubliées depuis quelque temps pourraient se réveiller. Surveillez également les courants d'air en voiture. Mauvais pour les cervicales. À moins que ne surgissent des troubles circulatoires, qui se manifesteront surtout au niveau des jambes. Évitez la station debout prolongée et n'hésitez pas à porter des mi-bas de contention.

– C'est le moment également d'entamer une cure de vitamines ou d'oligo-éléments.

– Les dates importantes pour agir (ou réagir) sont les 6, 15 et 24.

TOUS DOMAINES
☞ **Vos meilleurs JOURS**
(où vous serez d'humeur conciliante) : 6 – 15 – 24
☞ **Vos jours DIFFICILES**
(où il faudra contrôler votre agressivité) : 9 – 18 – 27

Vos **PRÉVISIONS** pour **MARS 2025**
☞ Si votre chiffre clé est 02

Votre QUOTIDIEN

AFFAIRES – PROFESSIONNEL – ACTIVITÉS – LOISIRS...

– Si *vous êtes à la recherche d'un travail,* multipliez vos contacts, restez attentif.ve à toute proposition faite, et donnez-vous un temps de réflexion, ne précipitez rien, car d'autres offres pourraient vous être transmises d'ici le 20 – 25, tout aussi attrayantes.

– *Si vous êtes en activité professionnelle,* surtout dans le commerce, de nouveaux marchés fructueux pourraient s'annoncer d'ici la fin du mois. Et si vous êtes commercial.e, quelques déplacements sont à prévoir… Aussi prenez le temps de vous reposer, et contrôlez votre conduite, car l'effervescence quotidienne peut vous jouer un mauvais tour. Augmenter vos ventes pour financer une amende... où serait le bénéfice ?!

– Par ailleurs, de nombreuses responsabilités vous attendent. Vous devez vous adapter à une nouvelle situation ou vous pouvez avoir un choix à faire. Ne prenez pas de décisions à la légère, et veillez à maintenir la stabilité de vos engagements, bien que ce soit difficile ce mois de mars.

– Envie de *vous mettre à votre compte,* ce n'est pas le moment de bâtir des châteaux en Espagne. Prenez le temps d'étudier à fond votre projet. Ne prenez aucune décision les 2, 11, 20 et 29. Attendez-vous à certaines difficultés les 8, 20 et 26.

– Envie de *voyager* ? Préférez les 4, 13 et 22 du mois.
Évitez les 8, 17 et 26.

AMOURS – AMITIÉS – FAMILLE – RELATIONS...

– La routine sera un peu cassée tout au long du mois, et il vous faudra faire preuve de souplesse avec *votre entourage.* Calmez-vous, fuyez les scènes de ménage et les débats familiaux ! Contrôlez votre impulsivité et gardez votre sang-froid, surtout entre les 3, 12, 21 et le 30, ou vous aurez les nerfs à fleur de peau, car de nombreux imprévus pourraient venir troubler votre quotidien.

– Si vous êtes *en couple,* une folle envie de liberté pourrait vous entraîner sur des chemins aventureux... Attention, n'oubliez pas qu'il faut assurer la vie de tous les jours avec ses contraintes. Si vous sentez monter la tension, aérez-vous la tête, allez faire une promenade, cela vous calmera et vous évitera des paroles blessantes que vous pourriez regretter.

– Du 02 au 11, prenez quelques jours de congés en bonne compagnie, car la fin du mois s'annonce agitée.

– *Si vous êtes seul.e,* profitez au maximum de toutes les occasions de sorties et d'invitations. Vous pourriez faire des rencontres qui pourraient vous rendre service très prochainement. Par ailleurs, vous pourriez également connaître une période de batifolage qui apportera des amours trépidantes.

– Restez toutefois prudent.e, car même si vous êtes libre, l'autre l'est-il (elle) ?

– Il se pourrait également que vous fassiez la rencontre de 2 personnes ! Mais sachez que toute relation débutante ne durera pas. Alors, ne vous prenez pas la tête ! Amusez vous… D'autres opportunités se présenteront qui seront plus fiables.

ARGENT – JEUX

– Mars vous causera quelques difficultés pour tenir les comptes équilibrés, surtout durant la première moitié du mois, car les rentrées et les sorties d'argent se multiplient. Évitez tout achat impulsif ou excessif si vous ne voulez pas passer la fin du mois avec des nuits blanches.

– Ressaisissez-vous, résistez aux tentations de dépenses inutiles et d'ici au 30, ainsi votre budget se rétablira.

– C'est en réglant chaque problème au fur et à mesure et en réagissant rapidement que vous éviterez bien des tourments.

– Ne négligez aucun papier ou document qui demande votre attention.

– Si vous envisagez prendre contact avec votre banquier pour solliciter un prêt, attendez le 16. À partir de cette date, les chances d'un accord seront plus favorables.

– De même pour vos investissements. Toutefois, même si la période est propice, restez dans la mesure du raisonnable.

– Des dépenses pour la maison ou les enfants sont possibles.

– Ne signez aucun contrat et ne faites aucun engagement financier ce mois-ci ! Vous êtres trop « électrique » pour faire de bonnes affaires. Attendez plutôt avril, mai ou juin.

– De même, ne prêtez pas d'argent ! Vous risquez de ne jamais en revoir un billet !

– La chance *aux jeux* est excellente ce mois.
– *Chiffres à jouer* éventuellement si vous êtes joueur.se :
5, 7, 12, 17, 25, 32 et 39.

SANTÉ – FORME

– Et si vous profitiez de l'arrivée du printemps pour faire une cure détox ? Bannissez les sucreries, remplacez-les par des fruits, tellement plus bénéfiques à votre organisme. Sans oublier bien sur, les légumes verts.

– Méfiez-vous des « premiers soleils »… Même si le printemps s'annonce, restez couvert.e, car des risques de rhume avec des complications aux bronches sont à craindre.

– Diminuez la cigarette et oxygénez vos poumons. Continuez vos exercices de marche et de jogging, sans pour autant vous surmener.

– Risques de foulures ou d'entorses, faites attention.

TOUS DOMAINES
☞ **Vos meilleurs JOURS**
(où vous serez d'humeur conciliante) : 5 – 14 – 23
☞ **Vos jours DIFFICILES**
(où il faudra contrôler votre agressivité) : 8 – 17 – 26

Vos PRÉVISIONS pour AVRIL 2025
☞ Si votre chiffre clé est 02

Votre QUOTIDIEN

AFFAIRES – PROFESSIONNEL – ACTIVITÉS – LOISIRS...

– Ce mois d'avril, *si vous êtes en activité professionnelle*, l'ambiance sera morose, surtout du 12 au 21, car un travail important vous incombera et vous serez obligé.e de prendre en main la direction des opérations, ce qui vous vaudra d'être jalousé.e par certains collègues. Ignorez-les. C'est la meilleure façon de les remettre en place.

– Si vous avez des responsabilités pesantes pensez à déléguer.

– Jusqu'au 15, vos efforts seront constants, maintenez le rythme avec courage et ténacité.

– En fin de mois, votre rendement sera reconnu, car vous aurez su surmonter toutes les difficultés qui se sont présentées et mener à bien vos diverses tâches. Un succès bien mérité, donc.

– *Si vous êtes commercial.e* et qu'un déplacement d'affaires est prévu, choisissez plutôt les 6, 15 ou 24.

– La réussite de ce mois tiendra en la qualité de vos rapports avec les autres.

– Les contacts avec l'étranger sont favorisés, ainsi que les activités créatives, artistiques ou publiques.

– Par ailleurs, si un projet humanitaire vous tient à cœur, c'est le moment de le développer.

– *Si vous êtes à la recherche* d'un emploi,* c'est la meilleure période pour aboutir. Ne laissez rien au hasard car, dès maintenant, de multiples opportunités d'affirmer vos capacités se présenteront, elles auront des répercussions bénéfiques pour le mois à venir et surtout courant juillet.

– Soignez votre apparence, la moindre négligence pourrait être mal perçue et dévaloriserait l'image que vous voulez donner.

– *Dates importantes : 6, 15 ou 24.

– En *cas de litiges avec l'administration* par exemple, préférez pour vos démarches les 1, 10, 19 et 28 du mois. Mais bien qu'étant sûr.e de vous, prenez le temps de réfléchir avant toute action et ayez des propos pondérés, surtout en ce qui concerne les écrits. N'envoyez pas un courrier ou une réclamation sous le coup de la colère. Relisez votre lettre le lendemain avant de la poster ou de la valider.

– **Évitez** de *voyager* ou faire de *grands déplacements…*
– *Si activité oblige :* **ABSTENEZ-VOUS** les 9, 16, 18, 25 et 27.

AMOURS – AMITIÉS – FAMILLE – RELATIONS…

– Soyez disponible pour les vôtres et n'hésitez pas à rendre des services, votre bon jugement servira à régler quelques conflits ou malentendus.

– Du 3 au 12, vous risquez d'être mêlé.e à certains désaccords entre membres de *votre famille.* Restez à l'écart, écoutez, mais ne prenez aucun parti. On appréciera votre discrétion, et les tensions s'apaiseront d'elles-mêmes.

– En fin de mois, invitez à dîner *quelques amis* que vous n'avez plus vus depuis un certain temps, ils sauront apprécier vos qualités de maître.sse de maison.

– *Si vous êtes en couple,* vous devrez user de tact envers ces derniers, car des divergences demeurent et l'entente est fragile. Des conflits sont à prévoir.

– Si votre couple est solide, vous saurez instaurer un dialogue constructif et retrouverez ainsi l'harmonie.

– Dans le cas contraire, vous devrez vous rendre à l'évidence et accepter que votre couple soit « mort ».

– En ce qui concerne *les enfants,* si vous le pouvez, laissez-les aux grands-parents qui seront ravis. Ceci leur évitera d'être au milieu de vos clashs, et profitez-en pour partir quelques jours tous les deux, dans un endroit calme, ou offrez-vous un voyage très bénéfique entre le 13 et le 22.

– *Si vous êtes seul.e,* évitez les nouvelles rencontres, car elles ne vous apporteront pas grand-chose.

ARGENT – JEUX

– En début de mois, mettez vos papiers à jour. Courriers en retard, régler les factures en attente… sinon, gare aux rappels !

– D'ici au 20, n'envisagez aucun investissement trop lourd.

– Si vous avez envie de transformer votre intérieur, visitez les brocantes, vide-greniers ou antiquaires. Il se pourrait que vous ayez un coup de cœur pour une belle pièce et qui se révèlerait être un bon placement. Mais attendez de préférence après le 21, votre budget sera en meilleure forme.

– La chance *aux jeux* est possible ce mois.
– *Chiffres à jouer* éventuellement si vous êtes joueur.se :
7, 8, 26, 34, 41, 42 et 48.

SANTÉ – FORME

– Des problèmes circulatoires sont possibles ainsi qu'une tension trop élevée occasionnant des malaises dus à une grande nervosité. Faites-vous contrôler par un médecin et entamez une cure de vitamines.

– Reprenez (ou prenez) quelques séances de natation pour remuscler votre dos, car quelques douleurs insidieuses se manifesteront. Évitez de porter des charges trop lourdes.

– Une personne âgée de votre entourage proche souffrant de problèmes de santé, pourrait vous tracasser.

TOUS DOMAINES
☞ **Vos meilleurs JOURS**
(où vous serez d'humeur conciliante) : 4 – 13 – 22 – 31
☞ **Vos jours DIFFICILES**
(où il faudra contrôler votre agressivité) : 7 – 16 – 25

Vos PRÉVISIONS pour MAI 2025
☞ Si votre chiffre clé est 02

Votre QUOTIDIEN

AFFAIRES – PROFESSIONNEL – ACTIVITÉS – LOISIRS...

– En ce début de mois et jusqu'au 22, rien ne se passe comme souhaité. Tout est bloqué, prenez votre mal en patience. Ne dépensez pas votre énergie inutilement.

– Faites le dos rond en attendant des jours meilleurs. Profitez de ce temps « creux » pour vous détendre et faire le point sur les événements vécus depuis janvier. Tirez-en les conclusions qui s'imposent. Cependant…

– Votre quête actuelle de spiritualité pourrait vous conduire vers des rencontres douteuses. Méfiez-vous des beaux parleurs, ne vous laissez pas entraîner dans des séminaires, réunions de groupe, voire retraites ou l'on n'a qu'un but : profiter de votre faiblesse, de votre errance actuelle tout en vidant votre compte en banque.

– Si l'on ne vous propose pas au contraire de l'argent à gagner par une activité de vente directe, par exemple (qui celle-ci peut se révéler intéressante), fuyez. La prudence vous est recommandée surtout les 9, 18 et 27.

– *Si vous êtes à la recherche d'un emploi,* un début de mois incertain où le moral sera sévèrement atteint, rien ne tourne comme vous le souhaitez. Les contacts ou démarches resteront stériles. La patience est donc de mise.

– Réservez-vous pour la fin du mois, où vous serez amené.e à faire preuve de confiance en vous et montrer que vous êtes entièrement capable d'assumer votre avenir.

– *Si vous êtes en activité professionnelle,* vous serez soutenu.e par votre entourage face à un choix difficile concernant un nouveau poste, mais c'est le moment de vous affirmer et de prouver votre efficacité. Surtout les 3, 12, 21 et 30.

– En mai, accordez-vous des week-ends lecture ou des sorties pour recharger vos batteries. Juin sera un autre mois !

    – *Vous écrivez* ? Ce mois vous sera très profitable. Toutes les activités intellectuelles et d'analyses sont fortement favorisées.

    – Envie de *voyager* ? Préférez les 7, 16 et 25 du mois.

– Évitez les 6, 15 et 24.

AMOURS – AMITIÉS – FAMILLE – RELATIONS…

    – Ce mois-ci est favorable à l'amitié !

    – De belles soirées en compagnie de relations professionnelles ou conviviales vous permettront d'évoquer le passé et possiblement de faire de nouvelles rencontres. Mettez ces retrouvailles en œuvre de préférence les 7, 16 et 25.

    – *En famille,* il ne faudra pas vous marcher sur les pieds, vous serez bon.ne à prendre avec des pincettes, surtout le 23, détendez-vous.

    – *Si vous vivez en couple*, notamment depuis peu, tout ira de travers. Des conflits et jalousies sans motif, engendreront des explications et des scènes de ménage, particulièrement les 15 et 24. Allez marcher, cela vous calmera.

    – *En couple depuis un certain temps*, sortez de votre bulle ! ne négligez pas votre partenaire, car il (elle) pourrait être tenté.e de se faire consoler ailleurs !

    – *Célibataire*, vous n'êtes guère d'humeur romantique ! et comme rien n'évolue en ce moment comme vous le souhaiteriez, vous voici submergé.e par le cafard, mais un.e ami.e ou une personne de confiance, sur lequel (laquelle) vous pouvez compter, vous permettra de reprendre le dessus. N'hésitez pas à vous confier, à lui parler de ce qui vous préoccupe, son point de vue pourra vous éclairer de façon décisive et vous remettra sur les rails. Ce n'est qu'à partir du 24 que vous sortirez de votre abattement, et vous pourrez alors préparer des projets sur des bases solides, mais après une sérieuse période de réflexion. La providence pourrait vous mettre dans une situation inattendue mais fort agréable. Tout vient à temps à qui sait attendre.

ARGENT – JEUX

– *Financièrement,* n'hésitez pas à demander un échelonnement ou un délai pour régler vos factures trop importantes, il vous sera accordé, à moins que ce soit le remboursement d'un trop versé et ce, principalement entre le 4 et le 22.

– Même si la période est floue, et si vos comptes le permettent, osez vous renseigner auprès de votre banque sur l'éventualité de placements. Sachez toutefois, que si c'est un mois de ralentissement pour toutes vos démarches, des délais sont probables si vous avez des travaux en cours ou des rentrées d'argent en attente. Ne cherchez pas à forcer les événements, laissez le temps travailler pour vous.

– C'est une *excellente période pour le jeu*, car tout vous est permis : loto, tiercé, roulette...

– La chance *aux jeux* est présente ce mois, mais uniquement si elle n'est pas programmée !

– *Chiffres à jouer* : écoutez votre intuition ou essayez les grattages (entre autres).

SANTÉ – FORME

– Évitez de vous angoisser pour un oui ou un non. Bien que ce mois-ci soit dans un climat d'insécurité, ne vous laissez pas envahir par le stress. Le mois prochain sera plus exaltant.

– Je vous recommande, si vous avez des problèmes rénaux, de penser à boire beaucoup d'eau pour éviter les complications habituelles.

TOUS DOMAINES
☞ **Vos meilleurs JOURS**
(où vous serez d'humeur conciliante) : 3 – 12 – 21 – 30
☞ **Vos jours DIFFICILES**
(où il faudra <u>contrôler</u> votre agressivité) : 6 – 15 – 24

Vos PRÉVISIONS pour JUIN 2025
☞ **Si votre chiffre clé est 02**

Votre QUOTIDIEN

AFFAIRES – PROFESSIONNEL – ACTIVITÉS – LOISIRS...

– Voici un mois de juin tellement marqué d'événements extérieurs que vous ne saurez plus où donner de la tête.

– N'oubliez pas que vos actes comme vos idées auront une portée à long terme, peut-être même jusqu'à l'année prochaine. Et ce, en TOUS DOMAINES.

– Ce mois-ci vos ambitions sont accrues. Vous êtes inspiré.e, vous savez flairer les bonnes affaires. Et vous pourriez même bénéficier d'un appui important. Profitez-en !

– *Si vous êtes en recherche d'emploi,* la première semaine sera agitée. Restez sur une position d'attente pour toute éventuelle signature de contrat. Patientez jusqu'à la période entre le 24 et le 30 pour prendre votre décision finale.

– Si *vous êtes en activité professionnelle,* vos actions seront les plus énergiques et auront le plus de chance d'aboutir.

– Votre dynamisme sera doublé et vous mènerez de main de maître.sse toutes les actions entreprises. Ne laissez aucun détail au hasard, votre travail doit être précis et soigné, il n'en sera que plus efficace…

– Si des opportunités se présentent, sachez les saisir, car vous êtes dans une période de réussite totale et toute occasion devra être exploitée au maximum. Vous monterez ainsi d'un échelon.

– *Vos activités secondaires ou de loisirs* ne vous laisseront pas beaucoup de temps pour votre vie familiale et l'ambiance s'en ressentira.

– Déplacements et voyages : Prudence tout le mois si vous devez faire de longs trajets.
(Préférez le train, le bus ou l'avion).

– Contrôlez-vous et ne vous attardez sur aucune discussion ou litige *familial* pouvant entraîner des complications inutiles. Vos propos pourraient être virulents vu votre état actuel, et vous faire perdre du temps inutilement.

– Si vous avez des *actions juridiques en cours,* (divorce, garde d'enfants…) restez courtois.e dans vos propos et vos écrits. Soyez ferme dans vos décisions. Vous devrez faire certains choix et ce, définitivement, ce qui choquera quelques personnes de votre entourage, mais ne tenez compte que de l'avis de spécialistes. Même si vous aimez prendre les choses en main, n'en profitez pas pour trop vous imposer. Maîtrisez vos humeurs.

– *Si vous êtes parent,* votre autorité sera mal acceptée par un enfant en particulier. Faites preuve de tendresse et de compréhension, le dialogue sera plus consenti.

– Du 14 au 23, de bons moments à l'occasion de fêtes familiales (mariage sans doute), vous feront le plus grand bien. Laissez donc pour un temps vos soucis de côté.

– *Si vous êtes en couple,* ne faites pas subir à votre conjoint votre trop plein d'agressivité et vos sautes d'humeur, surtout les 10, 19 et 28.

– Le côté matériel prenant le dessus ce mois-ci, quelques tensions sont à craindre et des querelles à cause de l'argent pourraient être explosives.

– *Si vous êtes célibataire,* méfiez-vous d'une rencontre faite récemment, principalement si elle s'est produite les 7, 16 et 25… Il se peut que vous n'y ayez pas réellement porté d'intérêts alors que cette personne pourrait devenir le père ou la mère de vos futurs enfants.

ARGENT – JEUX

– Restez vigilant.e quant aux dépenses inconsidérées tout le long du mois, car des imprévus de dernière minute pourraient mettre à mal vos économies une fois le règlement de vos diverses factures effectué.

– Vos projets de vacances risquent même d'être chamboulés. Recalculez vos dépenses prévues en réduisant quelques frais qui ne sont pas indispensables, et vous retrouverez le sourire.

     – Par ailleurs, une rentrée d'argent sur laquelle vous ne comptiez plus pourrait venir renflouer vos économies.

     – De même, vous êtes en mesure de renégocier un prêt, mais lisez bien le contrat avant de signer.

     – Besoin d'un prêt ? C'est le moment de demander.

La chance *aux jeux* n'est guère présente ce mois. Toutefois, vos chiffres *à jouer* éventuellement si vous êtes joueur.se :
1, 4, 10, 11, 28, 38 et 49.

SANTÉ – FORME

     – Si vous le pouvez, prenez vos vacances à partir du 15, car ayant traversé la première quinzaine du mois sous pression, vous aurez besoin de recharger vos batteries.

     – Votre estomac subira également les conséquences de votre nervosité générale et des problèmes digestifs sont à craindre. Mangez léger.

     – Protégez vos yeux par une bonne paire de lunettes de soleil, car en cette période, ils pourraient être plus sensibles que d'habitude. Ne prenez aucun risque.

TOUS DOMAINES
☞ **Vos meilleurs JOURS**
(où vous serez d'humeur conciliante) **: 2 – 11 – 20 – 29**
☞ **Vos jours DIFFICILES**
(où il faudra _contrôler_ votre agressivité) **: 5 – 14 – 23**

Vos PRÉVISIONS pour JUILLET 2025

☞ **Si votre chiffre clé est 02**

Votre QUOTIDIEN

AFFAIRES – PROFESSIONNEL – ACTIVITÉS – LOISIRS...

– *Si vous êtes en activité professionnelle,* vous aurez à faire face à bien des problèmes dans votre travail. Vous ne pourrez compter que sur vous-même, car les collègues vous feront défaut, surtout entre le 9 et le 18. Ne vous laissez pas envahir par la déprime, restez positif.ve, tout rentrera dans l'ordre le mois prochain.

– Envisagez ou demandez pour la mi-juillet de faire un stage de formation, et ce, loin de chez vous. Ceci vous permettra de rencontrer de nouvelles personnes tout en développant vos connaissances professionnelles.

– *Si vous travaillez en association,* ayant les nerfs à cran, vous risquez d'avoir des paroles dépassant vos pensées. Ressaisissez-vous, prenez l'air, et méditez sur votre position actuelle. Revoyez vos points de vue... si près du but, ce serait dommage de tout perdre.

– Passé le 24, la tension tombera et vous pourrez enfin vous détendre.

– *Si vous êtes à la recherche d'un emploi,* réfléchissez à vos ambitions afin de leur donner la perspective souhaitée. Montrez-vous efficace, n'hésitez pas à vous déplacer si besoin est, et imposez vos idées. Vous pourriez voir vos vœux se réaliser en août et octobre.

– *Si vous êtes dans une activité commerciale,* votre zone géographique habituelle de prospection pourrait se voir agrandie suite à l'éventuelle signature de nouveau contrat surtout entre le 6 et le 24. De nouveaux contacts et de nouvelles opportunités pourraient vous permettre de développer votre activité, peut être même au niveau international.

– Les dates *pour négocier* sont les 2, 11, 19 et 28.

– Pour *vos déplacements d'affaires* préférez les 3, 12, 21 et 30.

– Si vous évoluez dans une activité liée à la communication, aux médias, au touriste, vous aurez le vent en poupe.

Vous êtes artiste ? Votre créativité pourrait enfin être reconnue et toucher un large public...

– Envie d'apprendre une nouvelle langue, lancez-vous !

– Projet de voyage ? *Choisir les* 5, 13 et 23...
Évitez les 4, 13 et 22.
– *Partir à L'ÉTRANGER* :
Préférez les 9, 18 et 27 du mois.

AMOURS – AMITIÉS – FAMILLE – RELATIONS...

– Attendez-vous à quelques imprévus, dont certains contrariants, et ce, tout au long du mois.

– Vous ne savez plus où vous en êtes sur *le plan affectif*. Des risques de conflits au sein *du couple.* Restez zen, ne vous emportez pas pour un oui ou un non. Contrôlez vos paroles, elles peuvent aller au-delà de vos pensées et vous risqueriez de les regretter par la suite.

– Les risques seront augmentés entre le 24 et le 30, et si *votre ménage* est déjà fragile, il ne résistera peut-être pas à cette nouvelle vague. Une rupture pourrait en résulter.

– Soyez plus tolérant.e, ne vous repliez pas sur vous-même. Le dialogue permet souvent de solutionner les malentendus. Profitez de vos vacances pour partir à l'étranger ou en bord de mer, ceci stimulera votre couple.

– Ne vous laissez pas tenter par la nouveauté, vous pourriez le regretter amèrement.

– *Si vous êtes encore seul.e,* vous pourriez rencontrer une personne très séduisante. De bons moments en perspective...

– *En famille,* vous aurez l'impression d'étouffer, vous n'aurez qu'une seule envie, vous évader. Si vous le pouvez, faites un voyage à l'étranger.

– Pour d'autres, une prise de conscience, parfois douloureuse sera nécessaire et le besoin de modifier les relations familiales existantes s'impose.

– *Sur le plan amical,* certains montreront (enfin) leur véritable personnalité. Ce qui sera pour vous une sérieuse déception, au point que vous mettrez un terme à cette relation sans profondeur. Ne regrettez rien.

– Les dates à retenir sont les 2, 11, 21 et 29. Méfiance les 4, 13 et 22.

– Au contraire, de nouvelles rencontres vous attendent pleines de promesses. Peut-être les 3, 12, 21 et 30.

ARGENT – JEUX

– Évitez tout investissement d'ici au 22, surtout si votre projet est dans l'immobilier (achat d'un appartement ou d'une maison). Attendez plutôt le retour des vacances.

– Vous manquez actuellement de réalisme, donc restez prudent.e en ce qui concerne les dépenses du quotidien.

– La chance *aux jeux* est présente +++ ce mois.
– *Chiffres à jouer* éventuellement si vous êtes joueur.se :
2, 8, 11, 13, 22, 29 et 40.

SANTÉ – FORME

– C'est le mois idéal pour attaquer un régime strict auquel il faudra vous y tenir et en ajoutant quelques exercices de gymnastique afin de retrouver la ligne. Essayez de prendre de nouvelles habitudes alimentaires.

– Méfiez-vous des coups de soleil tout comme des égratignures mal désinfectées.

TOUS DOMAINES
☞ **Vos meilleurs JOURS**
(où vous serez d'humeur conciliante) : **1 – 10 – 19 – 28**
☞ ***Vos jours DIFFICILES***
(où il faudra contrôler votre agressivité) : *4 – 13 – 22 – 31*

Vos PRÉVISIONS pour AOÛT 2025
☞ **Si votre chiffre clé est 02**

Votre QUOTIDIEN

AFFAIRES – PROFESSIONNEL – ACTIVITÉS – LOISIRS...

– Le climat du mois s'annonce clément ! Les ambitions renaissent. Ça tombe bien, il se pourrait que des opportunités surgissent. Étudiez-les, et si elles vous plaisent sautez le pas ! C'est le moment de prendre de nouvelles initiatives.

– *Si vous êtes à la recherche d'un emploi,* n'hésitez pas à commencer vos démarches surtout les 2, 11, 20 et 29, des entretiens pourraient être bénéfiques, même si vous devez attendre la fin du mois pour qu'un coup de chance inespéré vous permette la réalisation de vos projets.

– Entre le 16 et le 25, des propositions pourraient même vous être offertes.

– Il peut s'agir dans un premier temps, que d'un remplacement, mais vous devrez le saisir, car la place pourrait se libérer définitivement ultérieurement, et vous être attribuée.

– *Si vous êtes en activité professionnelle,* ne vous dispersez pas inutilement. Il se pourrait que des décisions importantes à votre égard concernant vos compétences soient prises ce mois-ci.

– *Si vous êtes commercial.e,* vos déplacements d'affaires sont favorisés les 2, 11, 20 et 29. Vous irez de l'avant avec confiance et vos nouvelles idées auront l'approbation générale. Profitez-en, en effet à partir du mois prochain tout peut changer.

– Un voyage d'ordre professionnel, tel qu'un séminaire par exemple, pourrait vous être proposé, ne le refusez pas, même s'il vous en coûte, car de bonnes répercussions peuvent en résulter.

– Envie de *voyager* ? Préférez les 4, 13, 22 du mois. Évitez les 3, 12, 21 et 30.

– Partir à L'ÉTRANGER : les 8, 17 et 26.

– La période du 1 au 15 sera plutôt calme, ce qui ne sera pas pour vous déplaire, surtout que le mois de juillet aura était agité. Profitez-en pour refaire le plein d'énergie. Vous serez ainsi en pleine forme pour la rentrée.

– Invitez _quelques amis,_ profitez-en pour organiser un dîner ou un apéritif dînatoire les 5, 14 et 23.

– _Si vous êtes en couple,_ profitez de cette période agréable pour renouer le dialogue et envisager de bons moments « tendresse » à deux.

– Mais votre envie de liberté sera présente les dix premiers jours, et quelques faiblesses vous guettent. Ne faites cependant aucun d'écart, car votre conjoint ne vous le pardonnerait pas.

– Si _votre cœur est libre,_ surtout du 16 au 25, une rencontre « organisée » pourrait vous permettre de vivre un mois enflammé. Mais ne jouez pas les provocateurs.trices. Laissez faire les événements.

– Si des problèmes _de famille_ s'annoncent, vous trouverez des solutions pour les résoudre, vous saurez convaincre et utiliser vos atouts.

– Et en cas de litiges familiaux (garde d'enfants, exploiter vos droits en tant que grands-parents...) prenez conseils auprès d'une association ou d'un avocat. Il vaut mieux vous entourer de personnes compétentes plutôt que faire cavalier.e seul.e;

– Vous pourrez également compter sur le soutien de _quelques amis_ qui viendront renforcer votre position actuelle (attestations entre autres si besoin et, si tribunal annoncé...)

**ARGENT – JEUX**

– Votre budget devrait être équilibré, sans mauvaises surprises. Si vos moyens le permettent, c'est le moment de réaliser vos projets en décidant de l'achat de votre maison à la campagne ou d'un appartement que vous pourrez relouer.

– Si vous êtes amateur.trice de belles choses, vous pourriez avoir un coup de cœur pour un tableau ou une commode ancienne qui en plus d'être un placement de valeur, viendra embellir votre intérieur.

– Vous serez très généreux.se ce mois-ci. Restez cependant dans la limite du raisonnable.

– Après le 20, attention, ne soyez pas tête en l'air et ne laissez pas traîner vos affaires personnelles. (Chéquier, CB, porte-monnaie…)

– Une chance insolente vous accompagnera pendant tout le mois !

– *Chiffres à jouer* éventuellement si vous êtes joueur.se :
3, 6, 9, 12, 21, 33 et 36.

SANTÉ – FORME

– Si vous pratiquez déjà du sport, continuez, ceci vous évitera l'effet « cocote minute ». Sinon, en moment de grand stress, mettez-vous sur « pause » et faire une marche de 30 min, cela vous calmera.

– Attendez-vous à quelques migraines tenaces dues à une trop grande tension nerveuse, qui vous mettront de fort mauvaise humeur.

– Évitez également les expositions trop prolongées au soleil. Surtout entre 11 et 16H.

– Profitez de cet été pour vous prélasser sur la plage ou vous offrir un bon massage.

– Vous aurez ainsi un esprit apaisé dans un corps sain pour repartir sur de belles bases à la rentrée.

TOUS DOMAINES
☞ **Vos meilleurs JOURS**
(où vous serez d'humeur conciliante) : 9 – 18 – 27
☞ **Vos jours DIFFICILES**
(où il faudra contrôler votre agressivité) : 3 – 12 – 21 – 30

Vos PRÉVISIONS pour SEPTEMBRE 2025
☞ Si votre chiffre clé est 02

Votre QUOTIDIEN

AFFAIRES – PROFESSIONNEL – ACTIVITÉS – LOISIRS...

– Voici un mois « usant ». Un jour positif, un négatif, et il faudra faire avec !

– *Si vous êtes en activité professionnelle,* et jusqu'au 10, vos collègues joueront un rôle primordial dans votre travail et vous aurez l'impression d'entamer un vrai parcours du combattant.

– *Si vous êtes à la recherche d'un emploi,* quelques contacts encourageants, mais il vous faudra attendre la fin du mois pour avoir une réponse…

– Du 10 au 18, vous serez en période de motivation, profitez-en pour foncer et mettre vos capacités en avant.

– À partir du 20, de nouveaux contretemps se mettront sur votre route, et déstabiliseront votre moral.

– Heureusement, après le 25, vous pourriez recevoir de bonnes nouvelles qui vous stimuleront à nouveau.

Envie de *voyager* ? Préférez les 3, 7, 12 et 25 du mois.
Évitez les 2, 11, 20 et 29.

AMOURS – AMITIÉS – FAMILLE – RELATIONS...

– Dans ce domaine également, un septembre en dents de scie, vous fatiguera nerveusement. Prenez votre mal en patience. Plutôt que ruminer, apprenez à vous détendre, et à positiver. Fuyez les pessimistes et les gens à problèmes. Et dites-vous que le mois prochain sera mieux. Rien n'est franchement négatif, tout est ralenti, c'est tout !

– À partir du 24, vous commencerez à voir les choses différemment.

– *Si vous êtes libre*, et surtout après le 20, vous pourriez revoir une personne rencontrée cet été. Mettez tous les atouts de votre côté, il est possible que cette nouvelle relation se prolonge dans le temps.

– *Si vous vivez en couple*, et si en général il se porte bien, du 11 au 18, l'ambiance est au calme et à la bonne humeur. Votre vie sentimentale est harmonieuse. Mais si votre ménage est déjà en disharmonie, attention qu'une longue période de conflits n'en vienne pas à bout, et vous entraîne droit à la rupture, voire au divorce. Septembre et octobre sont très délicats en ce domaine, prudence...

– *Entre amis,* un sentiment de solitude vous gagnera, même si vous ressentez le besoin de vous confier, limitez-vous en cette période à ne fréquenter que des gens positifs qui pourront vous redonner du courage et vous éclairer sur les questions qui vous préoccupent. Choisissez des confidents sûrs, car certaines personnes prendraient plaisir à colporter vos ennuis.

– *En famille,* vous serez souvent sollicité.e, aussi bien par des jeunes que par des personnes âgées, les premiers et les derniers jours du mois.

– Par ailleurs, une mutation professionnelle pourrait vous contraindre à déménager. Avant tout engagement, tenez un conciliabule avec les vôtres. Tout le monde n'en sera pas réjoui. Mais n'hésitez pas à discuter en exposant bien clairement les avantages et les inconvénients. Restez ouvert.e aux idées des uns et des autres. La décision ne doit pas être prise par vous seul.e ;

ARGENT – JEUX

– Ce n'est pas le moment de faire des extra. Surtout la première semaine. Surveillez bien vos dépenses, faites vos comptes, car tout dérapage serait fatal.

– Si vous devez demander un prêt, la journée du 8 est préférable.

– Du 9 au 15, une aide financière sous forme de subvention, ou venant de services sociaux ou caisse de retraite pourrait vous permettre de rétablir une situation précaire.

– Vers le 18 ou 25, un anniversaire, un mariage ou un baptême pourrait vous contraindre dans l'achat d'un cadeau. (Restez modeste et dans vos moyens financiers).

– Si vous décidez d'acheter du matériel professionnel ou de changer de voiture, attendez aussi cette période et ne prenez pas de décisions avant.

– Pour traiter des affaires délicates, choisissez les 5, 14 et 23.

– La fin septembre sera plus encourageante, avec un mois d'octobre qui s'annonce plein de belles promesses financières.

– Tentez chance *aux jeux* mais **en groupe ou au moins à deux.**

– *Chiffres à jouer* éventuellement si vous êtes joueur.se :
4, 7, 8, 22, 26, 34 et 41.

SANTÉ – FORME

– Les Jambes lourdes, et quelques crises d'anxiété à surveiller et à ne pas laisser s'installer.

– Si vous êtes sportif.ve, faites vos échauffements, même si l'on est en été, car vos articulations sont fragilisées et vous risquez des foulures ou entorses.

– Si la motivation vous manque pour faire de la gymnastique par exemple, choisissez la méthode collective en salle ou la marche hebdomadaire en groupe. Ceci vous stimulera davantage et vous poussera à persévérer.

TOUS DOMAINES
☞ **Vos meilleurs JOURS**
(où vous serez d'humeur conciliante) : **8 – 17 – 26**
☞ **Vos jours DIFFICILES**
(où il faudra contrôler votre agressivité) : **2 – 11 – 20 – 29**

Vos PRÉVISIONS pour OCTOBRE 2025
☞ Si votre chiffre clé est 02

Votre QUOTIDIEN

AFFAIRES – PROFESSIONNEL – ACTIVITÉS – LOISIRS...

– Enfin, on revit !

– *Si vous êtes en activité professionnelle,* vous voulez rattraper le temps perdu, certes, mais en voulant tout mener de front, surtout jusqu'au 10, vous risquez, suite à une grande nervosité, courir des risques d'accident... prudence, surtout si vous êtes dans le bâtiment ! Vous avez la tête ailleurs, concentrez-vous et disciplinez-vous un peu plus.

– Du 10 au 16, vous serez performant.e et votre comportement vous permettra d'obtenir de grandes satisfactions et de concrétiser vos projets. Vos idées sont novatrices et font mouche. Ayez confiance en vous, jouez vos meilleurs atouts, il pourrait y avoir un contrat à la clé.

– Du 17 au 26, de nouveaux retards risquent de désorganiser votre emploi du temps, ce qui vous agacera, mais entretemps, vers le 20, une agréable surprise pourrait vous attendre telle que : augmentation ou promotion.

– *Si vous êtes dans le commerce ou commercial.e,* vos rapports avec une clientèle seront, grâce à votre bon sens communicatif, fructueux. Vous aurez souvent l'occasion de renouveler, voire d'élargir vos contacts. Les rendez-vous ne manqueront pas ! Excellente période pour le marketing, la communication et le domaine artistique.

– Passé le 26, vous pourrez souffler un peu... Novembre sera un mois plus calme que celui que vous venez de vivre.

Envie de *voyager* ? Préférez les 2, 6, 11, 24 du mois.
Évitez les 10, 19 et 28.

– Évitez de rester seul.e chez vous à broyer du noir. Acceptez les invitations de sorties qui seront nombreuses. Même si cela ne vous dit rien dans un premier temps.

– Du 11 au 20, vous pourriez vous faire de nouveaux amis qui vous feront découvrir de nouveaux centres d'intérêts (théâtre, danse, jazz...).

– Un voyage d'agrément en groupe (sortie en car par exemple) peut avoir lieu également entre le 11 et le 20 et cette journée ou week-end se révélera très distrayant.

– Une personne de votre entourage proche – ami.e, membre de la famille – pourrait avoir besoin de votre présence… des moments difficiles à passer qui demandent du soutien. Soyez présent.e;

– En ce mois d'octobre, de nouvelles rencontres se révélant constructives et récréatives viendront remplacer d'anciennes relations qui devenaient plus pesantes qu'intéressantes.

– *Célibataire :* une rencontre peut naître sur votre lieu de travail ou dans un cadre familier. Cependant n'oubliez pas ce qu'on dit : ne pas mélanger « vie professionnelle et vie privée »…car en cas, d'incompatibilités, la situation pourrait devenir un enfer !

– *Sur le plan familial,* il vous faudra régler une bonne fois pour toutes, les problèmes qui jusqu'à présent restaient en sommeil tout en vous stressant. Même si remuer le passé est douloureux, il faut pouvoir crever l'abcès. Cependant, si le conflit persistant est lourd de conséquences, faites part à votre entourage, de votre intention de mettre les choses à plat.

– Jusqu'au 10, la *vie sentimentale* est au beau fixe et vous savez faire preuve de complaisance et de gentillesse avec votre moitié. Chacun semble y mettre du sien pour maintenir l'harmonie. Cependant, passé le 20, votre attitude change brusquement et vous voilà à nouveau avec l'envie de papillonner. Restez sage, sinon, vous risquez de le regretter !

– Par ailleurs, ne cédez pas aux émotions négatives qui pourraient entraîner des disputes.

<u>*ARGENT – JEUX*</u>

– Contrôlez votre frénésie dépensière, surtout en ce début de mois, car beaucoup seront futiles. Petite <u>astuce :</u> listez vos souhaits, mais donnez-vous 8 jours avant l'achat. Vous consta-terez à ce moment que ce dont vous aviez envie ne vous intéresse plus du tout.

– Des rentrées sont possibles entre le 10 et le 18, mais la prudence vous est toujours recommandée, car même si l'argent rentre, elle peut repartir aussi vite. Par ailleurs, un risque de vol ou de perte d'objets est possible.

– Attendez le 15 passé pour investir, si votre budget le permet. Restez prudent.e, car même si octobre est un mois favorable financièrement, novembre s'annonce plus restrictif !

– Pour engager des affaires délicates, préférez les 4, 13, 22.

– C'est également une bonne période *pour jouer* :
– <u>*Chiffres à jouer*</u> éventuellement si vous êtes joueur.se :
5, 7, 12, 25, 32, 37 et 49.

<u>*SANTÉ – FORME*</u>

– Si vous ressentez une fatigue, n'attendez pas la fin du mois pour consulter votre médecin, car vous auriez du mal à remonter la pente. Des crises d'angoisses ne sont pas à prendre à la légère. Et n'abusez pas de la caféine, qui pourrait vous requinquer momentanément, mais en réalité, ne ferait que masquer de réels problèmes physiques comme psychologiques.

– Quelques refroidissements et maux de gorge sont également à craindre. Couvrez-vous.

<u>*TOUS DOMAINES*</u>
☞ **Vos meilleurs JOURS**
(où vous serez d'humeur conciliante) : 7 – 16 – 25
☞ **Vos jours DIFFICILES**
(où il faudra <u>contrôler</u> votre agressivité) : 1 – 10 – 19 – 28

☞ Si votre chiffre clé est 02

Votre QUOTIDIEN

AFFAIRES – PROFESSIONNEL – ACTIVITÉS – LOISIRS...

– Novembre demande beaucoup d'organisation et de rigueur dans tout ce que vous allez entreprendre. Contrairement au mois d'octobre, pas de place pour les idées fantasques.

– Ce que vous avez projeté le mois dernier pourrait voir sa concrétisation ce mois-ci à condition d'être très attentionné.e ;

– Dans *vos affaires personnelles,* si vous avez un dossier à monter avec votre avocat pour une affaire juridique qui demande l'intervention de la justice, préparez avec minutie toutes vos revendications tout en évitant la délation.

– Défendez vos droits avec fermeté et détermination mais en restant respectueux.se ;

– Si vous devez présenter un dossier *administratif ou juridique* autre, soyez détaillé.e et précautionneux.se dans vos revendications, ayez des arguments en béton.

– Préparez-vous à faire face aux questions qui vous seront posées et restez ferme mais courtois.e sur vos positions. Ne lâchez pas l'affaire, seule votre détermination et votre persévérance seront capitales au bon résultat.

– N'hésitez pas à insister auprès des personnes concernées (courrier, téléphone), même si vous frôlez le harcèlement. Tant que vous restez poli.e et respectueux.se dans vos sollicitations. C'est la seule méthode pour obtenir satisfaction.

– Préférez la période allant du 11 au 15, et même si vous avez l'impression d'être seul.e dans vos démarches, vous saurez éclaircir quelques litiges en suspens, surtout d'ordre administratif, et vous aurez la satisfaction de trouver la solution à ce dilemme.

– *Si vous êtes en activité professionnelle,* et jusqu'au 10, votre entourage ne sera guère coopératif et vous serez seul.e à affronter toutes les complications qui surviendront.

– Affichez sans complexe vos capacités d'action et votre dynamisme surtout pour un travail en équipe. Passé le 16, vous devrez faire preuve de souplesse et de tolérance tout en gérant les autres de main de maître. N'hésitez pas à vous mettre en avant et essayez de créer une dynamique de groupe dans une ambiance détendue.

– Ce n'est qu'à partir du 24 que vous serez au mieux de votre forme après un mois bien difficile. Vous pourrez même espérer une promotion.

– *Si vous êtes à la recherche d'un emploi,* n'hésitez pas à consulter votre entourage, en particulier des personnes plus âgées que vous, et en qui vous avez confiance. Leur expérience vous aidera à mieux choisir entre les diverses possibilités qui vous seront offertes.

– Pour tout engagement écrit, ne négligez aucun détail et prenez un temps de réflexion. Pour les négociations financières, préférez les 7, 16 et 25.

– ***Déplacements*** en train ou avion **à éviter** (retards, grèves…) Ou faire de ***longues routes*** (bouchons)
surtout les 4, 9, 13, 18, 22, 27.

AMOURS – AMITIÉS – FAMILLE – RELATIONS…

– Tout le long du mois, des petits problèmes à régler d'ordre divers. Jusqu'au 10, vous serez tout particulièrement accaparé.e par un membre de la famille proche qui traversera une passe difficile et ayant le moral « dans les chaussettes », vous sollicitera pour un oui ou un non. Vous ne pouvez pas résoudre les problèmes des autres.

– Donc, essayez avec tact et diplomatie de lui faire comprendre qu'il doit accomplir les démarches qui s'imposent pour surmonter son problème.

– Il n'est pas impossible que ce mois, d'anciennes *relations amicales* redonnent signe de vie, principalement entre le 9 et le 16. Mais, certaines ne seront qu'intéressées ou reviendront vers vous par curiosité, surtout si vous aussi traversez une crise familiale ou de couple. Coupez court et prenez du recul sans attendre. Vous ne vous en porterez que mieux !

ARGENT – JEUX

– Les finances seront restreintes encore en novembre. Faites vos comptes et ce, dès le début de mois, et soyez prévoyant.e, car des dépenses imprévues pourraient continuer d'aggraver votre compte. Chaudière en panne, électroménager qui vous fait faux bond, à moins que ce soit la voiture qui ne veut plus démarrer ou l'ordinateur qui rende l'âme… Tout est possible. Surtout du 1 au 9. Et ne comptez pas sur une rentrée d'argent due, car elle se fait attendre. Ne faites aucun projet avant d'avoir la confirmation sur votre compte bancaire, car elle semble retardée. Du 16 au 24, la situation s'améliore. Toutefois, faites le point sur vos diverses dépenses et vous verrez que certaines sont superflues et déséquilibrent votre budget depuis quelque temps. Revoyez vos priorités.

– La chance *aux jeux* est possible ce mois.

– *Chiffres à jouer* : 3, 6, 24, 30, 33, 36 et 42.

SANTÉ – FORME

– Dès que la fatigue se fera sentir, partez vous détendre en marchant dans les bois ou à la campagne. Un mois stressant suite à toutes les contraintes quotidiennes. Surveillez tout particulièrement les 2, 11, 20 et 29 ou la santé pourrait se trouver fragilisée.

– N'attendez pas la dernière minute pour aller consulter un médecin et pratiquer un bilan sanguin. Je vous conseille d'essayer un traitement en homéopathie ou phytothérapie si besoin. Même si les journées sont fraîches, prenez l'air, c'est bon pour le corps comme pour l'esprit ; les belles couleurs de l'automne vous raviront et stimuleront votre moral qui est en dents de scie en ce moment.

TOUS DOMAINES
☞ **Vos meilleurs JOURS**
(où vous serez d'humeur conciliante) **: 6 – 15 – 24**
☞ **Vos jours DIFFICILES**
(où il faudra contrôler votre agressivité) : 9 – 18 – 27

Vos PRÉVISIONS pour DÉCEMBRE 2025
☞ Si votre chiffre clé est 02

Votre QUOTIDIEN

AFFAIRES – PROFESSIONNEL – ACTIVITÉS – LOISIRS...
– Voici un mois prometteur !

– *Si vous êtes en activité professionnelle,* des changements s'annoncent qui ne seront pas pour vous déplaire. De nouvelles possibilités vous seront offertes, je vous conseille de les saisir, même si vous doutez de vous. Imposez-vous et prouvez vos multiples capacités à votre entourage.

– Du 11 au 17, le calme sera de retour et vous pourrez savourer votre succès en prenant quelques jours de repos bien mérité et même quelques vacances.

– Après le 25, contrôlez-vous, car la fatigue vous rendra quelque peu agressif.ve. Ne commettez pas d'erreurs de jugement.

– *Si vous êtes en recherche d'emploi,* Jusqu'au 10, de nombreuses possibilités vous seront offertes, toutefois, donnez-vous le temps de la réflexion.

– Envisagez aussi la possibilité d'un emploi dans une autre branche que celle recherchée. L'adaptation sera votre instrument de réussite professionnelle ce mois-ci.

– Entre le 18 et le 23, mettez toutes les chances de votre côté.

– Projet de développer *une activité* ? Réunissez les moyens dont vous avez besoin, vos performances feront le reste. Innovez, imaginez, inventez. C'est le moment d'amorcer un virage.

– Que ce soit pour une activité commerciale ou en relation avec les enfants, vous avez le vent en poupe.

– Tout au long du mois, soyez prudent.e dans vos déplacements, car la nervosité, le manque de concentration, l'inattention… pourraient vous faire prendre des risques.

– Après le 20, quelques jours de vacances sont possibles, mais étudiez les diverses possibilités avant de choisir votre destination.

– Les jours favorables vont du 2 au 9 et du 20 au 30.

– Envie de _voyager_ ? Préférez les 4, 13, 22 du mois. Évitez les 3, 12, 21 et 30.

AMOURS – AMITIÉS – FAMILLE – RELATIONS...

– Ardentes et nombreuses les amours de décembre.

– _Si vous êtes à la recherche de l'âme sœur,_ servez-vous de votre charme pour vous mettre en valeur. Vous reprendrez confiance en vous et tenterez de nouvelles expériences qui apporteront un changement décisif dans votre vie. Ne refusez aucune invitation et multipliez vos contacts.

– _Si vous êtes en couple_, évitez la routine, et même si vos rapports sont tendus, vivez pleinement ce mois de décembre. Contrôlez votre agitation et essayez de rétablir le dialogue qui semble faire défaut depuis quelque temps.

– Vous n'aimez pas les contraintes, certes, mais quand on vit à deux, il faut savoir faire des concessions et ne pas faire cavalier.e seul.e pour les décisions. Prenez le temps de penser aux conséquences de vos actions si vous persistez dans ce que vous voulez !

– _Entre amis_, quelques soirées en perspectives s'annoncent et vous permettront par la même occasion d'engendrer de nouvelles connaissances qui pourraient se révéler intéressantes et enrichissantes.

– Votre entourage _familial_ sera un peu perturbé par votre agressivité et votre excès d'enthousiasme du moment. Vous ne l'avez pas habitué à un tel dynamisme mal équilibré. Il n'y en a que pour vous. Laissez aussi les autres s'exprimer. Savoir les écouter de temps en temps, permet de rétablir une bonne harmonie.

ARGENT – JEUX

– Bien que ce soit la période des fêtes ou les présents abondent, contrôlez votre fièvre acheteuse, et restreignez la valeur des cadeaux prévus. Ce n'est pas tant le prix que vous y mettrez que le geste en lui-même. Tout dérapage inconsidéré mettra votre budget en danger et vous risquez de passer la fin de l'année avec des crises d'angoisses.

– En revanche, une excellente affaire financière pourrait se concrétiser entre le 9 et le 18. (Signature d'un compromis de vente, vente d'une voiture, contrat dans une activité commerciale… tout est possible !)

– Si vous êtes joueur.se, la chance pourrait être au rendez-vous, des gains importants sont possibles.

Voici les *chiffres à jouer* éventuellement si vous êtes joueur.se :
5, 7, 12, 17, 25, 32 et 39.

SANTÉ – FORME

– Le 8 et 17, soyez tout particulièrement prudent.e et évitez les risques physiques.

– La vigilance sur les routes est recommandée, surveillez vos excès de vitesse !

– Vous subirez quelques moments d'angoisse tout au long du mois. Restez positif.ve en méditant ceci : *« L'angoisse n'est qu'une mauvaise habitude mentale, ce que je crains n'arrivera pas, je respire et je retrouve ma sérénité. »*.

– Pour éviter de vous laisser envahir par le stress et la nervosité, favorisez, tout au long du mois, les activités en plein air: marche, jogging, ski...

TOUS DOMAINES
☞ **Vos meilleurs JOURS**
(où vous serez d'humeur conciliante) **: 5 – 14 – 23**
☞ **Vos jours DIFFICILES**
(où il faudra contrôler votre agressivité) **: 8 – 17 – 26**

Si votre chiffre CLÉ est

③

Voici les prévisions <u>détaillées</u>

de votre année

PERSONNELLE 2025

de

JANVIER à DÉCEMBRE

ഇരു

...COMMUNICATION & CHANCE !

> *Profitez de la conjoncture bénéfique de cette année 2025*
> *pour développer vos contacts et votre vie sociale.*
> *Un courant d'optimisme toute l'année sera votre moteur !*

Vos MOTS CLÉS pour 2025 sont donc :
Enthousiasme & imagination.

☞ *En GÉNÉRAL*

> Année sous l'influence de MERCURE allié à VENUS, confère la séduction avec l'expression et l'intellect. Ce qui pour vous, va accentuer au cours des 12 prochains mois, une grande aptitude à plaire, à convaincre, à communiquer, mais aussi sur un plan artistique et esthétique, à développer vos capacités.

– Cette année **2025** devrait donc être très agréable sur bien des plans si vous ne craignez pas d'exposer vos points de vue.

– Il vous faudra saisir les opportunités qui ne manqueront pas de se présenter. Votre grande adaptabilité du moment, vous aidera à faire le reste.

– Profitez-en pour renouveler votre carnet d'adresses et servez-vous de cette année pour développer les contacts divers. Ceci vous permettra d'élargir votre vie sociale.

– Cette année vous ouvrant diverses portes ou facilités, attention toutefois de ne pas développer un orgueil surdimensionné, de devenir vaniteux ou avoir la folie des grandeurs ! Restez modéré.e, car ce n'est pas parce que cette année 2025 pour vous, sera éblouissante, qu'il en sera de même les années suivantes.

– Méfiez-vous également des relations superficielles, tant sur le plan amoureux que professionnel. Restez pondéré.e;

☞ _Comment « vivrez-vous » 2025 ?_

– Bien que cette année est pleine de perspectives, certains mois malgré tout seront quelques peu plus tendus ! Si des problèmes persistent des tensions au sein de la famille s'annoncent, c'est en ouvrant le dialogue que des solutions se trouveront, et que l'apaisement reviendra… et tenez vos engagements, car les belles promesses prises dans le but d'adoucir les esprits ne doivent pas disparaître une fois le calme revenu !

➤ _PLAN PROFESSIONNEL_ :

– Fuyez les ambiances moroses et les personnalités toxiques. Entourez-vous de personnes bienveillantes et positives qui vous feront avancer. Exprimez-vous, allez vers autrui, misez sur le social et la communication pour vos démarches.

– Une activité artistique pourrait devenir une nouvelle vocation.

➤ _PLAN AFFECTIF_ :

– _Célibataire_ : vous aurez envie de nouveautés, d'exotisme. Séducteur.trice à souhait, vous userez de votre charme et de votre attitude complaisante pour vos approches. Et ça marche ! Une relation durable pourrait bien voir le jour.

– _En couple :_ vous vous sentirez pousser des ailes ! Une bonne dose d'originalité et de séduction, surprendront agréablement votre conjoint. Un week-end insolite par ci, une soirée romantique par là ! Faites en sortes cependant que ces belles initiatives perdurent.

➤ _PLAN FAMILIAL_ :

– Une préoccupation au sujet d'un enfant au foyer pourrait ressouder votre couple si celui-ci est sur le point de se séparer. Une prise de conscience est susceptible de vous faire entrevoir la fragilité du bonheur et vous remettre sur le droit chemin en vous ouvrant les yeux sur certaines relations superficielles.

➤ *PLAN MATÉRIEL :*
– en cette année plutôt « chanceuse », n'en profitez pas pour brûler la chandelle par les deux bouts ! Faire (ou se faire) plaisir est une chose, mais attention de ne pas virer dans le rouge ! Gardez à l'esprit qu'une période « facile » peut laisser la place à une future « difficile ». Faites preuve de prévoyance.

➤ *SANTÉ :*
– Attention cette année, à un excès de poids. Les bons week-ends entre amis, un restaurant par ci, un barbecue par là, sans compter les soirées apéro, et sans vous en rendre compte, le tour de taille s'élargit, sans oublier que le foie peut lui aussi en souffrir.

☞ *QUELQUES CONSEILS :*

– Bien que cette année, tout semble vous sourire, n'étalez pas trop votre réussite ! Tout le monde n'est pas dans la même période que vous, n'oubliez pas que la roue tourne ! Restez humble,
Prenez ce qu'il y a de bon à prendre, ne changez rien à votre bonne humeur, ayez un comportement égal et stable. Évitez les excès de tous genres… Et ainsi, vous vivrez une année agréable.

☞ *LES MOIS IMPORTANTS*

– *FÉVRIER, MARS* : des changements s'annoncent ! Tant au niveau personnel que professionnel.

– *MAI* : attention aux risques d'accidents et aux erreurs de jugement. La prudence s'impose, tant dans vos actes que dans vos paroles.

– *JUIN* : développez vos projets, prenez des contacts et des RV pour septembre. Vous avez le vent en poupe.

– *JUILLET, SEPTEMBRE, NOVEMBRE* : laissez parler votre créativité. Tant artistique que littéraire.

– *DÉCEMBRE* : **Dernière ligne droite avant d'entrer en 2025.**

Vos PRÉVISIONS pour JANVIER 2025
☞ Si votre chiffre clé est 03

Votre QUOTIDIEN

AFFAIRES – PROFESSIONNEL – ACTIVITÉS – LOISIRS...

– En cette année **2025**, vous allez connaître une modification très positive, et ce, dans tous les domaines. Votre situation peut évoluer…

– *Si vous êtes en quête d'un emploi,* ne prenez pas de décision importante durant la première semaine. Profitez-en plutôt pour rechercher des contacts, préparer des entretiens qui pourront se révéler rentables par la suite. Des propositions intéressantes sont en passe de se faire à partir du 15.

– *Si vous êtes en activité professionnelle et à votre compte, et/ou commercial.e,* la rigueur sera requise pour mener à bien tous vos projets. Ce n'est qu'à partir du 20 que la courbe de croissance s'accentuera et ouvrira en grand les portes du succès. Vos énergies sont à la hausse, mais vous devrez contrôler vos excès pour éviter les bévues.

– *Pour les salariés,* vers la fin du mois, un déplacement ou un stage de perfectionnement sera profitable pour mettre en évidence vos capacités. Vous abattez du boulot, mais contrôlez votre impulsivité. Après le 15, une opportunité, telle que gérer une équipe pourrait vous être proposée… idée à exploiter.

– Un changement peut s'opérer faisant ainsi évoluer une situation stagnante. Impliquez-vous dans ce sens !

– *Si vous pratiquez une activité de loisirs ou êtes un.e retraité.e actif.ve,* ce début de janvier sera calme. Seules les affaires en cours auront de l'importance et pourront être réglées. Organisez-vous dès à présent, et maîtrisez dès le départ, les petites contraintes quotidiennes. Profitez-en pour remettre à jour vos papiers, et effectuer un classement strict dans toutes vos affaires, ce qui vous permettra d'y voir plus clair.

– Restez méthodique, ne laissez rien au hasard dans vos démarches, surtout au niveau *administratif ou juridique.*

– Après le 15, un projet d'association pourrait être envisagé, ne le négligez pas.

– **Déplacements** en train ou avion **à éviter** (retards, grèves…)
– Ou faire de **longues routes** (bouchons)
surtout les (4, 13, 18, 22, 27).

AMOURS – AMITIÉS – FAMILLE – RELATIONS…

– *Si vous êtes seul.e,* vous avez plus envie de batifoler que de chercher une relation sérieuse, mais jusqu'à la mi-janvier, rien d'extraordinaire ne viendra pimenter votre vie affective. Par contre, des rencontres *amicales* ne sont pas à négliger.
Surtout les 5, 14, 23.

– Envisagez de recevoir quelques *amis* afin d'oublier le quotidien et de vous détendre, ou encore mieux, acceptez une invitation à souper et pourquoi pas un week-end complet.

– Si vous avez *des enfants ou petits-enfants*, vous serez sollicité.e et mobilisé.e sans arrêt. Restez zen coûte que coûte, et profitez-en pour prévoir quelques moments de détente avec eux, car ceux-ci vous apporteront de très grandes satisfactions.

– *En couple*, calmez les tensions, car les répercussions pourraient se révéler négatives. Par ailleurs, veillez à ne pas trop délaisser votre conjoint qui pourrait le prendre assez mal et vous en vouloir. Prévoyez un week-end à deux dans un endroit calme qui vous apportera plus de bien-être, surtout après le 21.

– c'est le bon moment pour émoustiller un couple qui stagne ! Impliquez-vous davantage, mais contrôler votre emportement, vous éviterez ainsi des dérapages fâcheux.

ARGENT – JEUX

– Jusqu'au 10, maîtrisez vos dépenses, car votre budget est très instable actuellement.

– En cas de soucis, préférez le règlement de vos factures en 2 ou 3 fois afin d'alléger votre débit et éviter ainsi trop d'agios.

– Du 10 au 18, des problèmes d'ordre *administratif ou juridique* pourraient vous contrarier.

– Plutôt que de cogiter et vous angoisser, je vous conseille de dialoguer afin d'obtenir un arrangement à l'amiable, beaucoup plus sécurisant. Il y a toujours des solutions, il suffit de les chercher.

– En vous imposant une ligne de conduite stricte et en la suivant jusqu'au bout, vous vous éviterez bien des insomnies !

– Après le 20, une rentrée imprévue pourrait permettre de revoir vos revenus à la hausse.

– Pour d'autres, ce peut être une prime ou une promotion qui s'avérera une surprise agréable.

– La chance *aux jeux* est possible ce mois.
– *Vos chiffres* si vous êtes joueur.se : 5, 7, 12, 34, 41, 43 et 46.

SANTÉ – FORME

– Et si dans vos bonnes résolutions du jour de l'an vous aviez programmé un régime minceur ? Il serait le bienvenu pour éliminer les excès alimentaires de ces fêtes de fin d'année.

– Surveillez également vos dents et gencives, car quelques ennuis sont possibles.

– Tout comme vos articulations, les risques d'entorses et de petites fractures sont à craindre. Alors prudence, aussi bien sur les pistes de ski qu'en descendant un escalier !

TOUS DOMAINES
☞ **Vos meilleurs JOURS**
(où vous serez d'humeur conciliante) : 6 – 15 – 24
☞ **Vos jours DIFFICILES**
(où il faudra contrôler votre agressivité) : 9 – 18 – 27

Vos PRÉVISIONS pour FÉVRIER 2025
☞ Si votre chiffre clé est 03

Votre QUOTIDIEN

AFFAIRES – PROFESSIONNEL – ACTIVITÉS – LOISIRS...

– Ce mois-ci, vous vivez épisodiquement. Soit vous êtes mal à l'aise dans une situation et vous souhaitez en finir avec ce qui ne vous convient plus, soit vous décidez de trancher dans le vif ! Évitez cependant les démarches hasardeuses, analysez, réfléchissez avant de vous lancer. Soyez sur.e d'avoir les bonnes informations.

– Par ailleurs, vous n'avez pas vraiment l'esprit au travail en ce moment. Pourtant, les fêtes sont finies, il faut vous concentrer au lieu de vous disperser en tous sens. Même si vous avez envie de changements, restez lucide, ce n'est pas le moment de claquer la porte. Vous savez ce que vous perdez mais non ce que vous retrouverez ! En cas de soucis, réfléchissez à un nouvel angle d'attaque, à une stratégie, mais attendez le mois prochain pour la mettre en place.

– *Si vous êtes en activité professionnelle, et en relation directe avec la clientèle,* votre bagou et votre charme feront un réel tabac… Servez-vous de votre matière grise qui actuellement fait sensation. Un projet de longue date pourrait évoluer favorablement.

– *Pour les autres,* quelques changements pourraient modifier vos habitudes de travail. Changement d'équipe, d'horaires, de direction… Tout est possible et vous aurez du mal à supporter les ordres ainsi que certains de vos collègues… Vous serez, courant ce mois, une vraie pile électrique.

– S'il vous reste des jours de repos à prendre, c'est le moment d'en profiter. Ceci vous permettra de prendre quelques distances et ainsi, vous calmer.

– Si ce n'est pas le cas, contrôlez-vous, remettez-vous en question et prenez le temps d'écouter vos collègues et de leur rendre service pour rétablir l'ambiance tendue. Vous constaterez que parler vaut mieux que bouder.

– *Si vous êtes à la recherche d'un emploi,* une proposition intéressante pourrait vous être faite. Principalement, si votre recherche s'oriente vers le commercial. L'immobilier pourrait être une ouverture, pensez-y ! À moins que vous vous dirigiez vers la vente directe.

– Même *si vous êtes à la retraite,* une période de répit s'impose, car des événements extérieurs vous contraindront et votre énergie sera fortement mise à l'épreuve. C'est pourquoi, je vous recommande la prudence dans tous vos déplacements, surtout si vous voyagez en voiture. À partir du 20, vous retrouverez vos occupations quotidiennes avec plaisir malgré une ambiance quelque peu houleuse à la maison.

– Envie de *voyager* ? Préférez les 4, 10, 13, 19 et 28 du mois.
* Évitez les 8, 17 et 26.

AMOURS – AMITIÉS – FAMILLE – RELATIONS...

– Votre envie de faire la fête sera présente tout au long de ce mois, et les occasions se multiplieront. Toutefois, si vous êtes *en couple*, n'abusez pas des situations qui se présenteront sous prétexte de nouveauté pour vous embarquer dans des aventures périlleuses.

– Si vous *êtes célibataire,* vous pourriez faire une rencontre décisive pour votre avenir affectif en particulier les 7, 16 et 25.

– *En couple* : vous avez besoin de garder votre indépendance, mais votre conjoint est-il de cet avis ?

– *Entre amis,* votre amabilité et votre bienveillance agiront sur votre entourage comme un charme qui vous suivra dans toutes vos folies du moment.

– *En famille,* vous êtes prêt.e à tous les changements. Déménager sur un coup de tête par exemple ou des travaux de rénovation... redescendez de votre nuage, et inutile de faire des plans sur la comète pour l'instant, car vous n'iriez pas jusqu'au bout.

– Par contre, le repos et les vacances avec les vôtres sont favorisés du 9 au 18.

ARGENT – JEUX

– Votre budget sera difficile à gérer : d'un côté, quelques rentrées d'argent, de l'autre beaucoup de dépenses, parfois inutiles. Évitez les achats « coup de cœur », soyez raisonnable. Sinon, votre autorisation de découvert sera dépassée et les agios le mois prochain seront en conséquence !

– De plus, ayez l'œil sur vos affaires personnelles (risques de vol ou de perte).

– En revanche, l'éventualité d'une affaire très intéressante pourrait vous être faite dans l'immobilier.

– La chance *aux jeux* est excellente ce mois.
– *Vos chiffres* si vous êtes joueur.se : 5, 7, 8, 12, 15, 35 et 43.

SANTÉ – FORME

– Faire la fête, certes, mais n'abusez pas de l'alcool. Attention à la route, car en ce moment, vous manquez de concentration et de prudence.

– Dépensez votre surplus d'énergie dans un sport tel que le vélo ou le jogging mais attention au surmenage.

– Des risques de maux de gorge et angine sont possibles ainsi que des ennuis hépatiques. Surveillez votre foie !

TOUS DOMAINES
☞ **Vos meilleurs JOURS**
(où vous serez d'humeur conciliante) : 5 – 14 – 23
☞ **Vos jours DIFFICILES**
(où il faudra contrôler votre agressivité) : 8 – 17 – 26

Vos **PRÉVISIONS** pour **MARS 2025**

☞ **Si votre chiffre clé est 03**

Votre QUOTIDIEN

AFFAIRES – PROFESSIONNEL – ACTIVITÉS – LOISIRS...

– *Si vous êtes en activité professionnelle,* un certain succès vous est promis dans la mesure où vous aiderez les autres à atteindre le leur, tout en restant à votre place quand il le faut. Ne dépassez pas les limites de vos attributions, et tout le monde y trouvera son compte.

– Évitez les situations d'opposition stérile. Faites preuve de diplomatie avec vos collègues et supérieurs. C'est en agissant avec psychologie que vous imposerez plus aisément vos compétences. Sinon, en abusant de votre autorité, vous serez le point de mire de vos collègues qui ne vous rateront pas.

– Faites le tri dans vos dossiers. Ceci vous évitera bien des soucis. En tirant profit des mauvaises expériences passées liées à un manque de discipline, vous rebondissez sous un jour différent.

– Le départ possible de l'un d'eux, vous apportera un surcroît de travail qui mettra vos nerfs à vif, mais il faudra assurer et vous adapter à ces nouvelles conditions.

– Tout finira par se stabiliser en deuxième partie de mois, et si vous avez su vous montrer à la hauteur de toutes ces responsabilités tout en restant conciliant.e, une proposition inattendue pourrait réveiller votre engouement professionnel...

– *Si vous êtes à la recherche d'un emploi,* une démarche ou un déplacement pourrait améliorer de façon inattendue votre situation. Ne le ratez pas !

– *Si vous êtes à la retraite,* c'est votre intérieur qui sera au centre de vos préoccupations, soit par l'envie d'acheter de nouveaux meubles, soit par le besoin d'acquérir un animal domestique.

– Un déplacement à caractère familial n'est pas exclu.

– Évitez de _voyager_ ou faire de _grands déplacements_…
– Si <u>activité oblige</u> : **ABSTENEZ-VOUS** les 7, 9, 16, 18 et 25.

AMOURS – AMITIÉS – FAMILLE – RELATIONS…

– Un mois qui ne sera pas de tout repos et qui vous invite à changer vos habitudes, à tourner une page… Déménagement ? Éloignement temporaire ou définitif ? Beaucoup de décisions à prendre. Malgré beaucoup de responsabilités à assumer, vous saurez faire face à toutes les situations. Cependant, je vous conseille de ne vous limiter qu'à ce qui vous concerne directement et de prendre du recul vis-à-vis de certaines personnes de votre entourage. Évitez de vous « mêler » et de donner votre avis dans des histoires qui ne sont pas les vôtres, même si vous êtes souvent sollicité.e pour résoudre quelques problèmes chez des amis proches (en instance de divorce ou de séparation), car **_vouloir trop « aider autrui» peut se retourner contre vous !_**

– _Sur le plan familial,_ des charges nouvelles, des obligations assez lourdes concernant probablement une personne âgée qui, étant malade, aura besoin de soins. Ce qui pourrait entraîner une sensation de solitude en début de mois, malgré un entourage très présent, mais qui compte un peu trop sur vous.

– Restez ouvert.e à toute discussion et faites preuve de beaucoup de diplomatie afin de ne vexer personne et éviter les conflits.

– En ce mois de mars, vous avez envie de vivre comme dans un cocon, à l'abri de tout. Profitez-en pour embellir votre intérieur. Vous avez les idées et le budget !

– Si _vous êtes en couple_ depuis peu, vous pourriez faire des projets d'avenir à long terme.

– Si vous êtes un _«couple installé»,_ des désaccords assombriront la vie commune. Apprenez à faire quelques concessions, soyez moins autoritaire, instaurez le dialogue, asseyez-vous en tête-à-tête et essayez d'éclaircir ce qui bloque entre vous. Sinon, si chacun campe sur ses positions, si votre relation est déjà fragile, cette nouvelle discorde pourrait être fatale à votre ménage.

– Si *vous êtes libre,* une rencontre sans lendemain vous apportera plus de morosité que de bonheur…

ARGENT – JEUX

– Ne vivez pas au-dessus de vos moyens pour ne pas trop inquiéter vos proches. Et pensez à régler toutes vos factures en attente. Si besoin est, prenez rendez-vous avec votre banquier pour renégocier les prêts…

– Si vos affaires sont saines, vous pouvez envisager investir en favorisant le domaine immobilier et l'art.

– Dans le cas contraire, entourez-vous de personnes compétentes en matière de finances et tenez compte de leurs conseils qui s'avéreront précieux.

– Une période propice où la chance est de la partie, vous autorise à miser sur tous les aspects, surtout les jeux de hasard. C'est le moment d'en profiter !

– La chance *aux jeux* est possible ce mois.
– *Vos chiffres* si vous êtes joueur.se : 3, 6, 9, 18, 27, 36 et 46.

SANTÉ – FORME

– Surveillez votre cœur et votre tension artérielle tout au long du mois.

– Ménagez également votre dos, surtout au niveau des vertèbres. De plus, une grande fatigue sera présente en début et en fin de mois, aussi évitez les longs trajets en voiture pendant ces périodes.

TOUS DOMAINES
☞ **Vos meilleurs JOURS**
(où vous serez d'humeur conciliante) : *4 – 13 – 22 – 31*
☞ **Vos jours DIFFICILES**
(où il faudra contrôler votre agressivité) : *7 – 16 – 25*

Vos **PRÉVISIONS** pour **AVRIL 2025**

☞ **Si votre chiffre clé est 03**

Votre QUOTIDIEN

AFFAIRES – PROFESSIONNEL – ACTIVITÉS – LOISIRS...

– Des retards, des périodes d'attentes sont encore à craindre, toutefois prenez votre mal en patience car une amélioration sensible fera progresser vos affaires. Mais il ne faudra compter que sur vous pour obtenir gain de cause face à de petits problèmes sans gravité.

– *Si vous êtes en activité professionnelle,* la monotonie rendra vos journées longues. Armez-vous de patience et rester vigilant.e; Passé le 22, les choses évolueront d'elles-mêmes et vous retrouverez votre motivation.

– Avec les collègues, quelques quiproquos pourraient véhiculer un climat d'incompréhension général. Prenez du recul et tout rentrera dans l'ordre.

– Par contre, si vous êtes indépendant.e et que vous prévoyez vous associer, ce mois de réflexion pourrait vous être bénéfique pour rencontrer le (la) futur.e partenaire professionnel.le ;

– En revanche, pour des projets « en solitaire », abstenez-vous de prendre une quelconque décision et attendez le moment propice.

– Les affaires fonctionnent au ralenti en ce moment, ce n'est que passager, alors, profitez de ce temps de réflexion pour avoir une nouvelle vision de la situation.

– *Si vous êtes à la recherche d'un emploi,* des possibilités nouvelles et insoupçonnées jusqu'à maintenant (nouvelle branche d'activité) pourraient vous être présentées. Ce qui vous permettra d'envisager l'avenir sous un nouvel angle…

– *Si vous êtes à la retraite,* et envisagez créer une association, la période est favorable aux nouveaux projets.

– Envie de *voyager* ? Préférez les 7, 11, 16, 25 et 29 du mois. Évitez les 6, 15 et 24.

AMOURS – AMITIÉS – FAMILLE – RELATIONS...

– Un mois d'avril sans vagues où rien ne semble bouger...

– *Si vous êtes seul.e,* vous ne vivrez hélas, rien de constructif, sauf exception, mais vous garderez d'excellents souvenirs. Un sentiment de solitude planera et, heureusement, des *amis* vous sortiront de votre morosité pour quelques sorties imprévues. Consolidez vos liens *amicaux* avec ceux qui vous prouvent réellement leur sincérité et leur attachement. Par contre, vous n'hésiterez pas à faire le tri parmi certains "copains" hypocrites.

– Vos rapports avec votre *entourage familial* resteront délicats mais sans heurts. Ne vous laissez pas marcher sur les pieds pour autant, mais ne soyez surtout pas agressif.ve.

– Prenez le temps de réfléchir aux divers événements vécus et à leurs conséquences. Tirez-en les conclusions qui s'imposent. Profitez de ce mois de « repos » pour faire un bilan complet de ceux écoulés. Cette remise en question vous sera salutaire pour les suivants.

– Ne vous préoccupez pas essentiellement des problèmes de votre entourage au détriment des vôtres.

– En ce qui concerne *votre couple,* la situation vous semble ambiguë ; mais vos inquiétudes sont-elles fondées ? Plutôt que cogiter, parlez de votre trouble avec votre partenaire, et clarifiez la situation tout en essayant de maintenir une ambiance harmonieuse.

ARGENT – JEUX

– Surveillez vos écritures bancaires au jour le jour, et ne vous engagez pas à faire des chèques tant que votre compte n'est pas approvisionné suffisamment.

– Patientez. Si des sommes vous sont dues, elles arriveront mais, hélas, que petit à petit.

– Ce n'est qu'à partir du 11 au 30 que vous pourrez envisager payer ce qui doit l'être. Mais commencez par les factures les plus pressantes.

– Par ailleurs, si vous en avez fait les démarches, une décision en votre faveur pourrait être prise et une aide financière vous être accordée si besoin est. (Affaires financières ou juridiques).

– Ne laissez pas traîner votre portefeuille en ce moment.

– La chance *aux jeux* est présente ce mois, mais uniquement si elle n'est pas programmée.

– *Chiffres à jouer* : écoutez votre intuition ou essayez les grattages (entre autres).

SANTÉ – FORME

– Le moral est en berne ce mois d'avril, vous vous sentez dans une impasse, rien n'avance, au contraire, vous avez l'impression que le ciel vous tombe sur la tête et que vous êtes victime des coups du sort, voire « *autre* ». Allons, ne vous jetez pas sur le premier soi-disant « *désenvoûteur* » venu.

– La vie est faite de hauts et de bas. Au lieu de faire le calcul de vos problèmes, évaluez vos chances. Vous verrez qu'en fin de compte, ce n'est pas si mal que ça, et vous aurez évité peut-être la véritable malveillance. Ne faites aucune démarche que vous pourriez regretter, surtout les 9, 18 et 27.

– Les reins peuvent être source de soucis, pensez à boire abondamment, au moins 1½ litre de liquide sous forme de bouillon ou eau citronnée par exemple, et surveillez votre alimentation. Privilégiez les légumes verts, les viandes grillées et le poisson.

– Les yeux peuvent avoir également besoin d'un contrôle ; Pensez à utiliser des lunettes de soleil.

– Pour apaiser votre grande nervosité du moment, relaxez-vous en faisant des exercices respiratoires ou des promenades en campagne ou en forêt.

TOUS DOMAINES
☞ **Vos meilleurs JOURS**
(où vous serez d'humeur conciliante) : 3 – 12 – 21 – 30
☞ **Vos jours DIFFICILES**
(où il faudra contrôler votre agressivité) : 6 – 15 – 24

Vos **PRÉVISIONS** pour **MAI 2025**
☞ Si votre chiffre clé est 03

Votre QUOTIDIEN

AFFAIRES – PROFESSIONNEL – ACTIVITÉS – LOISIRS...

– Encore un mois avec des hauts et des bas. Vous serez agacé.e par des imprévus de toutes sortes, tels que : grèves, panne de voiture, d'ordinateur… principalement entre le 14 et 23. Mais vous êtes suffisamment déterminé.e pour venir à bout de tous vos contretemps. Vous maintiendrez le cap, malgré un emploi du temps surchargé, et vous vous acquitterez de vos tâches d'ici le 30.

– *Si vous êtes en activité professionnelle,* vous serez débordé.e, alors sachez déléguer et limitez-vous à votre ouvrage où vos capacités et le goût du travail bien fait seront reconnus par vos supérieurs.

– Vos collègues seront surpris par votre rapidité d'action et votre savoir-faire, et ils auront bien du mal à vous suivre. Faites preuve d'humilité, car vos succès ne seront qu'à court terme.

– *Pour vos activités secondaires ou si vous êtes à la retraite,* osez la nouveauté. Lancez-vous dans un nouveau sport ou une nouvelle activité intellectuelle tels que : échecs, photo, planche à voile, peinture...).

– Et pour vous mettre dans l'ambiance, inscrivez-vous dans un club…

– *Si vous êtes à la recherche d'un emploi,* les jours les plus favorables ou vous saurez faire preuve de détermination dans vos démarches seront les 11, 20 et le 29 où vous pourrez vous imposer pleinement. Toutefois, sachez bien peser *le pour et le contre* dans toute proposition éventuelle, pas de décision hâtive.

– *Déplacements et voyages :*
Prudence tout le mois si vous devez faire de longs trajets.
(Préférez le train, le bus ou l'avion).

<u>*AMOURS – AMITIÉS – FAMILLE – RELATIONS…*</u>

– Les sentiments ne seront pas votre préoccupation du moment. Et vos relations amicales (voire <u>*familiales*</u>) auront souvent un caractère plus intéressé que sincère. Surtout avec les connaissances retrouvées par hasard.

– Vous aurez l'occasion de vous détendre malgré tout avec quelques <u>*amis*</u> authentiques.

– En ce mois ou l'agressivité et les tensions sont à craindre, attendez-vous à quelques conflits <u>*familiaux*</u>.

– Ne laissez pas les non-dits et la déformation de vos propos s'enliser. Remettez les pendules à l'heure en ayant une explication franche et honnête avec les intéressés.

– En agissant ainsi, non seulement vous retrouverez votre intégrité mais aussi votre sérénité.

– Si <u>*votre cœur est libre,*</u> vous aurez sans doute la possibilité de faire une rencontre avec une personne du même milieu professionnel, (relation à long terme).

– Vos meilleurs jours sont les 4, 13, 22.

– <u>*En couple,*</u> évitez le laisser-aller. Abstenez-vous de tout jugement brutal, la personne qui partage votre vie peut entendre quelques réflexions, mais formulez-les avec tact.

– En cas de désaccord profond, il est possible que vous choisissiez ce mois pour rencontrer votre avocat et faire votre demande de divorce. Mais avant, pourquoi ne pas penser à la médiation ?

– À l'inverse, ce mois est positif pour vous marier ou vous pacser.

<u>*ARGENT – JEUX*</u>

– Encore un mois ou l'argent sera source de tracas. Surveillez de près vos dépenses, allez à l'essentiel, même si certaines rentrées d'argent peuvent s'avérer conséquentes (vente d'un bien par exemple ou un héritage).

– Réfléchissez avant de vous engager dans des achats considérables. Pensez à l'avenir.

– Si vous rencontrez des difficultés financières, l'aide extérieure d'un parent proche pourrait vous tirer d'embarras. À moins que ce soit des subventions accordées ou des aides par l'intermédiaire de votre caisse retraite par exemple…

– Ne prêtez pas d'argent, (sauf à des personnes de grande confiance), car vous risqueriez de ne jamais le revoir. Si vos finances vous le permettent, les investissements sont favorisés ainsi que la rentrée de sommes dues possible les 9, 18 et 27.

– Envie d'investir ? Dans la pierre, ce sera un bon placement.

– La chance *aux jeux* n'est guère présente ce mois.
Toutefois, vos chiffres si vous êtes joueur.se :
2, 4, 8, 11, 13, 38 et 49.

SANTÉ – FORME

– Un mois ou vos nerfs seront à fleur de peau, surtout les 2 premières semaines ou une tension nerveuse pourrait être source d'aigreur d'estomac ou de troubles intestinaux.

– Par ailleurs, surveillez votre alimentation, car à cuisiner et manger n'importe quoi, non seulement vous fragilisez votre système digestif, mais vous risquez de vous retrouver avec des kilos en trop que vous aurez bien du mal à reperdre !

– Pour vous relaxer, faites de l'exercice sans toutefois prendre des risques inutiles.

– Évitez les sports violents. Préférez la natation la marche, la randonnée…

– Vous retrouverez vos bonnes énergies vers la mi-mai.

TOUS DOMAINES
☞ **Vos meilleurs JOURS**
(où vous serez d'humeur conciliante) : 2 – 11 – 20 – 29
☞ **Vos jours DIFFICILES**
(où il faudra contrôler votre agressivité) : 5 – 14 – 23

Votre QUOTIDIEN

AFFAIRES – PROFESSIONNEL – ACTIVITÉS – LOISIRS...

– *Si vous êtes en activité professionnelle,* des opportunités nouvelles pourraient se présenter. Si vous avez une réelle envie de changement, prenez des initiatives, mais pas de coup de tête. Entourez-vous de personnes compétentes qui sauront vous guider dans vos démarches, car vos chances de succès sont limitées.

– Si vous êtes dans les affaires avec l'étranger, vos contacts se révéleront fructueux.

– Redoublez de projets, faites preuve d'originalité, cela vous vaudra de la part de vos collègues comme de votre direction, des compliments bien stimulants.

– *Si vous êtes à la recherche d'un emploi,* faites les démarches et déplacements nécessaires, ayez confiance en vous, soyez dynamique et enthousiasme, mettez en avant vos idées. Montrez vos possibilités, vous pourriez bien obtenir ce poste pour le mois prochain. De plus, une aide extérieure pourrait être un réel soutien. Mais ne prenez pas de décision finale avant juillet.

– Et si rien ne bouge, renouvelez vos démarches et vos propositions.

– *Si vous êtes à la retraite ou sans activité particulière,* redoublez d'attention concernant un travail qui vous tient à cœur. Refaire les peintures extérieures par exemple ? Mettez-vous y ! C'est aussi un mois idéal pour vous occuper de votre jardin ou de votre intérieur (décoration, tapisserie…)

– Également, une période idéale pour les *voyages* et les *vacances*.

– Envie de voyager *? Choisir les 5, 14, 23...*
Évitez les 4, 13, 22.
– Partir à L'ÉTRANGER : Préférez les 9, 18 et 27 du mois.

AMOURS – AMITIÉS – FAMILLE – RELATIONS...

– En ce mois de juin, il vous est conseillé de : soit mettre un terme à une histoire qui ne vous convient plus, soit la consolider en vous engageant davantage.

– _En famille,_ contrôlez votre agressivité, car ce mois vous verra souvent tendu.e, avec une émotivité exacerbée.
 Essayez de rester à l'écoute des vôtres, même si vous avez envie de solitude. Si vous avez des enfants ou petits-enfants, évitez de les envoyer balader. Ils auront besoin de vous et vos conseils leur seront profitables.

– Si les rapports sont tendus en ce moment avec l'entourage proche, paradoxalement, ils seront excellents avec des personnes éloignées.

– _Si vous vivez en couple,_ vous serez souvent bon.ne à prendre avec des pincettes. Contrôlez-vous, car si votre couple est fragile, vous pourriez aller droit vers la séparation. Faites un effort. Quelques petites attentions et un bon dialogue pourraient rétablir une situation instable.

– _Par ailleurs,_ il se peut également que vous soupçonniez une trahison ou une décision de mettre les voiles de votre partenaire. Votre intuition en ce moment est aiguisée et les événements, hélas, risque de la confirmer.

– _Si vous êtes libre,_ des rencontres sont possibles mais éphémères. Même si une histoire vous semble bien démarrer, elle n'ira pas loin.

– _Sur le plan amical,_ un mois très agréable où les rencontres seront nombreuses. Si vous êtes friand.e des thés dansants, de bons moments en perspectives. Sinon, vous pourriez être mis.e en présence de personnes très originales et de milieux très diversifiés, en particulier dans le monde de l'art, de la musique ou de la danse.

ARGENT – JEUX

– Si vous avez fait acte de prudence les mois passés, votre budget ne devrait pas vous causer trop de soucis ce mois-ci.

– Si vos finances sont stables, n'hésitez pas à faire un placement à long terme. À moins que vous n'envisagiez un achat important (voiture par exemple), ou renouveler un matériel professionnel pour un autre plus performant.

– Si des affaires en rapport avec l'étranger vous sont proposées, acceptez-les.

– Un investissement qui sort de l'ordinaire peut vous être présenté. Ne le négligez surtout pas. Renseignez-vous toutefois auprès de personnes compétentes.

– Si vous êtes dans le commerce et que votre bilan est négatif, envisagez la possibilité d'un prêt à long terme. Mais attendez la fin du mois pour prendre rendez-vous avec votre banque !

– L'étranger peut jouer un rôle déterminant ce mois-ci...

– Attention, si vous êtes d'une nature négligente, si vous ne contrôlez vos comptes que tous les 36 du mois, vous risquez des moments d'angoisses surtout les 8, 17 et 26.

– La chance _aux jeux_ est présente +++ ce mois.
– _Vos chiffres_ si vous êtes joueur.se :
3, 6, 12, 15, 21, 36 et 39.

SANTÉ – FORME

– Un mois où vous vous sentirez en forme. Attention toutefois à vos boissons et à votre alimentation (coquillages entre autres…!) assurez-vous de leur fraîcheur, car en cette période, les intoxications sont possibles.

TOUS DOMAINES
☞ **Vos meilleurs JOURS**
(où vous serez d'humeur conciliante) : 1 – 10 – 19 – 28
☞ **Vos jours DIFFICILES**
(où il faudra contrôler votre agressivité) : 4 – 13 – 22 – 31

Vos PRÉVISIONS pour JUILLET 2025
☞ Si votre chiffre clé est 03

Votre QUOTIDIEN

AFFAIRES – PROFESSIONNEL – ACTIVITÉS – LOISIRS...

– Même si vous êtes en vacances ce mois de juillet, vous ne tiendrez pas en place. Premier.e levé.e, dernier.e couché.e; Vous profiterez pleinement de chaque jour, et vous avez raison, car pour vous, les soucis, c'est passé et dépassé (pour le moment !) vous avez droit à une succession d'événements sympas. Et ça fait du bien !

– *Si vous êtes à la recherche d'un emploi,* le climat s'annonce clément et propice pour relancer une activité qui stagne ou décrocher un job; sachez vous vendre et préparez des arguments de choc. Mais surtout, gardez confiance en vous. C'est le moment de mettre en place vos idées. Faites les démarches concernant vos projets divers, vous aurez la satisfaction de les voir aboutir. Même si cela demande encore quelques mois. Les jalons seront posés. Toutefois, soyez précis.e dans vos intentions, car des idées trop fantasques, seraient souvent incomprises voire rejetées.

– *Si vous êtes en activité professionnelle,* et que les vacances ne sont pas pour ce mois, aucun moment de répit ne vous sera accordé, mais ce ne sera pas pour vous déplaire et vous redoublerez d'ardeur au travail. Continuez de soutenir vos efforts, vous disposez d'une belle énergie pour gagner une compétition. Gardez à l'esprit la victoire… vous l'obtiendrez !

– Vous pourriez vous voir proposer une offre sympa qui ranime vos ambitions ; Étudiez-la et si l'enjeu vous plaît, acceptez-la. C'est aussi le moment de demander une promotion ! La chance sourit aux audacieux, et qui ne demande rien n'obtient rien… alors osez !

– Si vous avez des *affaires administratives* à régler, vous seul.e pouvez les défendre. Quelques retards malgré tout seront à prévoir, mais votre esprit «battant» reprendra le dessus, surtout qu'aucune aide extérieure ne viendra vous soutenir. Vous saurez alors faire preuve d'une grande efficacité et vos initiatives s'achèveront favorablement. Même si le résultat se fait attendre, ne baissez pas les bras, c'est surtout à partir de novembre que vous récolterez les fruits de votre dur labeur.

– Les 11, 20 et 29 sont des jours fastes qui s'ouvrent à vous.
– Profitez-en pour consolider vos projets.

– Envie de _voyager_ ? Préférez les 4, 12, 22 et 26 du mois.
Évitez les 3, 12, 21 et 30.

AMOURS – AMITIÉS – FAMILLE – RELATIONS…

– _Si vous êtes en couple,_ vous êtes légèrement dans votre bulle et restez en retrait. De par cette attitude, quelques conflits pourraient éclater, alors tentez des actions avec votre partenaire afin de faciliter des élans de tendresse. Mais vous saurez les aplanir de main de maître. Vous pourriez même prévoir un voyage en dehors de votre région (mais en France.)

– Si vous êtes à _la recherche de l'âme sœur_, vous êtes tout feu – tout flammes ! Vous êtes prêt.e à plonger et ça tombe bien, car une rencontre prometteuse est possible. Vous pourriez enfin faire une conquête qui pourrait évoluer sur du solide. De plus, en ce mois de juillet, vous êtes tout particulièrement débordant.e d'énergie et cela vous rend fort séduisant.e.

– Surveillez particulièrement les 11, 20 et 29.

– _En famille,_ l'harmonie régnera. Vous avez envie de câliner, de bichonner votre petit monde… de bons moments de détente à partager avec votre conjoint ou vos enfants permettront de vous rapprocher : organisez des soirées jeux : Monopoly, Scrabble, Belote… Cela cassera la routine de celles télé ou ordi !

– Par contre, gardez votre self-control avec vos parents, vos frères et sœurs, ou vos enfants adultes. Évitez d'intervenir dans des discussions ne vous concernant pas directement.

– Des décisions concernant votre mode de vie (déménagement entre autres) évolueront de façon positive et rapide.

– Envie de développer un projet audacieux, faire construire ? Acheter une maison ? Partir habiter à l'étranger ? Vous êtes sur la même longueur d'ondes, si vous moyens vous le permettent, vous pouvez atteindre votre but.

ARGENT – JEUX

– L'argent sera toujours source de préoccupations, mais dans l'ensemble, votre budget sera équilibré et devrait se maintenir si vous restez dans la limite du raisonnable. Ne faites pas d'achats "coup de cœur", vous les regretteriez dès le lendemain.

– N'allez pas trop vite et étudiez à fond toutes les opportunités financières qui vous seront proposées : certaines pourront s'avérer rentables.

– Seul votre jugement vous permettra d'agir au mieux de vos intérêts.

– Pas de précipitation au niveau des prêts ou des investissements car, dès le début du mois d'août, de nouvelles possibilités fortes intéressantes vous seront offertes.

– La chance *aux jeux* est présente ce mois.
– *Vos chiffres* si vous êtes joueur.se : 4, 8, 12, 13, 31, 44 et 48.

SANTÉ – FORME

– Méfiez-vous des sources de chaleur, aussi bien du feu (car il y aura des risques de brûlures) que du soleil (insolation et déshydratation).

TOUS DOMAINES
☞ **Vos meilleurs JOURS**
(où vous serez d'humeur conciliante) : 9 – 18 – 27
☞ **Vos jours DIFFICILES**
(où il faudra contrôler votre agressivité) : 3 – 12 – 21 – 30

Vos PRÉVISIONS pour AOÛT 2025

☞ **Si votre chiffre clé est 03**

Votre QUOTIDIEN

AFFAIRES – PROFESSIONNEL – ACTIVITÉS – LOISIRS...

– *Dans vos affaires courantes,* évitez toutes les situations qui ne vous semblent pas très claires, et n'accordez pas votre confiance aveuglement. Entourez-vous de personnes compétentes pour les démarches importantes, car seul.e, vous n'y arriverez pas. Mais ne prenez pas de décisions hâtives.

– Vous aurez l'impression pendant ce mois d'août, que les choses n'avancent pas. Prenez votre mal en patience, car un climat de tension sera difficile à vivre, surtout entre le 6 et le 15. Septembre sera bien plus motivant.

– En attendant, si vous le pouvez, prenez des vacances et reposez-vous, mais fuyez la solitude !

– *Si vous êtes en activité professionnelle,* ne prenez aucune initiative personnelle. Au contraire, il vous faudra avancer avec prudence, car en ce moment, votre esprit est souvent ailleurs et vous avez bien du mal à vous concentrer sur votre travail malgré vos efforts.

– Appuyez-vous sur vos collègues. Faites les tâches qui vous incombent, mais pas plus.

– N'hésitez pas à demander de l'aide à un.e collègue si besoin est, pour un dossier difficile, ou tout simplement un remplacement.

– Si vous *êtes dans le domaine artistique,* vous pourriez rencontrer des personnes susceptibles de vous permettre de percer, surtout si votre domaine concerne tout ce qui est « décoration » !

– *En retraite* et envie de vous rendre utile ? De nombreuses associations ont bien besoin de volontaires positifs. Vous y récolterez bien-être, car se sentir utile, c'est toujours valorisant.

– Si *vous êtes en recherche d'emploi,* ne tentez rien ce mois-ci. Vous perdrez votre temps ! par contre, étudiez diverses possibilités, réfléchissez, préparez un éventuel entretien que vous solliciterez en septembre !

– Faites vos recherches (épluchez les petites annonces par exemple) en particulier les 5, 14, 23.

– Si un entretien vous est proposé, acceptez-le, mais ne décidez rien avant le 30.

– Mois idéal pour voyager ou prendre des vacances.

– Envie de *voyager* ? Préférez les 3, 7, 12, 21 et 30 du mois.
– Évitez les 11, 20 et 29.

AMOURS – AMITIÉS – FAMILLE – RELATIONS…

– À l'inverse de la vie professionnelle, voici un beau mois qui s'annonce au niveau affectif et sans gros problèmes à vivre. Tout va bien, trop bien diront certains… Profitez-en ! Savourez cette belle période, partagez-la avec ceux que vous aimez ! Des moments forts, surtout entre le 24 et le 30.

– *Si vous êtes en couple*, de bons instants à partager. La période est idéale pour vous retrouver.

– C'est le moment de solutionner et d'oublier les petits incidents vécus récemment.

– *Si vous êtes célibataire*, voici un mois encourageant. Vous serez d'humeur à partager, à dialoguer, ce qui favorisera grandement vos possibilités. De nombreuses rencontres sont à prévoir dans des endroits bien insolites (en faisant vos courses par exemple).

– *Si vous êtes entouré.e d'enfants*, famille ou bambins des autres (en tant que professeur ou assistant.e maternelle par exemple…), vous en tirerez d'agréables moments : beaucoup de tendresse et de bonne humeur.

– *Si vous êtes parent ou grand - parent,* voici une excellente période pour montrer à vos chers petits, combien vous les aimez. N'hésitez pas à avoir des élans de tendresse, et prévoyez des sorties et/ou des loisirs. Vous ferez des heureux, dont vous-même en retirez une grande satisfaction.

De bons moments donc, surtout les 4, 13, 22.

<u>*ARGENT – JEUX*</u>

– En général, un budget qui tient la route ce mois-ci. Vous pourrez même vous autoriser quelques dépenses pour vos sorties et vos loisirs. Cependant, à vous de jauger vos capacités financières et mettre un frein à vos autres achats impulsifs et inutiles.

– Quelques factures imprévues à régler, mais vous y parviendrez sans trop de difficultés.

– En cette période de vacances, ne laissez pas vos clés en apparence sur le contact de votre voiture, ni votre appareil photo en vue et prévoyez un antivol pour votre scooter ou vélo si besoin est, car une effraction est toujours possible en cette période, et la négligence n'est pas remboursée par les assurances. Prudence donc !

– Si vous devez concrétiser un projet, (achat d'une maison, d'un commerce, voiture…), faites-le entre le 15 et le 30, car en dehors de cette période toutes vos transactions seront bloquées.

– Tentez chance *aux jeux* mais **en groupe ou au moins à deux.** Vos *chiffres* si vous êtes joueur.se :

1, 5, 10, 15, 23, 32 et 37.

<u>*SANTÉ – FORME*</u>

– Profitez de ce mois d'août pour purifier votre organisme. Faites une «cure détox» et privilégiez les légumes ainsi que les vitamines. Cela rétablira un foie bien fatigué.

– Faites également un peu de sport : natation, jogging ou simplement de la marche, sans tomber dans l'excès inverse et vous fatiguer inutilement.

TOUS DOMAINES
☞ **Vos meilleurs JOURS**
(où vous serez d'humeur conciliante) : **8 – 17 – 26**
☞ **Vos jours DIFFICILES**
(où il faudra <u>contrôler</u> votre agressivité) : **2 – 11 – 20 – 29**

Vos PRÉVISIONS pour SEPTEMBRE 2025
☞ **Si votre chiffre clé est 03**

Votre QUOTIDIEN

AFFAIRES – PROFESSIONNEL – ACTIVITÉS – LOISIRS...

– Bien que vous débordiez d'énergie, évitez tout au long de ce mois, de vous disperser.

– Si vous voulez vous montrer efficace en tous domaines, ne faites qu'une chose à la fois et terminez-la avant d'en commencer une autre. C'est en vous imposant des règles strictes dès le début du mois, en planifiant et respectant les horaires que vous vous serez fixés, que vous finirez ce mois sans trop de fatigue et surtout, que vous pourrez voir le résultat positif de vos actions...

– *Si vous êtes en activité professionnelle,* vous devriez connaître une période stable. Mais il se peut que vous deviez assumer des nouvelles responsabilités (suite sans doute à l'absence imprévue d'un.e collègue). Même si cela vous coûte, ne vous dérobez pas. Par ailleurs, vous saurez adroitement éviter les obstacles qui se présenteront, et atteindrez vos buts malgré l'ambiance frénétique qui vous entoure. Ne vous laissez, sous aucun prétexte, détourner de votre chemin initial. Restez concentré.e, sans toutefois en devenir maniaque et exigeant.e envers vos collègues, surtout les 3, 12, 21 et 30.

– *Si vous travaillez à votre compte,* c'est le moment d'investir dans un nouveau matériel plus performant. Étant la période des foires, faites-en le tour et faites jouer la concurrence.

– Si *vous travaillez dans le milieu artistique,* vous serez débordant.e de nouvelles idées créatives. Ceci est aussi valable pour les activités sportives, culturelles ou manuelles.

– Une excellente période si vous désirez vous installer à votre compte ou pour un changement d'activité, ou encore, pour *trouver un emploi,* car de nombreux contacts avec le monde extérieur vous permettront d'avancer, et en étant minutieux.se et déterminé.e dans vos actions ou recherches, en montrant que vous êtes sûr.e de vous, certains projets en cours pourraient se réaliser.

– *Si vous êtes à la retraite ou encore en vacances*, quelques visites régionales et leurs musées ne sont pas pour vous déplaire.

– Envie de *voyager* ? Préférez les 6, 11, 15, 20 et 29 du mois. Évitez les 10, 19 et 28.

AMOURS – AMITIÉS – FAMILLE – RELATIONS...

– Les rapports *familiaux et/ou professionnels* seront dans l'ensemble harmonieux.

– Un climat agréable régnera et vous saurez charmer le monde qui vous entoure.

– Toutefois, il n'est pas exclu que des obligations familiales, surtout si vous avez des enfants, occupent votre esprit. Un adolescent mal dans sa peau par exemple, aura très certainement besoin de se confier et recherchera la compréhension et la tendresse. Soyez présent.e et à son écoute.

– *Des amis* perdus de vue depuis quelques mois, voire années, pourraient se rappeler à votre bon souvenir, et ainsi, vous retrouverez l'occasion de sortir de chez vous ou passer de bons moments à vous remémorer l'ancien temps.

– Si *vous êtes célibataire*, rien de bien particulier ce mois-ci, des rencontres possibles mais sans lendemain. Vos meilleurs jours toutefois sont : les 11, 20 et 29.

– *En couple,* attention à vos paroles qui peuvent dépasser votre pensée. Même si actuellement vous avez les nerfs à fleur de peau, ce n'est pas la peine de reverser votre agressivité et nervosité sur votre conjoint. Ceci serait mal vécu. Évitez également de courir le guilledou. Sinon, gare aux retombées !

ARGENT – JEUX

– Attention, vous aurez envie en ce mois de septembre, d'organiser des fêtes, recevoir des amis ou tout simplement vous divertir... vous risquez de dépenser sans compter, mais votre porte-monnaie risque lui, de ne pas suivre. À moins que vous vous embarquiez dans des achats «coup de cœur» que vous regretteriez par la suite. Ne serait-il pas plus sain et plus sérieux d'investir votre ARGENT dans des valeurs sûres ou vraiment utiles et en tenant compte de l'avis de personnes compétentes en la matière pour éviter toute erreur financière.

    – D'un autre côté, si vous rencontrez de réelles difficultés budgétaires, suite à un imprévu d'ordre familial par exemple, n'hésitez pas à demander un secours à un organisme (caisse de retraite, caf, assistante sociale…) en justifiant le besoin réel formulé… Vous aurez très certainement une réponse d'aide accordée et ce, dans les jours à venir…

– La chance <u>*aux jeux*</u> est présente ce mois.
– <u>*Vos chiffres*</u> si vous êtes joueur.se :
3, 6, 9, 33, 36, 42 et 45.

<u>*SANTÉ – FORME*</u>

    – Si vous avez fait des folies financières, quelques moments d'angoisses sont prévisibles, autrement, pas de souci majeur pour votre santé.

    – Vous pourriez toutefois souffrir de quelques douleurs au dos, consultez un médecin et envisagez quelques séances de kiné et de natation.

<u>*TOUS DOMAINES*</u>
☞ **Vos meilleurs JOURS**
(où vous serez d'humeur conciliante) : 7 – 16 – 25
☞ **Vos jours DIFFICILES**
(où il faudra <u>contrôler</u> votre agressivité) : 1 – 10 – 19 – 28

Vos PRÉVISIONS pour OCTOBRE 2025
☞

Votre QUOTIDIEN

AFFAIRES – PROFESSIONNEL – ACTIVITÉS – LOISIRS...

– Ce mois-ci, c'est ordre et rigueur qui prédominent. Soyez organisé.e, si vous voulez vivre ce mois d'octobre sans stress inutile. Les résultats obtenus ne dépendront que de vous, et vous ne pourrez compter sur aucune aide extérieure.

– *Si vous êtes en activité professionnelle,* des modifications importantes, à long terme, transformeront votre environnement professionnel. Restructuration, changement d'équipe ou d'horaires… vous en éprouverez des difficultés à vous organiser, surtout entre le 10, 19 et le 28.

– Après de nombreux blocages et retard dans *les affaires,* les choses se remettent en place ! Il était temps. De plus, vous serez souvent sollicité.e par des activités extérieures qui dérangeront sans arrêt votre emploi du temps.

– Ne négligez pas ces dernières sous prétexte d'un agenda professionnel déjà chargé, car elles pourraient s'avérer très prometteuses surtout les 8, 17 et 26.

– En effet, du 9 au 27, une période favorable s'offre à vous, et certains projets pourraient se concrétiser. Mais leur succès dépendra uniquement de votre sens de l'organisation et du suivi que vous leur apporterez.

– *Si vous êtes en recherche d'emploi,* vous devez prendre des initiatives et de grandes résolutions afin de modifier votre façon de vivre actuelle, car vous voulez faire trop de choses à la fois et n'arriverez à rien. Vos capacités pourront être mises en valeur à condition d'être sérieux.se.

– Vos dates importantes pour vos démarches vont du 8 au 26.
– Les *dates favorables* pour mettre en place un projet sont les 8, 17 et 26.

    – ***Déplacements*** en train ou avion **à éviter**
(retards, grèves…)
– Ou faire de ***longues routes*** (bouchons)
surtout les 4, 9, 13, 18, 22, 27.

AMOURS – AMITIÉS – FAMILLE – RELATIONS…

– Un mois ou vous serez stressé.e par *la famille*. En particulier par des personnes âgées souffrant de quelques problèmes de santé. Vous en aurez une impression d'étouffement. Mais bien que vous serez très sollicité.e, je vous conseille de vous montrer très sécurisant.e et rassurant.e; Faites preuve de tolérance et vous surmonterez ce malaise en trouvant des solutions à tous les problèmes qui se poseront : il faudra vous accrocher.

– Mais, d'un autre côté, surtout du 8 au 26, votre *entourage amical* sera très présent, et vous vivrez une période fort agréable. Les 5, 14, 23 favoriseront les sorties entre amis à la campagne.

– *Si vous êtes en couple,* analysez avec réalisme votre comportement dans la vie quotidienne, vous verrez qu'il existe des moyens simples pour faciliter les tâches de chacun et profiter au mieux de l'existence à deux.

– Après le 26, quelques tensions sont à craindre et des risques de disputes possibles.

– Soyez à la hauteur de vos responsabilités et malgré quelques embûches, ce mois peut s'avérer très constructif, surtout si vous envisagez légaliser votre union.

– Et si vous en profitiez pour partir tous les deux en week-end ? Un changement d'air apporte toujours une bonne bouffée d'oxygène.

– Si *vous êtes en recherche de l'âme sœur,* et que vous avez vécu une expérience douloureuse, il semble que ça y est ! la cicatrice se referme et vous êtes prêt.e à tenter de nouveau l'expérience. Vous retrouvez l'envie d'aimer ? Tant mieux, mais ce ne sera pas pour ce mois ! Patience, tout vient à point à qui sait attendre.

ARGENT– JEUX

– Vigilance et prudence vous sont tout particulièrement recommandées, surtout les 11, 20 et 29, car les possibilités de vol sont augmentées. Évitez en cette période de signer un contrat ou un papier important avant d'avoir lu et relu dans le détail son contenu, voire le faire lire à une personne compétente (avocat, notaire…), car des risques d'escroquerie sont possibles.

– Vous risquez également de rencontrer des difficultés pour gérer votre budget, car aucune rentrée d'argent ne se fera comme prévu.

– Ce n'est qu'entre le 8 et le 17 que vous pourrez régler vos factures en souffrance, et peut-être vous offrir quelques fantaisies qui vous redonneront le moral.

– La chance *aux jeux* est possible ce mois.
– *Vos chiffres* si vous êtes joueur.se : 5, 7, 12, 34, 41, 43 et 46.

SANTÉ – FORME

– Avec l'humidité, des douleurs dues à l'arthrose vous bloqueront quelque peu. Faites de la marche régulièrement, cela favorisera vos articulations. Préférez les escaliers à l'ascenseur.

– Veillez à privilégier les fruits et légumes frais, riches en vitamines. Adoptez une alimentation équilibrée. Ceci favorisera l'entrée dans l'hiver et votre résistance physique. Prenez rendez-vous chez votre dentiste pour un contrôle annuel. N'attendez pas qu'un mal de dents vous rappel à l'ordre.

TOUS DOMAINES
☞ **Vos meilleurs JOURS**
(où vous serez d'humeur conciliante) : 6 – 15 – 24
☞ **Vos jours DIFFICILES**
(où il faudra contrôler votre agressivité) : 9 – 18 – 27

Vos **PRÉVISIONS** pour **NOVEMBRE 2025**

Votre QUOTIDIEN

AFFAIRES – PROFESSIONNEL – ACTIVITÉS – LOISIRS...

– Encore sur les chapeaux de roues ! En ce moment vous avez de l'énergie à revendre et vous savez vous adapter, c'est dans votre deuxième nature, mais faites une pause ! Le mois dernier ayant été stressant, et le prochain vous demandera des défis à relever.

– *Si vous êtes en activité professionnelle,* quelques accros possibles avec vos collaborateurs ou avec un.e associé.e, mais vous saurez les persuader de mettre en place une nouvelle organisation, surtout les 3, 12, 21 et 30.

– *Si vous êtes commercial.e,* prévoyez de préférence vos déplacements les 9, 18 et 27. Une très bonne évolution s'ensuivra. Vous avez un réel talent pour convaincre et négocier… d'autre part, d'importants changements pourraient survenir dans les méthodes de travail, vous obligeant à faire preuve d'adaptation.

– Entre le 9 et le 20, le rythme se ralentira, mais pas d'obstacle majeur en vue…

– *Côté recherche d'emploi,* quelques possibilités de remplacements ou d'intérim, mais rien de définitif dans l'immédiat. Persévérez et n'hésitez pas à vous mettre en avant, car ce sera le meilleur moyen pour aboutir.

– *Si vous êtes à votre compte,* vous mettrez sur pied une nouvelle organisation qui vous permettra de reprendre les choses en main. Recueillez un maximum de documents ou de renseignements, ils vous seront utiles le mois prochain. Vos idées seront brillantes et rehausseront votre image de marque. Tous les domaines seront privilégiés.

– *Pour vos affaires* de toutes sortes, n'hésitez pas à effectuer le moindre déplacement si nécessaire, car il pourra vous servir de tremplin et vous être profitable. Tout va bouger à grande vitesse et vous devez vous montrer très convaincant.e;

     – Pour les autres… concernant les activités diverses, de nouvelles dispositions seront prises, souvent en relation avec votre vie familiale et vous permettront d'améliorer considérablement votre qualité de vie, vous autorisant même de nouveaux loisirs, surtout les 7, 16 et 25.

Envie de *voyager* ? Préférez les 9, 18, 27 du mois.
Évitez les 8, 17 et 26.

AMOURS – AMITIÉS – FAMILLE – RELATIONS…

     – Si vous êtes à la *recherche de l'âme sœur*, une rencontre intéressante pourrait s'annoncer surtout les 7, 16 et 25. Toutefois, ne soyez pas trop impulsif.ve, principalement les 9, 18 et 27. Ne cherchez pas à mettre la « charrue devant les bœufs », laissez le temps faire son œuvre, cette nouvelle relation aura plus de chances de réussir. Ne vous pressez pas, et cette fois, vous pourriez construire une relation sur du long terme.

     – Vous avez besoin d'exotisme ! Peut-être viendra-t-il (elle) des îles…

     – *Si vous êtes en couple*, du 8 au 26, le bien-être et la bonne entente régneront avec un regain de tendresse et de complicité. Prenez votre temps de bâtir un projet à deux, innovent et solide. Par contre, du 27 au 30, contrôlez votre impulsivité, ne vous emportez pas sans raison, gardez votre sang-froid si vous voulez que votre partenaire tienne compte de vos intentions.

     – *La vie de famille*, même si vous avez encore des enfants à charge, se déroule sans problèmes majeurs. Vous aurez l'esprit au dialogue et vous saurez faire passer vos messages.

     – Et si vous avez *des petits enfants,* ceux-ci seront à la noce et rechercheront votre compagnie.

     – *Sur le plan amical,* des relations de longues dates sauront répondre présentes si nécessaire.

     – *Sur un autre plan,* vivez vos rêves ! En ce moment tout est possible, vous êtes le (la) seul.e à vous imposer des limites. Sortez de votre zone de confort et allez de l'avant…

<u>*ARGENT – JEUX*</u>

– La chance pourrait être de la partie en ce mois de novembre et vos finances à la hausse, tout spécialement entre le 11 et le 20.

– Vous pouvez envisager investir pour apporter quelques améliorations à votre intérieur, tel que l'achat de nouveau mobilier ou de matériel audiovisuel dernier cri qui vous tentait depuis quelque temps.

– Les placements sont aussi favorisés. Cependant, si une affaire importante se présente, demandez tout de même conseil à des personnes compétentes en la matière.

– Vos jours positifs sont les 5, 14, 23.

– Tentez votre chance *aux jeux*, la période est excellente.

– La chance *aux jeux* est excellente ce mois.
Vos chiffres si vous êtes joueur.se : 5, 7, 8, 12, 15, 35 et 43.

<u>*SANTÉ – FORME*</u>

– Même si le temps est morose, ne négligez pas vos activités sportives (jogging, vélo…), car ce mois-ci, vous serez hyper nerveux.ve ;
Forcez-vous à faire au moins un peu de marche ou quelques exercices de gymnastique chez vous, ceci vous détendra…

– Si vous êtes fatigué.e, évitez de prendre le volant, surtout de nuit.

TOUS DOMAINES

☞ **Vos meilleurs JOURS**
(où vous serez d'humeur conciliante) : 5 – 14 – 23
☞ **Vos jours DIFFICILES**
(où il faudra <u>contrôler</u> votre agressivité) : 8 – 17 – 26

Vos PRÉVISIONS pour DÉCEMBRE 2025
☞ **Si votre chiffre clé est 03**

Votre QUOTIDIEN

AFFAIRES – PROFESSIONNEL – ACTIVITÉS – LOISIRS...

    – *Si vous êtes en activité professionnelle,* du 1 au 19, l'ambiance sera tendue du fait d'un surcroît de travail. Une restructuration au sein de l'entreprise n'est pas exclue. Vous pourriez vous retrouver en charge d'un nouveau matériel auquel il vous faudra vous adapter, à moins que ce soient de nouvelles responsabilités, telles que gestion d'une équipe, ou une modification concernant l'emploi du temps. Pas de panique, si vous vous organisez et faites preuve de prévoyance, et ce, dès le début du mois, tout se passera bien.

    – Si vous décidez de changer d'entreprise, assurez-vous de ne rien laisser derrière vous, et organisez votre départ avec rigueur et assurance.

    – Vos jours importants sont les 6, 15, 24.

    – *Si vous êtes la recherche d'un emploi,* soyez ambitieux.se, vous êtes dans un mois de promotion personnelle. Faites preuve de franchise et d'efficacité, allez jusqu'au bout des choses, mais ne prenez aucun engagement à la légère.

    – Vous pouvez de même envisager une formation professionnelle.

    – *Si vous êtes commercial.e ou indépendant.e,* princi-palement entre le 19 et le 30, vos objectifs devraient être atteints vous permettant ainsi une belle satisfaction personnelle.

    – Par ailleurs, si votre activité demande certains déplace-ments, ils s'avéreront rentables.

– Vos jours favorables sont les 6, 15, 24.

– Évitez de voyager ou faire de *grands déplacements...*

– Si <u>activité oblige</u> : **ABSTENEZ-VOUS**

les 7, 9, 16, 18, 25 et 27.

– Votre cote de popularité monte en flèche. C'est le moment de nouer de nouvelles amitiés et de trouver _l'âme sœur._ Cependant, rien de bien défini ce mois-ci. Toutefois, si vous avez fait de nouvelles rencontres récemment ou que vous êtes un _jeune couple,_ resserrez les liens qui vous unissent. Même si le besoin de prendre du recul vous saisi, ceci serait mal compris par votre moitié.

– Par contre, si vous venez de vivre une séparation, des problèmes juridiques ou administratifs relatifs à votre ex, vie à deux… sont à envisager, ce qui pourrait venir ternir cette fin d'année.

– Prenez du recul face à la situation et réglez les démarches dans l'ordre.

– En ce mois de décembre, rien ne vous arrête ! Vous foncez, mais est-ce le goût de tout le monde ?

– Vous envisagez quitter la ville pour la campagne, à moins que ce soit votre conjoint, pour vous installer avec une autre personne ! Pour toute décision définitive, n'oubliez pas que, quel que soit le cas de ces choix radicaux, il risque d'y avoir des dommages collatéraux, surtout si vous avez des enfants. Soyez responsable jusqu'à bout ! Certes il faut savoir faire des choix radicaux, mais les faire après avoir pris le temps de bien réfléchir aux conséquences, de façon à ce que chacun puisse « digérer » ces changements que vous leur imposez.

– Du 10 au 28, vous serez monopolisé.e par l'un de vos proches et vous aurez du mal à vous soustraire à toutes vos _obligations familiales_.

– Décembre, (pour vous) mois de la famille, vous invite à passer l'éponge sur des querelles qui s'éternisent. À moins que ce soit un conflit qui vous aura fâché.e avec des _amis_. C'est le mois idéal pour se faire pardonner et pardonner soi-même !

– Vos dates importantes sont les 5, 14, 23.

– Pour les fêtes, je vous conseille de rester dans un contexte familial ou d'inviter seulement quelques amis intimes à votre table, en particulier un ou une amie quelque peu isolé.e par ses problèmes, afin de finir l'année dans une ambiance détendue et heureuse.

– Fuyez les réveillons mondains !

ARGENT – JEUX
– Les conditions ne sont pas au top ce mois-ci !

– Des dépenses excessives occasionnées par les fêtes de fin d'année vous stresseront quelque peu. Votre générosité risque de vous embarquer sur une pente glissante. Plutôt que de favoriser le côté esthétique des choses, préférez l'utile et comparez les prix. Vouloir faire plaisir aux siens est une chose, mettre son budget en péril en est une autre. Prudence donc !

– Entre le 10 et le 19, une bonne surprise financière pourrait vous parvenir (vente d'un bien, clôture d'un héritage, legs…)

– La chance *aux jeux* est possible ce mois.

– *Vos chiffres* si vous êtes joueur.se : 3, 6, 9, 18, 27, 36 et 46.

SANTÉ – FORME
– Quelques moments de nervosité sont prévisibles mais dus uniquement à la fébrilité causée par les fêtes, surtout les 9, 18 et 27.

– Soyez très vigilant.e sur la fraîcheur des poissons et fruits de mer, car les risques d'intoxication sont présents.

– Malgré la période des fêtes, ménagez votre foie sans abuser des boissons alcoolisées et de la bonne cuisine. Se faire plaisir est une chose, mais pas au détriment de sa santé.

TOUS DOMAINES
☞ **Vos meilleurs JOURS**
(où vous serez d'humeur conciliante) : 4 – 13 – 22 – 31
☞ **Vos jours DIFFICILES**
(où il faudra contrôler votre agressivité) : 7 – 16 – 25

Si votre chiffre CLÉ est

Voici les prévisions **détaillées**

de votre année

PERSONNELLE 2025

de

JANVIER à DÉCEMBRE

ഇൟ

… NE PAS CHANGER DE CAP !

➤ *Rien ne se passe comme prévu, mais tenez bon !*
Reconsidérez vos habitudes, soyez organisé.e et méthodique…

Vos **MOTS CLÉS** <u>pour 2025</u> sont donc : *organisation & discipline.*

☞ *En GÉNÉRAL*

➤ **2025 est pour vous** l'année des résistances ! celle ou rien ne se passe comme prévu, et pourtant il va vous falloir faire avec. Beaucoup d'obstacles vous donneront l'impression que l'on vous met des bâtons dans les roues. Par ailleurs, ces 12 prochains mois, vous aurez plus de mal que d'habitude à accepter toutes ces contraintes.

– Par contre, si vous avez des **affaires juridiques, administratives ou immobilières** à traiter, profitez des bons influx de **2025.** Même si les résultats se font attendre, prenez votre mal en patience et montez des dossiers en bétons. Vous aurez ainsi toutes les chances d'un résultat final en votre faveur.

☞ *Comment « vivrez-vous » 2025 ?*

– En faisant preuve de coopération, de savoir-faire et de bonne moralité, et même si vous avez l'impression (à tort) de fournir des efforts pour rien, n'abandonnez pas ! Au contraire, peaufinez les détails, améliorez vos méthodes de travail, soyez ordonné.e méticuleux.e et réfléchi.e, votre patience et acharnement se verront récompensés.

➤ ***PLAN PROFESSIONNEL :***
– il vous faudra aller au-delà de vos limites, persévérer dans vos recherches d'emploi si c'est votre cas… ne vous laissez pas démoraliser par les éventuelles déceptions du moment ! bien au contraire, gardez à l'esprit que chaque échec n'est qu'un tremplin vers le succès !

➤ *PLAN AFFECTIF :*
– **2025**, envie de stabilité ? Si vous êtes en couple depuis au moins 2 ans, Il se pourrait que cette année, vous vous décidiez à concrétiser les choses ! Franchissez le cap.

– Vous êtes tellement « pris.e » par votre travail, que vous avez tendance à délaisser votre partenaire ! Attention, consacrez davantage de temps à votre vie privée, sachez entendre les appels de votre conjoint et apprenez à dire « non » à vos collègues, clients ou employeurs. N'attendez pas qu'il soit trop tard pour réagir !

– Vous êtes toujours *célibataire,* vous pourriez vivre cette année une belle histoire d'amour avec une personne rencontrée sur le lieu professionnel ! Prenez garde et restez discret.e, car cela pourrait vous causer des problèmes. Par ailleurs, gardez à l'esprit les risques encourus ! Si dans quelques mois, cette relation tourne au vinaigre, l'ambiance professionnelle risque d'être plombée. Avez-vous besoin de toutes ces complications ?

➤ *PLAN FAMILIAL :*
– Évitez d'adopter une attitude froide et austère. Ce n'est pas parce que la période est pour vous galère que votre entourage doit en subir les conséquences.

– Vous jeter à corps perdu dans le travail, certes, mais accordez-vous du temps en famille. Cela ressoudera les liens existants et vous permettra de lâcher prise.

➤ *PLAN MATÉRIEL :*
– Cette année, votre rigueur dans la gestion vous rend économe. Si l'an dernier, vous avez fait des extra sans vraiment compter, cette année, un sou et un sou ! Vous pourriez même arriver à en mettre de côté !

– Bonne période pour les placements comme pour récupérer les impayés.

➤ <u>SANTÉ</u> :

– Quelques soucis dentaires sont à craindre. Il se peut même que vous soyez obligé.e d'envisager des prothèses.

– Les articulations peuvent aussi vous causer misère. Méfiez-vous des fractures et des accidents domestiques.

– Le surmenage vous guette tout au long de cette année, votre tonus est en baisse… Vous impliquer totalement dans vos projets, votre activité oui, mais prenez régulièrement quelques jours de repos, sinon, arriver en novembre, vous risquez le burn-out !

☞ *QUELQUES CONSEILS* :

– Dès le début de l'année, soyez organisé.e, méthodique, pragmatique et honnête ! Les obstacles vous déstabiliseront quelque peu, mais avec une dose de philosophie + une d'optimisme, vous vous rendrez compte que ce passage un peu rigide et austère vous aura servi à reprendre le contrôle de votre existence, et ce, dans tous les domaines. En fin d'année, vous en retirerez que du profit si vous avez su prendre les décisions qui s'imposaient.

☞ *LES MOIS IMPORTANTS*

– *FÉVRIER, JUIN & JUILLET :* bon équilibre affectif.

– *MAI, OCTOBRE* : une formation pourrait vous être proposée.

– *MARS, SEPTEMBRE* : mois de ralentissement, d'efforts à fournir ou de problèmes financiers.

– *JUIN :* si vous avez fourni le maximum d'efforts les premiers mois, vous pourriez en retirer de réelles satisfactions et ce à long terme.

– *DÉCEMBRE* : **Dernière ligne droite avant d'entrer en 2025.**

Vos PRÉVISIONS pour JANVIER 2025
☞ Si votre chiffre clé est 04

Votre QUOTIDIEN

AFFAIRES – PROFESSIONNEL – ACTIVITÉS – LOISIRS...

– Tout va très vite ce mois-ci. Respirez un bon coup…

– Mettez les excès à distance dans tous les domaines, ne vous engagez pas sur un coup de tête.

– *Si vous êtes en activité professionnelle*, attendez-vous à des changements au sein de l'entreprise (nouveau matériel, mutation de poste, changement de service…). Vous devrez vous adapter et faire preuve de souplesse avec vos collègues.

– Vos habitudes seront déstabilisées, vous aurez l'impression de repartir de zéro. Soyez particulièrement attentif.ve les 9, 18 et 27, où votre patience sera mise à rude épreuve et ou une attention constante vous sera demandée.

– Vous devrez vous attendre à de nombreuses responsabilités, et vous adapter à une nouvelle situation.

– Si vous prévoyez demander une augmentation ou une promotion, préférez les 6, 14, 23.

– *Si vous êtes en profession libérale ou commercial.e*, acharnez-vous à avancer, même si vous devez faire face à des ralentissements de toutes sortes. Votre détermination finira par être payante.

– Si vous devez effectuer un *déplacement professionnel*, préférez le 12 ou le 21 pour faire aboutir votre démarche.

– *Si vous êtes à la recherche d'un emploi*, la frustration vous gagnera. Les promesses faites d'une éventuelle embauche seront illusoires…

– Aussi décevante soit l'attente, restez courtois.e, et persévérez. Une chance aussi minime soit-elle, peut toujours arriver !

– *Pour vos affaires de toutes sortes*, vous aurez bien du mal à atteindre vos objectifs, car des oppositions et des ralentissements feront stagner vos démarches. Toutefois, votre meilleure période se situe entre le 7 et le 16, où la réalisation d'un projet peut s'avérer positive dans la mesure où vous ne baissez pas les bras coûte que coûte !

    – *Une activité sportive,* de la marche ou quelques loisirs (cinéma, théâtre) permettront de vous détendre et ainsi faire face plus aisément aux diverses obligations qui vous attendent ce mois-ci.

Envie de *voyager* ? Préférez les 9, 13, 18, 27 du mois.
Évitez les 8, 17 et 26.

AMOURS – AMITIÉS – FAMILLE – RELATIONS…

    – Guère de place à la vie affective ce mois-ci, car les autres domaines vous monopolisent totalement.

    – *En famille,* les 10, 19 et 28, votre agressivité pourrait aggraver des chamailleries anodines. Mettez en sourdines vos récriminations, et reconnaissez-le, vous avez un peu tendance en ce moment à jeter de l'huile sur le feu.

    – Vous serez en cette période, trop nerveux.se, et vous supporterez très mal la présence de votre entourage, surtout entre le 16 et le 25 où les risques d'accrochages sont importants et pourraient finir en brouille de longue durée…

    – *En couple,* vous aurez le sentiment d'être bloqué.e, de ne pas être pris.e au sérieux. Ne vous montez pas la tête et faites preuve de doigté avec le conjoint, sinon une rupture n'est pas à exclure. Mais en optant pour une attitude zen, vous pourriez au contraire, aller vers un changement bénéfique.

    – *Entre amis,* l'ambiance est différente. Surtout du 7 au 16, quelques moments agréables s'annoncent. Profitez-en pour vous détendre et recharger vos batteries.

ARGENT – JEUX

    – Les excès pour les fêtes et le manque de vigilance l'année dernière ont fortement compromis votre budget et des dépenses imprévues (liées à votre voiture ou votre électroménager) ne viendront pas arranger la situation, et avec votre état d'esprit du moment, vous aurez bien du mal à surmonter ces problèmes.

– De nombreuses tensions sont à craindre. Je vous conseille, de prendre sur vous et d'adopter une attitude conciliante, de faire preuve de beaucoup de patience afin de persévérer et surmonter ces mauvais passages.

– N'envisagez aucun achat inutile. Ne faites aucun projet financier, évitez tout engagement que vous ne pourriez pas tenir.

– Entre le 7 et le 16, vous remonterez un peu la pente financièrement, mais de façon passagère.

La chance *aux jeux* est excellente ce mois.

Vos chiffres si vous êtes joueur.se : 4, 5, 9, 13, 31, 45 et 49.

SANTÉ – FORME

– Vous déborderez d'énergie ce mois-ci, mais étant mal canalisée, vous risquez d'être à cran pour un oui ou un non.
Et comme vous devrez faire face à de nombreux retards en tous domaines, je vous conseille vivement d'entretenir votre forme physique pour limiter les dégâts et ne pas "craquer" face à l'ambiance assez changeante.

– Limitez votre consommation de viande au profit du poisson. Consommez davantage de fibres (fruits, légumes verts et céréales complètes) pour un bon transit ; buvez au moins 1,5 l d'eau et faites une cure de vitamines et de minéraux. Cela vous redonnera un coup de fouet pour poursuivre l'hiver.

TOUS DOMAINES
☞ **Vos meilleurs JOURS**
(où vous serez d'humeur conciliante) : **5 – 14 – 23**
☞ **Vos jours DIFFICILES**
(où il faudra <u>contrôler</u> votre agressivité) : **8 – 17 – 26**

Vos PRÉVISIONS pour FÉVRIER 2025
☞ Si votre chiffre clé est 04

Votre QUOTIDIEN

AFFAIRES – PROFESSIONNEL – ACTIVITÉS – LOISIRS...

– *Que vous soyez à la retraite ou en activité*… un emploi du temps chargé tout le mois que je vous conseille vivement de planifier dès la première semaine, si vous ne voulez pas vous retrouver à faire des heures supplémentaires la dernière. De plus, une fatigue persistante vous ôtera toute concentration.

– *Si vous êtes en activité professionnelle*, entre le 8 et le 17, vous pourrez mettre à jours quelques dossiers. Le reste du temps, vous aurez une sensation de pesanteur, de blocages… prenez votre mal en patience, essayez tant que ce peut de rester malgré tout concentré.e, et sachez que vous pourrez tout ce mois, compter sur vos collègues avec lesquels vous avez en ce moment de bons rapports, et qui apprécient votre forte personnalité.

– Vous saurez si besoin est, convaincre associés, clients ou dirigeants. Vous ferrez preuve d'une belle assurance, mais ne faites pas cavalier.e seul.e ; Concertez vos collaborateurs si besoin est, et mesurez bien vos actes, car ils seront déterminants.

– *Si vous êtes en recherche d'emploi*, rien de bien concluant ce mois de février. Ne vous découragez pas, persévérez dans vos recherches et vos démarches. La ténacité finira par payer en cours d'année !

– *Si vous avez des affaires délicates à régler* (juridiques, administratives …), là aussi, vous devrez faire face à de nombreuses contraintes, et prendre beaucoup de décisions justes et adaptées aux circonstances, surtout les 9, 18 et 27. Vos jours favorables sont les 11, 20.

– Évitez de voyager ou faire de *grands déplacements*…
– Si activité oblige : **ABSTENEZ-VOUS** les
9, 11, 18, 20, 27 et 29.

– Beaucoup d'obligations en février. Votre entourage vous sollicitera souvent, surtout des personnes jeunes qui auront besoin de vos conseils et de votre appui, une tout particulièrement qui comptera sur vous pour résoudre un problème. Gardez votre sang-froid, réfléchissez au contexte au lieu de vous emporter, et vous trouverez la solution.

– Ce mois étant lié à la « *famille* », vous devrez savoir écouter les demandes des vôtres, faire preuve de tolérance et surtout restez maître.sse de toute situation. Si des tensions persistent, soyez conciliant.e, principalement les 9, 18 et le 27 sous peine de disputes violentes.

– *En couple,* la confiance mutuelle est de mise pour rallumer la flamme.

– Un déménagement pourrait vous obliger à revoir votre mode de vie. À moins que ce soit une affaire juridique concernant la famille qui devra être réglée... toujours est-il que tout ceci entraînera une certaine nervosité et des désagréments avec votre conjoint (s'il y a), à moins que ce soit avec des parents ou enfants. Il vous faudra faire preuve de courage, et affronter toutes ces obligations. Ne vous fermez pas, restez ouvert.e à la discussion et essayez de tenir compte des désirs de vos proches.

– *Si vous êtes à la recherche de l'âme sœur*, rien de très convaincant ce mois-ci. Toutefois, vous laisserez plus aisément s'exprimer librement vos sentiments les 6, 15, 24.

ARGENT – JEUX

– Ce mois-ci, n'envisagez aucun placement. Par contre, paradoxalement, si vous prévoyez acheter une maison ou un appartement, l'investissement dans l'immobilier pourrait se révéler rentable. Choisissez de préférence entre le 8 et le 17.

– Ce mois est également excellent pour toute forme de business. Signer un contrat, trouver un investisseur pour un projet ou un accord financier. Attention toutefois de ne pas vous laisser emporter par un différent, car en ce moment vous êtes sous pression et un rien vous fait sortir de vos gonds. Maîtrisez-vous, sachez faire preuve de tempérance.

– Dans tout autre domaine, la plus grande prudence vous est recommandée. Contrôlez vos pulsions et fuyez tout achat à crédit. Ne tombez pas dans les pièges des prêts renouvelables. Banque de France assurée à long terme !

– La chance *aux jeux* est possible ce mois.
– *Vos chiffres* si vous êtes joueur.se : 4, 6, 10, 14, 16, 36 et 46.

SANTÉ – FORME

– Étant un mois stressant, beaucoup d'obligations et peu de satisfactions. Profitez donc de la moindre possibilité pour vous reposer. Des ballades à la montagne où à la campagne seraient très bénéfiques, ainsi qu'une alimentation équilibrée. Respectez vos heures de sommeil, pas de veille prolongée afin d'éviter des "coups de fatigue".

– Attention aux mélanges ! Booster votre organisme avec des compléments alimentaires pour passer l'hiver certes, mais ne prenez pas tout ce que l'on vante dans les pubs ! Privilégiez plutôt une alimentation saine, des soupes, des bouillons de légumes, des fruits pour la vitamine C…

– Remplacez votre sucre par une petite cuillère à café de miel ! Antibiotique naturel et véritable booster.

N'oubliez pas qu'en **2025** pour vous...
Les choses évoluent lentement et il faut développer ses efforts !
On relève ses manches et on s'attache aux détails.
LE TEMPS TRAVAILLE pour VOUS !… PATIENCE !

TOUS DOMAINES
☞ **Vos meilleurs JOURS**
(où vous serez d'humeur conciliante) : 4 – 13 – 22
☞ **Vos jours DIFFICILES**
(où il faudra contrôler votre agressivité) : 7 – 16 – 25

Vos **PRÉVISIONS** pour **MARS 2025**

☞ **Si votre chiffre clé est 04**

Votre QUOTIDIEN

AFFAIRES – PROFESSIONNEL – ACTIVITÉS – LOISIRS...

– Mois de RÉFLEXION. Vous avez l'impression que cette année, les mois se suivent et se ressemblent. Acceptez cet aspect, mettez-vous sur « pause ».

– Prenez le temps d'analyser vos actions passées pour en tirer les conclusions qui s'imposent. Soyez réaliste et sachez reconnaître vos erreurs, c'est le meilleur moyen de progresser. Ensuite, élaborez un plan d'action précis et travaillez avec ordre et méthode. Ceci vous permettra de trouver des solutions à des problèmes récurrents.

– *Que vous soyez à la retraite, ou en activité professionnelle,* vous n'êtes guère entreprenant.e, mais tenez cependant les rênes pour continuer une action entreprise.

– Des ralentissements, des blocages de toutes sortes empêcheront vos affaires de progresser et vos projets piétineront. Votre moral sera en berne et des idées noires vous assailliront. Mon conseil est de prendre du recul par rapport à toutes vos activités. Prenez votre mal en patience, car un espoir les 9, 18 et 27, jours pendant lesquels vous pourriez éventuellement trouver la solution à un problème existant depuis longtemps et vous mettre quelque peu en valeur.

– Comme tout est en « sommeil » ce mois-ci, pas de promotion ou d'embauche à espérer.

– L'ambiance au bureau ou à l'usine sera terne et les collègues seront plutôt d'humeur lunatique surtout les 4, 13, 22 où la tension pourrait grandir suite à des jalousies.

– Si vous avez pu programmer quelques jours de repos cette période, vous aurez été bien inspiré.e.

– Si vous devez vous déplacer, dans le cadre de votre travail ou autre, préférez les 5, 14, 23.

– *Pour vos démarches diverses*… en ce moment, votre tendance à vous isoler, à ressasser, à rechercher des réponses à vos questions pourrait vous diriger vers des personnes sans scrupules. Je vous mets tout particulièrement en garde si vous venez de vivre un deuil… certes, la perte d'un être cher est extrêmement douloureuse, mais ne cherchez pas de «communication avec l'au-delà !» en faisant tourner les tables par exemple, ou en tombant sous l'influence de faux médiums.

– Préférez parler de votre douleur avec un thérapeute assermenté, un.e homme (femme) d'Église (en fonction de vos convictions) ou d'un.e parapsychologue de confiance.

– Envie de *voyager* ? Préférez les 7, 16, 25 du mois.
Évitez les 6, 15, 24.

AMOURS – AMITIÉS – FAMILLE – RELATIONS…

– Vous n'aurez qu'une envie : être seul.e, loin des contraintes familiales. Prenez sur vous, car votre entourage risque de souffrir de votre attitude. Surtout si c'est vous qui avez l'habitude de gérer la maison.

– Faites preuve de patience avec les vôtres, maîtrisez votre agressivité.

Et si leur présence vous insupporte, plutôt que de vous emporter pour un oui ou un non, surtout du 27 au 30, faites de longues balades seul.e, à pied comme à vélo... cela vous calmera et vous permettra par la même occasion de méditer !

– *Côté cœur,* votre indifférence ne vous poussera guère à de nouvelles rencontres et ce sera le calme plat.

– *En couple,* vous serez inabordable. Attention de ne pas trop repousser l'autre, car la frustration pourrait le (la) pousser à rechercher ailleurs ce qui lui manque à la maison. Tenez-vous le pour dit.

– Quelques jours harmonieux tout de même : les 4, 13, 22, profitez-en pour vous détendre avec votre cher.e et tendre.

Les jours difficiles sont les 9, 18 et 27.

ARGENT – JEUX

– Encore un mois de vigilance, car les finances sont limitées, surtout si vous êtes commerçant.e ou en profession libérale.

– Ne prenez aucune décision importante qui vous engagerait à long terme (crédit pour un achat par exemple).

– Par contre, il se peut qu'une rentrée d'argent, que vous n'espériez plus (remboursement quelconque, trop-perçu...) s'annonce entre le 18 et le 27.

– En fin de mois, la signature pour la vente d'un bien pourrait bien venir remonter le moral en flèche.

– La chance *aux jeux* est présente ce mois, mais uniquement si elle n'est pas programmée.

– Évitez les paris stupides, le poker, les investissements douteux.

– *Chiffres à jouer* : écoutez votre intuition ou essayez les grattages (entre autres).

SANTÉ – FORME

– Depuis le début de l'année, la fatigue physique comme psychologique s'accroît. Le changement de saison, bien que nous arrivions au printemps, n'arrange rien.

– Je vous conseille de faire une cure de vitamines et oligo-éléments (magnésium/vitamines B6 entre autres). Cela vous permettra de retrouver au plus vite votre forme en vous redonnant de l'énergie et un bon moral.

– Si vous avez des congés à prendre, profitez-en, sinon évitez les heures supplémentaires. Reposez-vous !

TOUS DOMAINES
☞ **Vos meilleurs JOURS**
(où vous serez d'humeur conciliante) : **3 – 12 – 21 – 30**
☞ **Vos jours DIFFICILES**
(où il faudra contrôler votre agressivité) : **6 – 15 – 24**

Vos PRÉVISIONS pour AVRIL 2025

Votre QUOTIDIEN

AFFAIRES – PROFESSIONNEL – ACTIVITÉS – LOISIRS...

– Après un mois de mars ou tout était ralenti, voici qu'en avril, tout s'accélère. Il vous faudra faire vos preuves en tous domaines et donner beaucoup de votre personne. La lutte quotidienne sera votre lot, tout s'emmêle et de nombreuses embûches seront présentes sur votre chemin, bloquant vos projets.

– *Si vous êtes en activité professionnelle*, l'ambiance générale au travail sera déplorable, attendez-vous à des difficultés, voire des conflits avec des collègues sournois, surtout entre le 5 et le 14. Réagissez avec diplomatie en évitant les accès de colère.

– Ne laissez pas ces soucis vous monopoliser, même si personne ne vous soutient, faites le dos rond. Toutefois, les 6, 15, 24 du mois peuvent vous apporter quelques satisfactions d'ordre général, ce qui vous boostera. Mais ne criez pas victoire pour autant, parce qu'aujourd'hui : bonne nouvelle, demain : mauvaise nouvelle !

– *Si vous êtes à la recherche d'un emploi,* les démarches seront longues et décevantes, ce qui vous entraînera une fatigue psychologique... Ne vous laissez pas déstabiliser par des remarques désagréables. Répondez avec le sourire, et dites-vous « qu'après la pluie, le beau temps ». Ne baissez pas les bras, votre acharnement sera récompensé tôt ou tard !

– *Si vous avez des affaires juridiques* qui traînent depuis longtemps, il se pourrait que vous en voyiez enfin le bout. Et si la réponse n'était pas celle espérée, restez courtois.e et attendez le mois prochain pour faire appel, voire juin. Mais assurez-vous que cette alternative puisse vraiment vous être favorable, sinon, laissez tomber. Il se peut que cette décision qui semble en votre défaveur, vous soit bénéfique dans le temps.

Méditez sur cette maxime :
« Si vous éprouvez n'importe quelle déception,
c'est peut-être le travail silencieux d'un ami invisible,
entrain de vous mettre à l'abri des ennuis !»

– Déplacements et voyages : Prudence tout le mois si vous devez faire de longs trajets. (Préférez le train, le bus ou l'avion).

AMOURS – AMITIÉS – FAMILLE – RELATIONS...

– Essayez de rester calme, quelles que soient les discussions de l'instant, principalement avec des adolescents. En ce moment, ils ont l'esprit de contradiction et tout ce que vous pourriez dire ou faire serait peine perdue. Attention aux risques d'accrochages qui pourraient aggraver une situation déjà tendue surtout les 8, 17 et 26. Être trop autoritaire ne solutionnera pas les conflits. Préférez le dialogue en écoutant ce que les jeunes ont à émettre !

– *En famille ou avec les amis,* faites preuve de délicatesse et évitez de vous mêler de ce qui ne vous regarde pas, ou d'évoquer des sujets trop embarrassant dans l'immédiat. De plus, votre côté matérialiste, primera tout au long du mois et rien de bien palpitant ne se profilera à l'horizon. Vous aurez souvent le moral dans « les chaussettes » et vous serez peu expansif.ve envers les autres. Du 10 au 19, des tensions familiales persisteront. Efforcez-vous de les atténuer.

– *Si vous êtes en couple,* bien que votre situation personnelle est assez morose ce mois, et que votre anxiété est grandissante, ne prenez pas de décisions impulsives. Restez maître.sse de vous-même en réfrénant votre agressivité, modérez vos propos, surtout les 12, 21 et 30. Prenez le temps de réfléchir, agissez avec calme et pondération. Cette attitude vous permettra de rétablir une relation saine et vivre plus sereinement cette période délicate.

– *Si vous êtes célibataire,* quelques rencontres possibles mais se révélant au final, décevantes et finiront comme elles ont commencé, sans passion.

<u>*ARGENT – JEUX*</u>

– Toujours des finances inquiétantes en ce mois d'avril. Ne vous laissez pas décourager par cette passe difficile. Ne prenez aucun engagement financier dans l'immédiat afin de minimiser vos angoisses.

– Quelques jours d'espoir toutefois qui se situent
du 1 au 10, les 22 et 23.

– Profitez de ces éventuelles rentrées pour régler vos factures en retard mais ne faites pas d'achats impulsifs. Contrôlez-vous. Vous vous éviterez ainsi bien des insomnies.

– Les risques de pertes et de vols seront importants (clé de voiture, chéquier, objets personnels…)

– La chance <u>*aux jeux*</u> n'est guère présente ce mois.
Toutefois, vos chiffres si vous êtes joueur.se :
3, 6, 9, 12, 15, 18 et 48.

<u>*SANTÉ – FORME*</u>

– Si vous avez suivi mes conseils le mois dernier, continuez votre cure de vitamines et de fruits, car votre organisme n'est pas encore au mieux de sa forme.

– Évitez également les excès en tous genres et surtout le tabac, café, alcool. Sans oublier les anxiolytiques et les somnifères. Même s'ils vous apaisent dans un premier temps, ne tombez pas dans la dépendance.

TOUS DOMAINES
☞ **Vos meilleurs JOURS**
(où vous serez d'humeur conciliante) : **2 – 11 – 20 – 29**
☞ **Vos jours DIFFICILES**
(où il faudra <u>contrôler</u> votre agressivité) : **5 – 14 – 23**

Vos PRÉVISIONS pour MAI 2025
☞ **Si votre chiffre clé est 04**

Votre QUOTIDIEN

AFFAIRES – PROFESSIONNEL – ACTIVITÉS – LOISIRS...

– Ouf, mai est le dernier des neuf mois du cycle. Vous devez conclure tout ce qui a été mis en route les précédents, mais ne rien entamer de nouveau, c'est capital !

– Du 1 au 11, vous devez fournir encore quelques efforts, car des difficultés apparaîtront qu'il vous faudra surmonter. Soyez organisé.e, évitez de faire plusieurs choses à la fois et vous en verrez le bout !

– *Si vous êtes en activité professionnelle*, (nouvelle orientation envisagée, changement d'activité, association...) ou *si vous êtes en recherche d'emploi*, la période est propice, surtout entre le 12 et le 29. Sachez saisir vos chances.

– *Si vous êtes à votre compte,* vous nouez de nouveaux contacts, et de nouvelles opportunités peuvent vous permettre de développer votre activité, peut-être même au niveau international.

– Les problèmes de ces derniers mois seront évacués comme par magie, et un nouveau départ est possible. Vous allez revivre !

– Les professions liées à la communication, aux médias, au tourisme, ainsi qu'aux études ont le vent en poupe.

– Envie d'apprendre une nouvelle langue, ou de vous former à l'astrologie, la numérologie, ou toute autre activité artistique ? C'est le moment !

– *Vous êtes artiste ?* Vous pourriez enfin touche un plus large public !

– Envie de voyager ? Choisir les 5, 14, 23 ...
Évitez les 4, 13, 22 et 31.

– *Partir à L'ÉTRANGER : Préférez les 9, 18 et 27 du mois.*

– L'ambiance sera tendue, surtout le 7, 16, 25. Ce qui vous déstabilisera quelque peu. Peut-être est-il nécessaire de vous remettre en question, car les problèmes ne viennent pas toujours des autres. Nous avons souvent notre part de responsabilités dans bien des désaccords et des tensions. Même si reconnaître ses torts est parfois difficile, cela peut aussi solutionner beaucoup de conflits.

– _En famille,_ des heurts sont probables, l'ambiance sera tendue. Vous n'aurez qu'une envie, partir loin, vous retrouver seul.e pour faire une analyse personnelle. Ne vous emportez pas, restez calme et laissez faire les événements, ne provoquez rien. Même si vous devez subir encore des événements extérieurs.

– _Si vous vivez en couple,_ les journées des 8, 17 et 26 seront très délicates (agressivité et jalousie alternant avec de la douceur). Soyez conciliant.e; Rassurez-vous, les 11, 20 et 29, de nouvelles occasions vous seront offertes de vous rattraper. Mais ne jouez pas avec les sentiments de votre conjoint, surtout si votre couple est fragile ! En ce moment, vous n'êtes pas sur la même longueur d'onde ; faites le dos rond pour ne pas aggraver la situation.

– _Si vous êtes en recherche de l'âme sœur,_ les 03, 12, 21 et 30, des événements heureux peuvent apparaître et la passion pourrait entrer dans votre vie. Une rencontre pourrait durer si de profondes affinités vous lient.

– _Si vous êtes en instance de divorce,_ ce mois de mai pourrait enfin vous rendre libre légalement.

ARGENT – JEUX

– Vous manquez de réalisme pour le contexte financier du quotidien, donc, restez prudent.e dans vos dépenses en ce mois de mai. Votre budget étant serré, optez pour une restriction maximum. Ne vous accordez aucune fantaisie que vous pourriez regretter amèrement ensuite.

– Une contrariété est possible les 4, 13, 22, concernant une augmentation ou un refus de prime ou de prêt. Heureusement, du 11 et jusqu'à la fin du mois, vos ressources financières sont à la hausse, ce qui atténuera cette déconvenue.

     – En ce début mai, des factures imprévues déséquilibreront quelque peu votre budget (plombier, garagiste…). Encore un peu de patience : une période plus favorable s'ouvre à vous dans les prochains mois.

     – Vous pouvez, si vos finances le permettent, envisager un placement autour des 4, 16 ou 25. Le contexte sera favorable et vous pourriez faire des affaires intéressantes (vente d'un bien par exemple) principalement les 8, 17 ou 26.

     – La chance *aux jeux* est présente +++ ce mois.
     – *Vos chiffres* si vous êtes joueur.se :
4, 8, 12, 13, 17, 20 et 49.

SANTÉ – FORME

     – Si vous en ressentez le besoin, ce mois est tout indiqué pour commencer une psychothérapie. Vous pouvez aussi vous lancer dans le jardinage, thérapie au contact de la nature !

     – Ne négligez pas vos activités sportives ou de loisirs. Même si vos obligations personnelles vous prennent beaucoup de temps et d'énergie, il est indispensable de vous accorder des plages détente. Sinon, c'est votre santé qui en pâtira et vous risquez de vous retrouver totalement à plat d'ici la fin du mois.

TOUS DOMAINES
☞ **Vos meilleurs JOURS**
(où vous serez d'humeur conciliante) : 1 – 10 – 19 – 28
☞ **Vos jours DIFFICILES**
(où il faudra contrôler votre agressivité) : 4 – 13 – 22 – 31

Vos PRÉVISIONS pour JUIN 2025
☞ **Si votre chiffre clé est 04**

Votre QUOTIDIEN

AFFAIRES – PROFESSIONNEL – ACTIVITÉS – LOISIRS...

– Enfin, le dynamisme revient. Un mois d'accalmie et de récompenses dans cette année de labeur.

– Si vous êtes dans une *activité artistique (libérale ou à la retraite)*… votre enthousiasme sera décuplé tout le long du mois et vos initiatives, efficaces. Vos idées seront originales et vous connaîtrez un certain succès bien mérité.

– Un mois de juin dynamique, donc avec une réussite personnelle à la clé.

– *Si vous êtes en activité professionnelle*, commercial.e, indépendant.e ou salarié.e, d'énormes possibilités de réalisation s'offrent à vous. Faites vos preuves et récoltez les lauriers.

– Si vous êtes en *période d'examens* et que vous avez travaillé laborieusement les mois précédents, le résultat sera réjouissant !

– Vos jours bénéfiques sont les 8, 17 et 26.

– Toutes vos *démarches,* quelles qu'elles soient, devraient être favorisées, grâce à vos efforts soutenus (surtout entre le 3 et le 12). Mais ne comptez que sur vous pour aller de l'avant car les autres ne vous seront d'aucun secours.

– Du 21 au 30, votre fougue se calme un peu, laissant davantage la place à la réflexion.

– *Si vous êtes à la recherche d'un emploi,* ayez confiance en vous. Vous avez de réelles capacités. Mettez-les en avant. Montrez que vous savez être autonome et de bonne volonté. Battez-vous pour vos idées et sachez convaincre. Vous pourriez obtenir ainsi une offre intéressante, un emploi avantageux...

– *Si vous êtes dans l'expectative de vous mettre à votre compte,* vos projets avancent et votre volonté de réussir tellement forte que vous abattez tous les menus problèmes qui se présenteront.

– Tous *déplacements professionnels,* les 11, 20 et 29, seront également favorables, aussi n'hésitez pas à partir.
– Envie de *voyager* ? Préférez les 4, 13, 22 du mois. Évitez les 12, 21 et 30.

AMOURS – AMITIÉS – FAMILLE – RELATIONS…

– *En famille,* quelques petits problèmes à gérer, mais rien d'insurmontable, car en ce mois de juin, vous savez faire preuve de délicatesse, de patience, de tolérance… La remise en question que vous avez menée auparavant, vous aura permis d'opter pour un mode de vie différent et certainement plus positif. Vos proches sont agréablement surpris !

– Vos jours importants sont les 5, 14, 23.

– D'excellentes périodes en perspective pour vous, surtout la période du 3 au 12 et du 21 au 30.

– *Si vous vivez en couple,* l'entente sera harmonieuse, vous pourriez même retrouver un regain de passion, et profiter pleinement de quelques jours à deux pour mieux vous reconquérir. Et gardez toujours à l'esprit, que le dialogue, c'est la clé des unions durables.

– *Sur le plan amical,* vous pourriez faire de nouvelles rencontres grâce à vos amis actuels. Gardez leur adresse, elle pourrait vous être utile par la suite.

– *Si vous êtes célibataire,* vous ne le resterez pas longtemps si c'est votre souhait. Vous pourriez bien trouver la perle rare et faire une longue route ensemble…

– Ne passez surtout pas à côté de votre chance les 11, 20 et 29.

– Quelques jours moins favorables : 6, 15, 24.

ARGENT – JEUX

– Restez très vigilant.e dans votre gestion, car ce début de mois est encore trop instable.

– Envie de courir les boutiques, même si l'été pointe son nez et que vous avez prévu renouveler votre garde-robe ou acheter un nouveau salon de jardin, soyez raisonnable et attendez après le 20.

– Si vous devez engager une dépense ou faire un emprunt, n'agissez pas trop vite.

– Les investissements sont également déconseillés, car peu rentables.

– Par contre, si des *tracasseries administratives* vous préoccupent, préparez vos arguments, et si possible, déplacez-vous, surtout entre le 11, 20 et le 29, vous devriez pouvoir les solutionner.

– La chance *aux jeux* est présente ce mois.
– *Vos chiffres* si vous êtes joueur.se : 1, 5, 10, 14, 19, 41 et 46.

SANTÉ – FORME

– Votre énergie est de retour, profitez-en pour reprendre vos activités sportives, si vous les aviez délaissées jusqu'à présent. Vous avez du tonus à revendre, défoulez-vous !

– Cependant, écoutez votre corps… le haut de vos épaules se contracte, vous avez l'impression de porter un sac sur le dos, faites des pauses et détendez-vous !

– Vous pouvez opter pour une discipline plus douce (pétanques, yoga, bowling, marche…) ce qui compte, c'est d'oxygéner vos poumons et vous détendre !

TOUS DOMAINES
☞ **Vos meilleurs JOURS**
(où vous serez d'humeur conciliante) : 9 – 18 – 27
☞ **Vos jours DIFFICILES**
(où il faudra **contrôler** *votre agressivité) : 3 – 12 – 21 – 30*

Vos PRÉVISIONS pour JUILLET 2025
☞

Votre QUOTIDIEN

AFFAIRES – PROFESSIONNEL – ACTIVITÉS – LOISIRS...

– L'accalmie aura été de courte durée, restez zen. Cette mise à l'épreuve sera salutaire si vous savez en retirer les leçons imposées.

– *Si vous êtes en activité professionnelle*, contrôlez vos réactions et surveillez vos propos qui risquent d'être mal interprétés et vous causer bien des désagréments. Tournez votre langue 7 fois dans votre bouche, et réfléchissez avant d'agir.

– Ne laissez pas passer des opportunités qui pourraient se révéler très lucratives, surtout si vous évoluez dans le commerce.

– Si vos relations avec vos collègues sont tendues, principalement aux alentours du 9, plutôt que de les prendre de haut, essayez de rester diplomate et faites preuve de souplesse. Tout accès de colère ne ferait qu'envenimer la situation.

– *En matière de recherche d'emploi,* un mois difficile, du fait de retards et de blocages (grèves des transports ou de l'administration entre autres...) qui paralyseront toutes vos démarches, et mettront vos nerfs à rude épreuve, surtout après le 13.

– Si *vous avez des démarches* à effectuer dans le domaine juridique ou administratif, contrôlez votre agressivité, faites preuve de souplesse, car même si ce mois est pour vous difficile à traverser, ce n'est pas en étant désagréable que vous arrangerez les choses. Restez zen coûte que coûte, et les événements finiront pas se débloquer en heure et en temps !

– Les déplacements et les petits voyages, surtout s'ils sont pour prendre des vacances, préférez les 12, 21 et 30.

– Envie de *voyager à l'ÉTRANGER* ?
Préférez les 7, 16, 25 du mois.
– Évitez les 11, 20 et 29.

– Ce mois-ci, contrôlez vos rapports avec autrui. Vous risquez de vous emporter pour un oui et un non, et les conséquences peuvent en être désastreuses. Surtout les 6, 15 et 24.

– _En famille,_ beaucoup de contraintes... vous serez souvent sollicité.e par un parent âgé, à moins que ce soient les enfants qui vous monopolisent en permanence. Vous aurez beaucoup de mal à les supporter. Prenez sur vous, et préférez un dialogue constructif à celui de sourd. Faites preuve de tact et de diplomatie pour soumettre un éventuel refus, car des éclats de voix sont à craindre.

– _Entre amis,_ du 4 au 11 et du 22 au 30, de très bons moments à passer ensemble, avec des sorties agréables. Profitez-en au maximum afin de retrouver votre équilibre psychologique.

– _Si vous êtes seul.e,_ vos préoccupations actuelles feront que, vous risquez de passer à côté d'une rencontre qui pourtant pourrait se révéler positive. Essayez d'avoir une attitude plus accessible, moins ronchon. Faites des efforts, « _souriez à la vie et la vie vous sourira._ » La roue tourne, foncez, c'est maintenant ou jamais !

– Vos jours importants sont les 10, 19 et 28.

– _Si vous êtes en couple,_ en particulier « jeune couple » soyez extrêmement vigilant.e et surtout tolérant.e, car du 12 au 21, la période sera tendue et vous risquez, si vous n'y prenez pas garde, de conduire votre relation à la rupture.

ARGENT – JEUX

– Dans ce domaine aussi, prenez votre mal en patience. Pas de dépenses irréfléchies, car vos ressources seraient mises à mal.

– Entre le 13 et le 31, une longue période favorable s'annonce, profitez-en pour remettre vos comptes à jour et régler les factures en retard. Restez toujours prudent.e, pas de folies financières, soyez prévoyant.e, l'année n'est pas finie. Pensez que les 3 derniers mois sont souvent sources de dépenses plus importantes (taxes diverses, cadeaux...)

– Ne vous créez pas du stress inutile ! Cependant, vous avez de réels atouts pour prospérer à bon escient et trouver les ressources nécessaires.

– Vos jours propices aux rentrées d'argent (ou aux démarches) sont les 6, 15, 24.

– Ne faites aucun investissement et ne prenez aucun engagement ce mois de juillet, car les résultats seraient très hasardeux, vous risqueriez même des pertes importantes.

– Tentez chance *aux jeux* mais **en groupe ou au moins à deux**.
– *Vos chiffres* si vous êtes joueur.se :
3, 6, 12, 15, 24, 42 et 48.

SANTÉ – FORME
– Le problème essentiel du mois sera votre agitation qui occasionnera des troubles digestifs.

– Contrôlez votre consommation de caféine et de tabac. Évitez les fritures et plats industriels. Réapprenez à manger plus lentement, mastiquez au moins 20 fois chaque bouchée, enfin, hydratez-vous correctement en buvant dès le matin, à jeun, un grand verre d'eau.

– Côté activités physiques, préférez celles de plein air (marche, jogging, natation, vélo…), ceci vous permettra d'évacuer votre trop plein de nervosité.

TOUS DOMAINES
☞ **Vos meilleurs JOURS**
(où vous serez d'humeur conciliante) : 8 – 17 – 26
☞ **Vos jours DIFFICILES**
(où il faudra contrôler votre agressivité) : 2 – 11 – 20 – 29

Vos PRÉVISIONS pour AOÛT 2025
☞ **Si votre chiffre clé est 04**

Votre QUOTIDIEN

AFFAIRES – PROFESSIONNEL – ACTIVITÉS – LOISIRS...

– En vacances ou au travail, voici un mois comme on les aime. Vous grouillez d'idées, les contacts se font et la communication est agréable, les rencontres vous apportent beaucoup d'agrément.

– Que vous soyez en *activité professionnelle, à la recherche d'un emploi, ou à la retraite...,* déterminé.e et enthousiasme, vous êtes partie prenante pour tous changements. Vous aurez toujours l'esprit en ébullition, et vous saurez mettre en valeur vos idées créatrices entre autres... Si des propositions se font, prenez le temps de réfléchir avant de donner votre réponse, et ne vous attendez pas à des résultats immédiats. Posez vos jalons, ensuite, laissez faire le temps. De nouveaux horizons pourraient vous redonner l'envie d'entreprendre, surtout entre le 5 et le 14.

– Si vous êtes dans *l'attente d'une embauche*, (à moins que vous soyez le recruteur), préférez les 6, 15, 24 du mois pour prendre votre décision.

– Les contacts ou entretiens se passeront bien et ils porteront leurs fruits, mais pas immédiatement, donnez-leur le temps de mûrir...

– Si vous travaillez en équipe, vos collègues seront avec et pour vous. Vos supérieurs sauront reconnaître vos capacités. Vous ferez sensation, ce qui rehaussera votre estime de vous-même.

– Un renouveau pourrait vous conduire à un poste plus important à moins que vous vous lanciez dans l'auto entreprise. Quoi qu'il en soit, l'avenir semble prometteur !

– Un voyage professionnel est possible vers les 9, 18, 27 du mois et sera également très positif.

– Envie de *voyager* ? Préférez les 11, 20 et 29 du mois.
Évitez les 10, 19 et 28.

AMOURS – AMITIÉS – FAMILLE – RELATIONS...

– Profitez de ce mois de vacances, si c'est le cas, pour élargir votre cercle *d'amis.* De nombreuses rencontres s'annoncent, la bonne humeur régnera. Et comme ce mois-ci, vous serez tout charme et tout enthousiasme, vous risquez de crouler sous les invitations, surtout du 5 au 14 et du 23 au 30. Toutefois, bien que vous serez souvent sollicité.e, et ce n'est pas pour vous déplaire, on se confira beaucoup à vous.

– Écoutez tout le monde, mais ne prenez pas de parti en cas de discorde et n'entrez pas trop dans leur vie.

– Ces conseils sont aussi valables *en famille*. Surtout autour du 14 au 23 ou une période d'agitation pourrait se manifester. Gardez votre calme et votre bonne humeur, les choses reprendront leur cours normal d'ici la fin août.

– *Si vous êtes en ménage,* belle énergie au sein du coupler, vous vivrez une période idyllique, et un regain de passion pourrait réveiller les couples « endormis ».

– Vous êtes prêt.e à vous engager dans de nouveaux projets ! Achat d'une maison, mise en route d'un bébé... plus rien ne vous retient !

– *Si vous êtes encore libre,* une belle aventure vous séduira par son originalité. Un tout nouvel amour serait naître, regardez autour de vous ; la chance pourrait sourire et cette fois, vous pourriez faire la rencontre de votre vie !

ARGENT – JEUX

– Attention, situation financière toujours fragile. Une gestion rigoureuse de vos affaires s'impose !

– Du 5 au 14, contrôlez vos pulsions d'achats, surtout futiles, que vous risquez de regretter. Même s'il est difficile de toujours se serrer la ceinture, tâchez de rester dans le domaine du raisonnable.

– Évitez les opérations boursières ce mois-ci, vous risquez d'y laisser des plumes.

– Si vous êtes dans l'attente de remboursements, de demande de prêt… de fâcheux contretemps vous attendent et empêcheront la bonne réalisation de vos projets.

– Par contre, n'hésitez pas à prendre contacts en vue de faire des affaires prochainement, ils pourraient s'avérer très fructueux pour l'avenir.

– La chance *aux jeux* est présente ce mois.
– *Vos chiffres* si vous êtes joueur.se : 5, 7, 12, 34, 41, 43 et 46.

SANTÉ – FORME

– C'est un mois ou vous vous sentez en forme, certes, mais n'en abusez pas. Un excès d'activité pourrait vite vous conduire au surmenage.

– Même si vous débordez de vitalité, dépensez-la raisonnablement : bougez, faites du sport (vélo, natation, marche…), vous rechargez ainsi vos batteries en prévision du changement de saison.

– Votre forme physique étant excellente, votre moral devrait suivre la même évolution.

TOUS DOMAINES
☞ **Vos meilleurs JOURS**
(où vous serez d'humeur conciliante) : 7 – 16 – 25
☞ **Vos jours DIFFICILES**
(où il faudra contrôler votre agressivité) : 1 – 10 – 19 – 28

Vos **PRÉVISIONS** pour **SEPTEMBRE 2025**
☞ **Si votre chiffre clé est 04**

Votre QUOTIDIEN

AFFAIRES – PROFESSIONNEL – ACTIVITÉS – LOISIRS...

– Un mois ou la rigueur et les efforts devront être constants. Même si chaque jour est pour vous un réel parcours du combattant, ne perdez pas de vue que le succès est au bout. Vous devrez faire preuve de ténacité, de patience et de diplomatie tout particulièrement les 12, 21 et 30. Ne laissez pas la déprime prendre le dessus, tout finira par rentrer dans l'ordre.

– Vos dates où les complications sont à craindre sont les 9, 18 et 27.

– Entre le 6 et le 15, vous avancerez au ralenti, rien n'évoluera comme espéré. Plutôt que ronchonner et vous en prendre à votre entourage, profitez-en pour reprendre un peu de forces. Faites preuve de philosophie, mettez ces jours creux à profit pour mettre de l'ordre dans vos affaires, ranger votre bureau, faire de la peinture, du jardinage... Voyez cette période du bon côté.

– *Si vous êtes à la recherche d'un emploi,* rien de concret à l'horizon. Des promesses sans suite...

– *Si vous travaillez à votre compte ou en association,* des difficultés sont à prévoir (commandes annulées, perte de clients, rendez-vous non tenus...). Malgré tous ces contretemps, essayez de rester zen, reposez-vous un peu, car vos nerfs seront à fleur de peau. Votre agressivité passagère pourrait donner une mauvaise image de vous, et créer des conflits bien inutiles en ce moment. Faites des séances de respiration, cela vous calmera. Ne laissez pas le découragement vous gagner, et bien que vos projets sont retardés, que des ajournements entravent la bonne marche de vos affaires, faites le dos rond et attendez des jours meilleurs. Vouloir intervenir coûte que coûte et forcer les événements ne ferait qu'aggraver la situation. Patience, les mois prochains, vous rattraperez le temps perdu et tout rentrera dans l'ordre.

– Pour *vos déplacements ou petits voyages*, les 8, 17 et 26 sont les plus favorables.

– ***Déplacements*** en train ou avion **à éviter** (retards, grèves…)

Ou faire de ***longues routes*** (bouchons)

surtout les 4, 10, 13, 18, 22, 27.

AMOURS – AMITIÉS – FAMILLE – RELATIONS…

– Vos préoccupations étant surtout d'ordre matériel ce mois-ci, que la vie sentimentale et affective passera au second plan.

– *Si vous êtes en couple,* essayez de ne pas être trop agressif.ve, faites preuve de souplesse et de tolérance, ne repoussez pas votre conjoint, car la période est critique, surtout du 15 au 24, surveillez vos agissements et vos propos. Prenez garde que votre attitude distante et froide ne donne pas l'idée à votre partenaire d'aller regarder ailleurs.

– *Votre vie familiale* ne sera guère mieux lotie. Vous donnez l'impression de froideur et de distance. Cette attitude n'étant pas comprise par les vôtres, vous risquez de manger la soupe à la grimace.

– *Avec votre voisinage,* ne cherchez pas la petite bête. Une haie non taillée, le chat qui vient dans votre jardin, les branches d'un arbre qui dépassent sur votre terrain… contrôlez-vous. Ne réglez pas ces désagréments par un conflit. Essayez la délicatesse, le tact et le dialogue, mais sans faire de vagues. Il vaut mieux s'expliquer calmement devant une tasse de café, plutôt que de porter plainte et de voir s'éterniser une guéguerre sans fin. Personne n'en ressort gagnant. Quelques moments plus détendus entre le 6 et le 15, alors tâchez d'en profiter au maximum ainsi que les 12, 21 et 30.

ARGENT – JEUX

– La seule période financière stable en septembre va du 10 au 15. Vous n'avez pas tellement la tête à vous occuper de vos comptes, ce qui est bien dommage, car le « laisser-aller à vau-l'eau » n'arrangera pas votre moral. Je vous conseille vivement de vous ressaisir, car aucune rentrée d'argent supplémentaire ne semble s'annoncer pour ce mois !

– Afin d'éviter toute déconvenue et un dépassement d'autorisation de découvert avec les frais qui vont avec, je vous conseille d'être très strict.e; Pas d'achats compulsifs, et encore moins à crédit, (risque d'erreurs importantes). Évitez également les soi-disant « bonnes affaires » ou les placements divers. Attendez des jours meilleurs.

– La chance *aux jeux* est possible ce mois.
– *Vos chiffres* si vous êtes joueur.se : 4, 7, 8, 15, 22, 23 et 44.

SANTÉ – FORME

– Vous n'avez pas réellement récupéré vos énergies du mois dernier et le surmenage vous guette. Réagissez, et si ce n'est pas encore fait, faites une cure de vitamines. Si vous avez des heures de récupération, prenez-les. Le repos vous fera le plus grand bien. Dans le cas contraire, les week-ends, gardez-les pour la détente !

– Si une intervention chirurgicale ou un examen spécifique nécessite l'injection de produit, essayez si possible d'avoir votre rendez-vous pour la première ou dernière semaine du mois. Votre résistance au stress sera plus accrue.

TOUS DOMAINES
☞ **Vos meilleurs JOURS**
(où vous serez d'humeur conciliante) : 6 – 15 – 24
☞ **Vos jours DIFFICILES**
(où il faudra contrôler votre agressivité) : 9 – 18 – 27

Vos PRÉVISIONS pour OCTOBRE 2025
☞ Si votre chiffre clé est 04

Votre QUOTIDIEN

AFFAIRES – PROFESSIONNEL – ACTIVITÉS – LOISIRS...

– Des changements bénéfiques sont à prévoir et vous verrez enfin se concrétiser les résultats de tous les efforts fournis précédemment. Vous irez de l'avant. Vous retrouverez votre enthousiasme, et votre acharnement à votre ouvrage sera de nouveau présent.

– *Si vous êtes en activité professionnelle,* donnez le maximum de vous-même, et si vous revenez de vacances, vous serez au top et prêt.e à affronter les différentes tâches. Une modification importante peut intervenir dans votre milieu professionnel par une mutation ou un poste nouveau, suite à une promotion ou au changement des responsables de votre entreprise qui restructureront les services et les méthodes de travail.

– Il se peut également que vous changiez d'activité ou de service… Tout est possible et favorisé ce mois-ci.

– *Si vous êtes à votre compte* (ou l'intention de vous y mettre), *commercial.e ou en association…*, vos projets auront de fortes chances d'aboutir, surtout entre le 7 et le 16. Cependant, ne vous laissez pas griser par l'approche du succès, car il vous faudra encore faire preuve de patience. Votre impulsivité risquerait de tout compromettre et vous pousserait à commettre des erreurs. Ce serait bien dommage si près du but, alors mon conseil : modifiez et adaptez votre comportement aux nouvelles possibilités pour tirer le meilleur parti de cette période.

– Gardez une attitude modeste, car même si le succès arrive enfin, une certaine jalousie pourrait naître chez vos collègues (confrères ou concurrents) et vous nuire considéra-blement. Surtout entre le 17 et le 26. Menez vos discussions ou réunions avec tact et finesse.

– Si vous devez vous *déplacer pour affaires* ou entreprendre des démarches juridiques ou administratives, préfé-rez les 7, 17, 25 qui se révéleront intéressants.

Envie de *voyager* ? Préférez les 9, 18 et 27 du mois.
Évitez les 8, 17 et 25.

AMOURS – AMITIÉS – FAMILLE – RELATIONS...

– Ce mois d'octobre, vos amours ne manqueront pas de piment, cependant les circonstances vous obligeront à prendre du recul.

– Vous n'aurez guère envie d'être bridé.e, et votre besoin d'évasion risque d'être mal perçu par votre entourage (surtout vos parents ou votre conjoint). Pourtant, il est parfois nécessaire de s'isoler pour faire le point, sur soi d'abord, mais aussi sur l'avenir du couple.

– Même si du 7 au 16, un semblant d'harmonie règne avec les autres, « *le calme avant la tempête* », du 16 au 25 environ, soyez tout particulièrement prudent.e dans vos propos, que ce soit avec l'entourage familial ou amical. Ne vous emballez pas pour un oui ou un non. Ne vous engagez pas dans des discussions qui pourraient dégénérer, surtout les 11, 20, 29. Vous n'avez pas forcément raison. Alors mettez un peu d'eau dans votre vin et faites preuve de diplomatie. Essayez plutôt de comprendre ce que l'on vous reproche et d'y remédier.

– En ce qui concerne votre logement et particulièrement votre intérieur, ne prenez pas seul.e la décision de tout transformer. Même s'il ne s'agit que de peintures ou de tapisseries, tenez compte des goûts et de l'avis des personnes qui vivent sous le même toit.

– S'il est question d'un déménagement, là encore, tout le monde est concerné pas ces changements. Les engagements doivent être pris solidairement !

– Si vous êtes à la *recherche de l'âme sœur*, rien de bien concret ce mois d'octobre. Les rencontres faites resteront au stade de la copinerie.

<u>*ARGENT – JEUX*</u>

– Évitez les emprunts à long terme tout comme les investissements qui sont déconseillés en cette période. Si une somme d'argent vous est due, c'est peut-être le moment de chercher à la récupérer.

– Ce mois est également profitable pour renégocier un prêt habitat par exemple, ou une augmentation de salaire.

– Du 7 au 16, vous pouvez vous faire plaisir en renouvelant votre garde-robe notamment, mais restez dans la limite du raisonnable, car les tentations sont grandes mais le revenu non expansif. En restant prudent.e tout au long du mois, vous arriverez à boucler votre budget.

– La chance *aux jeux* est excellente ce mois.
– *Vos chiffres* si vous êtes joueur.se : 4, 5, 9, 13, 31, 45 et 49.

<u>*SANTÉ – FORME*</u>

– Bien que votre tension nerveuse soit toujours à surveiller, vous serez plutôt en forme et plein.e de vitalité…

– Si votre tension artérielle est trop élevée, essayez la phytothérapie, tels que l'ail ou l'olivier. Cela pourrait stabiliser de façon douce et durable votre équilibre général.

– Pour garder un bon moral, pensez à faire ½ heure de marche par jour. Bienfait garanti !

<u>TOUS DOMAINES</u>
☞ **Vos meilleurs JOURS**
(où vous serez d'humeur conciliante) : 5 – 14 – 23
☞ **Vos jours DIFFICILES**
(où il faudra contrôler votre agressivité) : 8 – 17 – 26

PRÉVISIONS NOVEMBRE 2025
☞ Si votre chiffre clé est 04

Votre QUOTIDIEN

AFFAIRES – PROFESSIONNEL – ACTIVITÉS – LOISIRS...

– Ça bouge ce mois-ci. *Si vous êtes à la recherche d'un emploi,* une formation, un C.D.D… pourrait vous être proposé. Bien qu'à l'heure actuelle, il ne faut pas faire le (la) difficile, accordez-vous quand même le temps de la réflexion, et mesurez bien les conséquences sur votre vie familiale, car il peut en découler un déménagement qui ne sera peut-être pas du goût de tout le monde.

– Par ailleurs, ne prenez un engagement définitif qu'après des garanties solides (promesses écrites et NON verbales.)

– *Si vous êtes en activité professionnelle,* on vous proposera certainement un stage de perfectionnement pour être plus efficace, mais cela implique aussi un éloignement par rapport à votre milieu familial. Prenez le temps de réfléchir, car votre décision aura des conséquences directes sur votre famille.

– *Si vous êtes à votre compte ou commercial.e,* la période est excellente pour vos affaires. Profitez-en pour élargir vos contacts, renouveler une clientèle. Des négociations de toutes sortes, peuvent aboutir les 12, 21 et 30, et vos projets se concrétiser d'une manière très favorable. Cependant, soyez sur vos gardes entre le 4 et le 24, ne prenez aucun engagement précipité et surtout pas de signature les 8, 17 et 26.

– *Pour tous, que vous soyez à la retraite, salarié.e, ou indépendant.e,* vos habitudes seront chamboulées par des change-ments dans votre activité ou dans celle de votre conjoint, et vous devrez vous adapter dans les plus brefs délais. Il vous faudra vous réorganiser en fonction des choix qui seront faits. Toutefois, ne précipitez rien, donnez-vous du temps, la réflexion s'impose surtout du 8 au 17, car les conséquences de ces bouleversements impacteront toute la famille. Même si, au départ, tout vous semble positif pour vos projets. Vous aurez un choix difficile à faire.

– Vos petits déplacements sont favorisés les 6, 15, 24.

– Évitez de voyager ou faire de *grands déplacements*…
– Si <u>activité oblige</u> : **ABSTENEZ-VOUS**
les 7, 9, 16, 18, 25 et 27.

AMOURS – AMITIÉS – FAMILLE – RELATIONS…

– Ce mois de novembre se verra agréable sur le plan affectif.

– *Si vous avez des enfants ou petits enfants,* vous serez particulièrement entouré.e et partagerez de bons moments, surtout du 8 au 17.

– Vous serez également souvent sollicité.e par vos parents ou grands-parents qui attendent beaucoup de vous. Soyez là pour eux, comme ils ont été là pour vous.

– *Avec les amis,* l'entente sera cordiale et vous passerez des soirées inoubliables.

– *Si vous êtes libre,* vous pourriez faire une conquête qui pourrait bien avoir des répercussions importantes l'année prochaine.

– *Si vous êtes en couple,* attendez-vous à un passage plus tendu du 17 au 26. Mais les choses devraient rentrer dans l'ordre si vous savez établir un dialogue et écouter les revendications de votre conjoint. Les décisions importantes se prennent à deux, ne l'oubliez pas. Et les échanges verbaux au sein d'un couple sont 80% de la réussite de vie commune.

– Alors, si vous avez envie de vous lancer dans l'achat d'une maison, sans doute vous faudra-t-il négocier avec votre partenaire.

ARGENT – JEUX

– Enfin un mois ou vous pouvez respirer. Si vous avez su restreindre vos dépenses les précédents, vos efforts ayant porté leurs fruits, vous pourrez ce mois-ci, faire quelques achats « plaisirs ».

– Restez cependant dans la limite du raisonnable, et faites preuve de prévoyance en planifiant tout de même vos dépenses sans négliger une éventuelle facture oubliée.

– Vous pourriez changer le décor de votre intérieur par de menus travaux et vous faire plaisir en vous offrant une belle pièce chez un antiquaire, un tapis ou un tableau qui s'avérerait en même temps un bon placement.

– Il se peut également que vous soyez dans l'obligation de demander un prêt pour l'achat d'une maison, à moins que ce ne soit pour un projet professionnel.

– D'autres peuvent aussi tenter leur chance de demander une augmentation de salaire ou une prime bien méritée !

– Quoi qu'il en soit, osez ! Vous pourriez bien obtenir satisfaction, et qui ne demande rien n'obtient rien, alors…

– La chance *aux jeux* est possible ce mois.

– *Vos chiffres* si vous êtes joueur.se : 4, 6, 10, 14, 16, 36 et 46.

SANTÉ – FORME

– Pleine forme en ce mois de novembre. Rien à signaler. Continuez les efforts fournis, gardez les bonnes habitudes alimentaires, ainsi que vos activités physiques quotidiennes pour conserver votre bonne mine et un moral d'acier. Si vous avez des traitements en cours, poursuivez-les jusqu'au bout, même si vous avez l'impression de ne plus en avoir besoin. Toute cette belle vitalité reconquise serait anéantie. Ce serait bien dommage.

– L'hiver arrive, prenez les devants ! Commencez une cure de vitamine C, remplacez le sucre par une cuillère de miel…

– Vous passerez ainsi une saison hivernale sereine, sans rhume fatiguant et vous aurez un dynamisme à toute épreuve.

TOUS DOMAINES
☞ **Vos meilleurs JOURS**
(où vous serez d'humeur conciliante) : 4 – 13 – 22
☞ **Vos jours DIFFICILES**
(où il faudra <u>*contrôler*</u> *votre agressivité)* : 7 – 16 – 25

Vos PRÉVISIONS pour DÉCEMBRE 2025
☞ **Si votre chiffre clé est 04**

Votre QUOTIDIEN

AFFAIRES – PROFESSIONNEL – ACTIVITÉS – LOISIRS...

– Un mois qui demande une remise en question totale. Ce sera un peu tendu et stressant. Mais soyez patient.e, l'année prochaine sera plus dynamique.

– Profitez de ce dernier de votre année **2025,** pour vous accorder de longs moments de réflexion. Analysez votre comportement en restant lucide sur vous-même. Acceptez de vous « voir » tel.le que vous êtes, même s'il est parfois douloureux de reconnaître ses erreurs. N'allez pas jusqu'à culpabiliser et plonger dans le pessimisme mais, au contraire, sachez tirer les conclusions qui s'imposent, regardez d'un œil nouveau tout ce qui vous entoure et décidez de vivre différemment.

– Et si vous réaménagiez votre bureau ? Une nouvelle disposition, une plante par-ci, une photo par là… parfois, ça fait du bien et vous évitera de broyer du noir !

– Cessez de vous plaindre pour un oui ou un non, optez plutôt pour l'attitude positive. « *Voir le verre à moitié plein plutôt qu'à moitié vide.*» Vous en ferez toute la différence et c'est le meilleur moyen d'attirer la chance. Si vous analysez bien cette année, vous constaterez que tout n'aura pas était si « noir ». et peut-être qu'en cette période, vous aurez envie de savoir si l'année prochaine sera plus clémente ? Vous prévoyez prendre un rendez-vous pour une séance de cartomancie… Certes, avoir un éclairage par une voyance de qualité ne peut pas vous faire de mal, tant que vous gardez votre libre arbitre. Mais en ce mois ou vous êtes particulièrement influençable, méfiez-vous, si d'emblée, on vous parle d'envoûtement, tout particulièrement si vous rencontrez ce.tte voyant.e, magnétiseur… pour la première fois.

…Croiriez-vous que l'on vous aurait jeté un BON sort si vous veniez de passer une très belle année ? Bien souvent nos problèmes sont liés à de mauvaises positions de planètes dans notre carte de ciel de l'année, voire sur une période de 7/9 ans. Donc, pas de panique.

— *Si vous êtes en activité professionnelle,* un ralentissement se fera ressentir, surtout du 6 au 15, mais ce n'est pas pour vous déplaire, car vous n'aurez guère l'esprit d'entreprise ce mois-ci. Méfiance les 6, 15, 24, car des conflits avec vos collègues (divergence pour les dates des vacances, ou permanence à assurer) pourraient vous agacer. Ne soyez pas buté.e et trouvez un compromis.

— Par contre, les 7, 16, 25, vous pourriez être survolté.e, et ce regain d'enthousiasme pourrait surprendre tout le monde.

— *Si vous êtes en recherche d'emploi,* ce mois n'est guère propice à vos démarches... attendez la nouvelle année.

Envie de *voyager* ? Préférez les 7,16, 25, 29 du mois.
Évitez les 6, 15, 24, 28.

AMOURS – AMITIÉS – FAMILLE – RELATIONS...

— Est-ce l'approche des fêtes, ou le fait de savoir que vous terminez une année difficile ?... Mais vous serez plus compréhensif.ve, plus à l'écoute envers les autres et passerez sur des détails insignifiants qui jusqu'à présent avaient de l'importance.

— Sortez de votre réserve, prévoyez des moments de loisirs avec votre entourage familial, surtout en cette période de fêtes.

— *Si vous êtes seul.e,* ce n'est pas ce mois-ci que vous ferez une rencontre marquante. Vous vous laissez trop accaparer par vos problèmes passagers et vous passez à côté d'éventuelles rencontres intéressantes.

— *Si vous vivez en couple,* vous avez les nerfs à fleur de peau, et il suffit d'un rien pour que ce soit l'explosion ! Entre le 18 et le 27, vous connaîtrez quelques accrochages, mais vite oubliés. La cause : votre besoin de solitude incompris et guère apprécié par votre partenaire. Essayez de faire des efforts surtout les 9, 18 et 27.

— Si vous prévoyez un repas entre *amis,* préférez les 5, 14, 23.

– Les fêtes de fin d'année ne seront guère enjouées, aussi je vous suggère de préférer les passer en famille (avec votre conjoint et vos enfants par exemple) ou avec quelques amis intimes, mais évitez les invitations en grand comité.

ARGENT – JEUX

– Même si le côté matérialiste vous importe peu ce mois-ci, pensez toutefois à régler les factures qui doivent l'être, les taxes éventuelles, et ne tentez aucun placement.

– Une prime ou une augmentation de salaire est possible.

– La chance *aux jeux* est présente ce mois, mais uniquement si elle n'est pas programmée.

– *Chiffres à jouer* : écoutez votre intuition ou essayez les grattages (entre autres).

SANTÉ – FORME

– Si vous débordiez d'énergie en début d'année, vous voici plutôt raplapla. Vos nerfs ayant été mis à rudes épreuves, le doute vous envahi et vous déstabilise quelque peu.

– Prenez votre mal en patience et rien ne sert de compenser votre frustration ou manque d'énergie par des excès de nourriture qui alourdiraient votre silhouette, ce que vous regretteriez d'ici peu. Je vous conseille tout simplement de vous relaxer.

– Ce mois de décembre est fait pour la détente. L'année prochaine, en sera une autre…

TOUS DOMAINES
☞ **Vos meilleurs JOURS**
(où vous serez d'humeur conciliante) : 3 – 12 – 21 – 30
☞ **Vos jours DIFFICILES**
(où il faudra contrôler votre agressivité) : 6 – 15 – 24

Si votre chiffre CLÉ est

5

Voici les prévisions <u>détaillées</u>

de votre année

PERSONNELLE 2025

de

JANVIER à DÉCEMBRE

ೞೕ

...LÂCHEZ du LEST !
Vive l'insouciance et la légèreté.

➤ *Après une année 2024 de dur labeur et de contraintes,*
de «métro-boulot-dodo », cette fois c'est :
liberté chérie – amusements – frivolités…

Vos MOTS CLÉS pour 2025 sont donc :
progression & innovation.

☞ *En GÉNÉRAL*

➤ en 2025, avec URANUS : planète des imprévus, d'indépendance, de liberté et d'émancipation… vous brisez vos chaînes. Plus rien ne vous arrête. Vous pouvez aussi bien vous lancer dans de grands travaux, que dans diverses conquêtes ou encore, partir subitement à l'aventure. Mais est-ce bien raisonnable ?

– Tout au long de l'année, vous foncerez, parfois sans réfléchir aux conséquences ! Prenez garde de ne pas tout détruire, car ensuite, il vous faudra reconstruire !

– Au cours de ces douze mois, tout est possible ! Une mutation, un déménagement, changement d'entreprise… Tant que c'est dans vos projets.

– Pour ces derniers, si vous devez signer des contrats ou vous engager financièrement, ne faites rien dans la précipitation. Prenez soin de bien étudier les propositions, quitte à demander avis à des personnes compétentes dans le domaine.

☞ *Comment « vivrez-vous » 2025 ?...*

– Ne vous focalisez pas sur le passé, allez de l'avant ; c'est dans l'innovation que vous atteindrez vos objectifs. Rappelez-vous que cette année vous est favorable à condition de vous adapter, de suivre le mouvement. Avec le soutien du SOLEIL pour solidifier vos relations, VÉNUS : le charme, la gentillesse et la sensibilité et MERCURE : les échanges, les contacts faciles… tout vous semblera facile ! Mais attention cependant de ne pas sombrer dans les excès de toutes sortes.

➤ *PLAN PROFESSIONNEL :*

– Si vous savez saisir les occasions nouvelles qui se présentent à vous, l'année sera très bénéfique.

– Si vous envisagez une mutation ou une promotion, il se peut que vous soyez obligé.e de déménager, changer de lieu, d'habitation, de région…

– Même si cela vous déstabilise, rappelez-vous que cette année est gratifiante à condition de s'adapter, de suivre le mouvement.

➤ *PLAN AFFECTIF :*

– Un besoin de liberté se fait sentir ! Cependant, si vous êtes *en couple*, évitez de papillonner. Il vous faudra résister à la tentation d'une aventure, si vous ne voulez pas vous retrouver devant des choix difficiles, surtout le dernier trimestre.

– Si vous *êtes célibataire* et que vous venez de faire une rencontre, il se pourrait que vous envisagiez sérieusement déménager ou emménager (c'est selon), ainsi qu'officialiser votre relation, et ce dès l'automne prochain. Sinon, il n'est pas exclu que vous trouviez l'âme sœur sur des sites de rencontres ou réseaux sociaux dès avril ou juin.

➤ *PLAN FAMILIAL :*

– Vous aurez parfois l'impression d'étouffer, vos enfants ou parents se faisant tout particulièrement possessifs. Ne vous montrez pas trop autoritaire, car les vôtres ne comprendraient pas cette attitude et seraient peinés.

– Des travaux de réfection, décorer votre intérieur, faire des aménagements en vue d'accueillir un membre de plus… Cette année, vous bouillonnez de projets. Mettez-les en route.

➤ *PLAN MATÉRIEL :*

– Des imprudences pourraient vous faire perdre de l'argent par négligence. Votre esprit festif cette année, risque de vous rendre dépensier.e; Restez dans la limite du raisonnable, contrôlez vos comptes avant de dépenser et tout ira bien. Et si vous savez saisir les bonnes opportunités, de belles transactions sont susceptibles d'avoir lieu.

➤ *SANTÉ* :

– Si vous devez subir un acte chirurgical, c'est l'année idéale. Par contre, si prévu en février ou novembre, décalez le rendez-vous pour un autre mois !

– Une vie sexuelle active cette année pourrait vous faire courir quelques risques… protégez-vous !

☞ *QUELQUES CONSEILS* :

– Ce n'est pas le moment de vous endormir sur vos lauriers. Montrez-vous adaptable. Voici une belle occasion pour vous, de repartir d'un bon pied et de vous épanouir.

– Si vous savez saisir les occasions nouvelles qui se présentent à vous, l'année sera très bénéfique. Ne vous focalisez pas sur le passé, allez de l'avant. C'est dans l'innovation que vous atteindrez l'objectif souhaité. La méthode pour parvenir à vos fins, même si vous devez passer par des phases de profonde transformation : « *voir* ou *penser* différemment ».

☞ *LES MOIS IMPORTANTS*

– *MARS, AVRIL* : terminez ce que vous avez en cours, et planifiez ce que vous devez mettre en place, mais attendez MAI.

– *MAI & JUILLET* : la chance pourrait être au rendez-vous tant pour les finances que pour votre vie professionnelle.

– *FÉVRIER – SEPTEMBRE & NOVEMBRE* : soyez prudent.e dans vos déplacements. Ceux-ci seront plus fréquents, donc l'attention sera de mise, car vos pensées seront souvent vagabondes. Surtout en septembre ou des problèmes mécaniques pourraient aussi venir s'ajouter.

– *DÉCEMBRE* : **Dernière ligne droite avant d'entrer en 2025.**

Vos PRÉVISIONS pour JANVIER 2025
☞ Si votre chiffre clé est 05

Votre QUOTIDIEN

AFFAIRES – PROFESSIONNEL – ACTIVITÉS – LOISIRS...

– Le rythme ralenti, vous avez l'impression de stagner et vous avez tendance à remettre au lendemain. Cessez de toujours vous poser des questions auxquelles vous ne trouvez pas de réponses.

– *Pour vos affaires, en général, que vous soyez actif.ve ou retraité.e,* restez prudent.e avant de prendre une décision importante. Demeurez calme et diplomate face à une circonstance délicate. Ne vous laissez pas emporter par une certaine agressivité. Au contraire, donnez l'impression à chacun qu'il a raison, ainsi, vous éviterez de vous mettre dans une situation embarrassante autant qu'inutile.

– *Si vous êtes en activité professionnelle,* vous aurez à faire face à de nombreuses responsabilités, surtout si vous êtes à votre compte et travaillez en famille. Votre entourage professionnel attendra beaucoup de vous. Tâchez de garder votre sang-froid afin d'éviter des erreurs de jugement qui pourraient vous faire commettre des fautes et prononcer des paroles qui dépassent vos pensées.

– *Si vous êtes à la recherche d'un emploi,* faites preuve de persévérance dans vos démarches mais également de prudence. Attention à une proposition trop lucrative. Cherchez la faille. Derrière les belles promesses se cache souvent l'arnaque. Ne vous emballez pas et prenez conseils auprès de personnes de confiance.

– Un stage ou une formation vous serait très profitable. Renseignez-vous !

– Pour d'éventuels petits déplacements, choisissez les 6, 15, 24.

– Évitez de voyager ou faire de *grands déplacements*…
– Si <u>activité oblige</u> : **ABSTENEZ-VOUS** les 7, 9, 18, 25, 22, 27.

– Des événements extérieurs au _contexte familial_ vous obligeront à réagir, car vos proches compteront sur vous pour solutionner les difficultés en cours (un jeune qui a des problèmes avec l'administration par exemple...) Heureusement, vous ne manquerez ni d'énergie ni de volonté. Mais votre tension nerveuse étant à son maximum, vous pourriez dépasser les bornes verbalement voire devenir agressif.ve physiquement. Vouloir protéger votre couvée, c'est une chose, envenimer la situation en est une autre. Maîtrisez-vous avant de commettre trop d'impairs qui se retourneraient contre vous.

– Entre le 6 et le 15, ou votre pic de tolérance sera à son sommet, une mise au point s'imposera pour remettre les choses en place avec un jeune, car « on » aura tendant à profiter de votre bonté.

– _Si vous êtes en couple,_ vous préférez vous isoler et avoir la paix, car en ce moment, des crises de jalousie pourraient déclencher des réactions violentes et aggraver une situation déjà fragile, surtout les 7, 16, 25. Faites des concessions pour rétablir l'équilibre tout en essayant de maintenir le dialogue ouvert afin de faire une mise au point pour remettre les choses en place.

– Heureusement, à partir du 15, et jusqu'à la fin du mois, le contexte est plus favorable au calme et vous profiterez pleinement de quelques bons moments de détente, surtout les 14, 23.

– Rien de passionnel ce mois-ci si vous _attendez l'âme sœur_. Cependant _vos amis_ seront présents, vous pourrez ainsi profiter de nombreuses sorties qui seront très réussies, heureusement, car au contraire des couples qui ont du mal à se supporter en ce moment, vous craignez l'ennui et vous sortez pour pallier à la solitude.

ARGENT – JEUX

– Vos finances seront à surveiller, car assez instables. Réglez dès que possible les factures qui ne peuvent plus attendre. Restez prudent.e dans vos achats, surtout entre les 6 et le 23, car votre impulsivité risque de vous pousser à prendre des décisions hâtives, à commettre des dépenses déraisonnables.

– Bien que ce soit la période des soldes, ne vous faites pas avoir par les soi-disant bonnes affaires qui risquent de vous entraîner à la banque route.

– Ne signez aucun contrat qui vous engagerait dans un remboursement lourd et de longue durée. Méfiance les 12, 21 et 30, car votre nervosité sera accrue. La vigilance et la réflexion vous éviteront bien des tracas.

– Heureusement du 24 au 30, votre dynamisme sera de retour et vous retrouverez le sourire.

– La chance _aux jeux_ est possible ce mois.

– _Vos chiffres_ si vous êtes joueur.se : 1, 2, 4, 11, 13, 24 et 37.

SANTÉ – FORME

– Gare au surmenage. Vos nerfs seront parfois en vrille, détendez-vous.

– Les risques d'entorses et de petites fractures ne sont pas négligeables, soyez prudent.e surtout si vous êtes sportif.ve.

– Côté alimentation, pensez aux soupes, riches en vitamines et fibres.

– De même, faites une cure de probiotiques pour relancer le transit et restaurer la flore intestinale.

– N'oubliez pas également d'en faire une de magnésium/vitamines B6, indispensable pour l'intellect, combattre la fatigue redonner un coup de fouet, favoriser la mémoire et soulager les douleurs musculaires.

TOUS DOMAINES
☞ **Vos meilleurs JOURS**
(où vous serez d'humeur conciliante) : 4 – 13 – 22 – 31
☞ **Vos jours DIFFICILES**
(où il faudra contrôler votre agressivité) : 7 – 16 – 25

Vos PRÉVISIONS pour FÉVRIER 2025

Votre QUOTIDIEN

AFFAIRES – PROFESSIONNEL – ACTIVITÉS – LOISIRS...

– *Si vous êtes en activité professionnelle,* une formation complémentaire pourrait vous être proposée pour mettre à profit vos capacités intellectuelles ou tout simplement pour perfectionner votre français, si vous êtes d'origine étrangère. Saisissez cette opportunité, elle vous sera très profitable.

– Soyez sur vos gardes les 10, 19 et 28 : un mauvais tour est à craindre, des collègues envieux ou jaloux...

– *Si vous êtes commercial.e ou à votre compte,* vos projets auront « le vent en poupe » et vous devriez récolter des succès, surtout si vous travaillez avec des sociétés étrangères. Ne laissez rien au hasard.

– Si vous devez vous déplacer dans le cadre du travail, ne refusez pas cette « contrainte », elle se révélera franchement profitable pour votre évolution.

– *Si vous êtes à la recherche d'un emploi,* des contacts intéressants sont possibles, mais vous n'en récolterez les fruits que dans quelques mois malgré votre acharnement. Tout particulièrement le 13, 22, des propositions sérieuses et lucratives peuvent vous être faites. Réfléchissez bien à deux fois avant de donner une réponse négative.

– Vos jours importants sont les 6, 15, 24. Votre ténacité pourrait être payante.

– *Si vous êtes à la retraite ou sans activité,* vous n'aurez qu'une envie ce mois de février, c'est de paix et de tranquillité. Soyez rassuré.e, vous aurez tout loisir de vous adonner à la réflexion et à l'analyse de ce qui vous entoure et de vous-même. Vous pourrez ainsi faire le point sur vos motivations et éventuellement vous initier à l'étude d'une nouvelle langue.

– Les invitations seront nombreuses et serviront à agrandir le cercle de vos relations avec des personnes intéressantes surtout dans le *milieu artistique.*

– Votre énergie est en chute libre du 5 au 15, et votre envie de liberté occupera votre esprit. C'est aussi une bonne période pour *des vacances* alors, si vous vous sentez fatigué.e, laissez le travail aux autres et partez.

– Envie de *voyager* ? Préférez les 7, 18, 25 du mois.
Évitez les 6, 15, 24.

AMOURS – AMITIÉS – FAMILLE – RELATIONS…
– Vous ne pourrez guère compter sur *votre entourage* pour vous fiche la paix. Au contraire, il troublera même vos moments de détente. Votre désir d'indépendance sera mal interprété, surtout par votre conjoint *(si vous êtes en couple),* qui sera assez possessif.ve et même jaloux.se, et ce, surtout entre le 7 et le 16.

– Agissez avec finesse en évitant les discussions. Préservez votre jardin secret, n'affichez pas votre liberté, profitez-en à votre manière.

– En revanche, les rapports avec *vos amis* sont au premier plan, surtout entre le 16 et le 28. Des retrouvailles sont également possibles avec des amis ou de la famille perdus de vue depuis longtemps.

– *Pour les célibataires,* rien de vraiment passionnant ce mois de février. Quelques rencontres possibles, mais rien de bien concret.

– **2025** sera pour vous l'année des nouveautés et des transformations profondes, voire radicales dans votre façon d'appréhender les choses… certes, mais prudence toutefois, car en ce mois sous l'influence de Saturne, « *réflexion et ralentissement* », votre quête actuelle de changements pourrait vous conduire vers des rencontres douteuses. Que ce soit au niveau professionnel, amical ou spirituel, ne tombez pas dans les extrêmes. Sachez pouvoir toujours garder votre libre arbitre, et si l'on vous impose des règles strictes à suivre, que l'on vous sollicite pour un don financier afin d'aider la communauté, ou que l'on cherche à vous éloigner de vos proches … FUYEZ.

ARGENT – JEUX

– Ne prenez aucun risque inutile avec vos finances. Le budget du mois est déjà bien entamé, alors modérez vos achats, même dans la vie quotidienne (alimentation, restaurants...)

– Ne prenez aucun engagement, car vous n'êtes guère inspiré.e en cette période et finiriez sur la paille. Ne vous laissez pas avoir par une « affaire juteuse » qui ne se révélerait en fin de compte qu'arnaque.

– La chance _aux jeux_ est présente ce mois, mais uniquement si elle n'est pas programmée.

– _Chiffres à jouer_ : écoutez votre intuition ou essayez les grattages (entre autres).

SANTÉ – FORME

– Vous serez loin d'être au mieux de votre forme, car la tension nerveuse du mois dernier aura épuisé toutes vos forces. Prenez un maximum de repos et entamez, dès à présent, une cure de vitamines et d'oligo-éléments avant de sombrer dans la déprime.

– Un week-end à la campagne ou à la montagne serait très bénéfique, mais abstenez-vous de sports violents et optez plutôt pour de la marche ou du stretching.

TOUS DOMAINES

☞ **Vos meilleurs JOURS**
(où vous serez d'humeur conciliante) : 3 – 12 – 21
☞ **Vos jours DIFFICILES**
(où il faudra <u>contrôler</u> votre agressivité) : 6 – 15 – 24

Vos **PRÉVISIONS** pour **MARS 2025**
☞ Si votre chiffre clé est 05

Votre QUOTIDIEN

AFFAIRES – PROFESSIONNEL – ACTIVITÉS – LOISIRS...

– Le rythme risque d'être dense ce mois de mars.

– Contrôlez-vous, ne provoquez aucune situation conflictuelle au risque d'être rejeté.e par tout le monde. On ne peut pas avoir toujours raison. Et votre agressivité ne sera guère appréciée. Le fait d'insister et de vouloir vous imposer aux autres n'est pas la solution idéale. Modérez vos élans et vos paroles en restant maître.sse de vous-même et en faisant preuve d'esprit de conciliation. N'oubliez pas qu'en affichant un visage souriant, on obtient beaucoup plus de résultats qu'en ayant triste mine.

– *Si vous êtes en activité professionnelle,* vous travaillerez dans une ambiance tendue surtout du 1 au 8 – du 18 au 25, et vos collègues subiront votre mauvais caractère, mais ne se laisseront pas marcher sur les pieds, aussi, des divergences pourront naître.

– Du 9 au 17 et du 26 au 30, le rythme ralenti, vous serez moins stressé.e, ce qui vous permettra de peaufiner votre travail en trouvant de nouvelles méthodes. Vous pourriez voir la concrétisation de quelques projets à condition de les présenter comme il se doit, et d'arriver à les mettre en valeur.

– *Si vous êtes en recherche d'emploi,* ne prenez pas de décisions hâtives les 3, 12, 21 et 30. Même si les propositions vous semblent intéressantes, réfléchissez avant de vous engager. Poursuivez vos buts.

– Peu de déplacements ce mois-ci, peut-être les 15 ou 20. Considérez cet état de chose comme bénéfique, car votre humeur étant en berne et votre nervosité à son maximum, cela vous évitera des accrochages, voire des accidents !

AMOURS – AMITIÉS – FAMILLE – RELATIONS...

– Vous serez tellement monopolisé.e par vos tracasseries matérielles que vous ne laisserez que peu de place aux sentiments.

Du 1 au 26, une longue période de doutes vous envahira et il vous faudra retrouver votre stabilité émotionnelle. Vous serez bon.ne à prendre avec des pincettes et on ne saura plus comment vous aborder.

– Aux environs du 12 ou du 21, une aide extérieure (un.e ami.e de la famille peut-être) pourrait vous pousser vers l'avant.

– *Si vous êtes célibataire,* lancez-vous dans la quête amoureuse ; le mois est propice.

– *Si vous vivez en couple*, votre conjoint devra subir votre agressivité, surtout les 13, 15, 22, 24 et 30, mais ne tirez pas trop sur la corde, car elle pourrait casser.

– Heureusement, du 27 au 31, vous redevenez plus enclin au romantisme ; Les attentions envers votre partenaire se répètent, ce qui rend l'ambiance plus apaisante et vos rapports redeviendront plus agréables.

– Vous retrouverez plaisir à engager un véritable dialogue et échanger vos points de vue.

– *En famille,* Les excès de nervosité seront préjudiciables, vos idées ne recevant pas l'approbation générale, vous vous emporterez très vite au risque de provoquer des conflits.

– Peu de rencontres intéressantes *si vous êtes célibataire.* Patience !

– Vos jours éventuellement favorables sont les 6, 15, 24.

ARGENT – JEUX

– Surveillez vos dépenses de près tout ce mois, et n'envisagez aucun placement, car il s'avérerait désastreux.

– Encore des factures à régler et même un imprévu sous la forme d'une réparation de voiture ou la visite du plombier. Évitez de toucher à vos économies.

– Cependant, une proposition intéressante d'augmenter vos revenus par un travail d'appoint éventuellement, pourrait se faire entre le 8 et le 18. Prenez le temps d'y réfléchir et tentez votre chance, seulement si les risques sont minimes.

– La chance *aux jeux* n'est guère présente ce mois.

Toutefois, vos chiffres si vous êtes joueur.se :

4, 5, 8, 13, 17, 21 et 29.

SANTÉ – FORME

– Soyez prudent.e sur la route en ce mois de mars. Non seulement à cause du brouillard ou des plaques de verglas qui peuvent persister, mais principalement au fait d'une fatigue constante qui pourrait vous faire courir des risques d'accident.

– Évitez tous les excitants (tabac, café...), ce n'est pas la solution pour rester éveillé.e;

– Le surmenage vous guette. Forcez-vous au repos et faites le vide dans votre tête.

– Faites contrôler votre tension artérielle, car elle risque d'être trop élevée. Adoptez une médecine douce par les plantes et oxygénez-vous le plus souvent possible. Forcez-vous au calme et aux pauses détente.

– Ne vous lancez pas dans des défis sportifs. Attention à vos jambes ! Pensez aux échauffements et étirements avant de démarrer.

TOUS DOMAINES

☞ **Vos meilleurs JOURS**
(où vous serez d'humeur conciliante) : 2 – 11 – 20 – 29
☞ **Vos jours DIFFICILES**
(où il faudra <u>contrôler</u> votre agressivité) : 5 – 14 – 23

Vos PRÉVISIONS pour AVRIL 2025
☞ **Si votre chiffre clé est 05**

Votre QUOTIDIEN

AFFAIRES – PROFESSIONNEL – ACTIVITÉS – LOISIRS...

– La première semaine étant assez calme, profitez-en pour planifier vos diverses tâches, car les trois autres seront assez chargées... Que vous soyez *en retraite* ou *en activité*, vous n'aurez guère le temps de vous ennuyer, mais prenez garde cependant à ne pas trop vous disperser.

– Certains domaines méritent beaucoup plus d'attention que d'autres. *Affaires juridiques ou administratives* par exemple... Vous aurez envie d'être partout à la fois et vous saurez faire preuve d'une belle vivacité d'esprit. Vous aurez du répondant et saurez vous adapter à des changements éventuels dans votre quotidien, surtout les 9, 18 et 27. Vous renouvellerez vos relations, car la communication est favorisée ce mois-ci. Après une période de réflexion, votre soif de vivre et de connaissances nouvelles sera inépuisable...

– Soyez toutefois plus modéré.e dans vos actions les 5, 14 et 23. Pas de décision hâtive !

– *Si vous êtes en activité professionnelle,* des réformes possibles au sein de l'entreprise, changement d'équipe, d'horaires, de locaux... mais vous saurez facilement vous adapter, et cette capacité d'adaptation sera remarquée.

– Vous rehausserez ainsi votre image de marque. Vous vous ferez également de nouvelles relations et les échanges avec vos nouveaux collègues se feront agréablement.

– *Si vous êtes à votre compte ou commercial.e,* du 9 au 30, mettez toutes les chances de votre côté pour mener à bien vos projets professionnels et mettre en valeur toutes vos capacités afin d'obtenir un nouveau marché ou une promotion.

– *Si vous êtes en recherche d'emploi,* de nouveaux contacts pourraient se révéler positifs et devraient déboucher sur des propositions très intéressantes. Restez ouvert.e à toute nouveauté. Le monde du travail change, adaptez-vous !

    – <u>Les voyages</u> seront favorisés les 10 et 19, avec d'agréables moments en perspective.

    – *<u>Envie de</u> voyager ? Choisir* les 14, 23…
Évitez les 13, 22.
– ***Partir à L'ÉTRANGER :*** préférez les 9, 15 et 27 du mois.

<u>AMOURS – AMITIÉS – FAMILLE – RELATIONS…</u>

    – Un mois d'avril plein d'imprévus. Vous bousculerez vos habitudes et celles de votre entourage pour organiser des sorties, des week-ends à la montagne, et n'hésiterez pas à visiter les musées ou à courir les brocantes. Tout semble vous intéresser.

    – <u>Si votre cœur</u> est en *quête de l'âme sœur,* vous vivrez très certainement et principalement entre le 9 et le 30, une forte passion avec une personne de passage ou d'origine étrangère. Vos jours favorables pour les rencontres durables sont les 12, 21 et 30.

    – *<u>Si vous êtes en ménage,</u>* une certaine envie de nouveauté et de piquant dans votre quotidien pourrait vous entraîner dans une relation clandestine.

    – Soyez prudent.e, surtout les 12, 14, 21, 23, 30.

    – Réfléchissez et prenez du recul avant d'aller trop loin. Ces aventures sans lendemain risquent de vous laisser un goût amer. Sans oublier le fait que vous mettez votre couple en danger. Mais heureusement, après une période de débordement, vos élans diminueront et vous redeviendrez plus raisonnable.

    – *<u>En ce qui concerne les relations amicales</u>,* ne portez pas de jugement hâtif, surtout sur les nouvelles connaissances, vous aurez des surprises désagréables, vous vous rendrez compte que ce semblant d'amitié n'est en réalité que fausseté et hypocrisie.

    – *<u>En famille,</u>* si vous avez des enfants ou petits-enfants, ceux-ci vous procureront d'énormes satisfactions et de grandes joies. Leur gaîté sera communicative.

    – De bons moments à passer au zoo ou au cirque par exemple… Préférez les 6, 15, 24.

ARGENT – JEUX

– Votre budget est toujours à surveiller de près, car l'équilibre est très difficile à retrouver et à maintenir.

– De plus, vous avez du mal à résister aux achats compulsifs et ce sont ces dépenses futiles qui mettront vos économies en danger. Gare au rappel à l'ordre de votre banquier qui n'est jamais bien plaisant sans compter les agios qui viendront encore diminuer vos avoirs.

– Ne cherchez pas à faire un emprunt en ce moment, vous risqueriez de vous mettre dans une situation délicate pour les années à venir.

– La chance *aux jeux* est présente +++ ce mois.
– *Vos chiffres* si vous êtes joueur.se : 1, 5, 14, 19, 20, 24 et 42.

SANTÉ – FORME

– Vous retrouvez enfin vos énergies, vous avez plus d'allant. Cependant, si vous avez un traitement de vitamines en cours, ne l'arrêtez pas. Pour qu'il soit efficace, vous devez persévérer pendant 3 mois. Sinon, ce qui est gagné sera reperdu dans peu de temps !

– Continuez ou lancez-vous dans de nouvelles activités sportives. Et si la motivation vous fait défaut, pourquoi ne pas vous orienter et prendre un abonnement annuel en faisant partie d'un groupe qui vous stimulera beaucoup plus (gym, stretching, danse) et vous incitera davantage à la régularité comme à la persévérance.

TOUS DOMAINES
☞ **Vos meilleurs JOURS**
(où vous serez d'humeur conciliante) : 1 – 10 – 19 – 28
☞ **Vos jours DIFFICILES**
(où il faudra contrôler votre agressivité) : 4 – 13 – 22

Vos **PRÉVISIONS** pour **MAI 2025**
☞ **Si votre chiffre clé est 05**

Votre QUOTIDIEN

AFFAIRES – PROFESSIONNEL – ACTIVITÉS – LOISIRS...

– *Retraité.e ou en activité*, voici un mois ou votre énergie et votre dynamisme vont vous permettre de développer un projet qui vous tient à cœur depuis longtemps. On ne pourra plus vous arrêter tellement votre motivation est grande. Alors profitez-en. Cependant, organisez-vous en conséquence, car vous serez sollicité.e en même temps de toutes parts, et votre exaltation à tout vouloir gérer pourrait vous pousser à commettre des impairs.

– *Si vous êtes en activité professionnelle*, beaucoup de satisfactions à retirer. Mise en valeur de vos compétentes, nouveau poste à responsabilité proposée, promotion…

– Tout peut arriver ce mois-ci, principalement les 13, 22. Vous saurez déployer énergie et acharnement dans toutes vos tâches. Vous saurez prendre les bonnes décisions et personne ne résistera à votre charme, surtout entre le 1 et le 19.

– Vos collègues vous faisant confiance, se reposeront également sur vous. Ce qui sera un atout majeur. Toutefois, donnez-vous un temps de réflexion à toute proposition, car aussi alléchante soit l'offre, même si au bout il y a promesse d'une augmentation conséquente de votre salaire, sachez que cette vigueur qui est vôtre en ce moment, vous sera demandée en permanence. Vous sentez-vous capable de maintenir le rythme ?

– Attention en fin de mois, et tout particulièrement les 10 et 28, ou la tension nerveuse sera augmentée et pourrait vous montrer agressif.ve. Maîtrisez-vous et n'allez pas tout gâcher par des paroles sarcastiques ou des actes incontrôlés vis-à-vis de votre entourage professionnel.

– *Si vous êtes à la recherche d'un emploi,* vous saurez mettre en valeur vos capacités professionnelles ainsi que votre apparence physique… ce qui vous vaudra très certainement des espoirs nouveaux.

– *Si vous êtes à votre compte ou commercial.e,* bien que « l'habit ne fasse pas le moine », vous saurez vous mettre en valeur, et votre allure enjouée et entreprenante sera votre atout majeur pour résoudre toutes les difficultés et saisir les opportunités qui se présenteront et s'avéreront très bénéfiques, malgré quelques petits contretemps en fin de mois. Mais il vous en faudra beaucoup plus pour vous dérouter.

– *Dans vos affaires diverses,* ne laissez traîner aucun papier. Soyez ordonné.e, car tout oubli ou perte pourrait avoir de fâcheuses conséquences.

– Pensez à faire des doubles de ce que vous envoyez. Ceci vous évitera bien des contrariétés.

Envie de *voyager* ? Préférez les 13, 22, 31 du mois.
Évitez les 12, 21 et 30.

AMOURS – AMITIÉS – FAMILLE – RELATIONS...

– Vous avez ce mois, les cartes en main pour stabiliser votre vie affective. Cependant, un peu de morosité la première semaine, et surtout le 5 et 14, sans doute le fait d'avoir donné tout ce que vous aviez dans votre travail. La fatigue aidant, vous n'aurez guère l'esprit à la fête et aurez tendance à vous isoler affectivement. Secouez-vous, car d'heureuses surprises vous attendent.

– *Si vous êtes encore célibataire,* après quelques hésitations, vous pourriez bien franchir le pas pour une vie à deux. Un regain de passion est en marche et une rencontre amorcée récemment pourrait prendre forme.

– *Si vous êtes en couple,* vous vivrez entre le 10 et le 29 une « renaissance », un réveil amoureux ou tendresse et complicité seront de la partie.

– *Si vous avez des enfants (ou petits-enfants),* vous en aurez de grandes satisfactions, peut-être en rapport avec les études. Surtout les 5, 14, 23. À moins que ce soit la surprise d'une future naissance que l'on espérait plus !

<u>***ARGENT – JEUX***</u>

– Dans toute cette frénésie et agitation, ce n'est pas le moment d'oublier votre budget. Dès le début du mois, faites vos comptes, et réglez les factures les plus pressantes.

– Essayez de résister à la tentation d'achats futiles. Entre le 10 et le 19, vous vous sentirez frustré.e; Évitez le lèche-vitrine, ne feuilletez pas les catalogues, soyez raisonnable. Vous vous remercierez une fois la crise « boulimique » passée !

– Par contre, si depuis quelque temps vous aviez projet d'investir dans l'immobilier, c'est le bon moment !

– La chance *aux jeux* est présente ce mois.
– *Vos chiffres* si vous êtes joueur.se : 3, 6, 9, 15, 21, 36 et 39.

<u>***SANTÉ – FORME***</u>

– La forme est au rendez-vous ce mois-ci.

– Quelques allergies printanières possibles : gorge irritée, yeux qui brûlent et pleurent, nez qui coule… Si vous êtes « sensible », l'huile de NIGELLE est faite pour vous.

– Si vous ressentez en fin de mois, une légère fatigue, essayez de pratiquer quelque activité physique. Cette fatigue est plus liée à un débordement d'agressivité que vous devez apprendre à contrôler.

– C'est le bon moment aussi pour entamer une cure détox ! Elle soulagera vos reins et votre foie, sans oublier un ventre plat et une jolie peau.

TOUS DOMAINES
☞ **Vos meilleurs JOURS**
(où vous serez d'humeur conciliante) : 9 – 18 – 27
☞ **Vos jours DIFFICILES**
(où il faudra <u>contrôler</u> votre agressivité) : 3 – 12 – 21 – 30

☞ Si votre chiffre clé est 05

Votre QUOTIDIEN

AFFAIRES – PROFESSIONNEL – ACTIVITÉS – LOISIRS...

– Les mois se suivent et ne se ressemblent pas. Après mai dynamique et enjoué, voici juin qui s'annonce sous une ambiance tendue et de fâcheux contretemps seront votre lot quotidien, surtout du 1 au 19.

– Des retards et même des blocages perturberont sérieusement votre vie en général. Rien n'avance comme vous l'espérez. Vous avez l'impression que tout s'en mêle. Restez calme, ne vous emportez pas à tout-va. L'énervement ne fera qu'empirer un stress existant et ne solutionnera pas la lenteur des événements.

– Heureusement, du 20 au 29, une « libération » s'annonce enfin, et la situation devrait évoluer favorablement dans votre sens. Votre moral remontera et vous reprendrez confiance en vous.

– *Si vous êtes en activité professionnelle,* vos relations avec vos collègues seront à l'orage. Prenez sur vous, ne laissez pas de simples désaccords de travail se transformer en rapports conflictuels.

– *Si vous êtes en contact avec une clientèle,* je vous recommande la plus grande méfiance dans votre comportement et vos paroles, car votre tension nerveuse étant extrême, la patience vous faisant défaut, vous pourriez manquer de tact et faire des réflexions désobligeantes, en particulier les 14 et 23.

– *Dans vos affaires diverses,* vos projets seront contrariés et par rapport à un contact administratif ou juridique On pourrait vous prendre de haut, ce qui ne sera pas pour vous plaire. Remettez gentiment la personne à sa place en gardant le sourire. Vous éviterez ainsi un « incident diplomatique » tout en gardant la face !

– *Côté recherche d'emploi,* rien de passionnant ce mois-ci, des contretemps, des rendez-vous reportés, des dossiers en attente… patience et persévérance sont ma recommandation du moment. Juillet sera un autre mois !

– Excellent mois pour étudier !

Envie de *voyager* ? Préférez les 12, 21 et 30 du mois.
Évitez les 11, 20 et 29.

AMOURS – AMITIÉS – FAMILLE – RELATIONS…

– Si *vous êtes célibataire,* des échanges intimes vous troubleront au plus haut point ! Mais ne vous emballez pas, l'âme sœur, ce n'est pas pour ce mois.

– *En famille,* et surtout jusqu'au 10, vous serez bon.ne à prendre avec des pincettes. Essayez de contrôler votre hyper-sensibilité, ne prenez pas la mouche pour un oui ou un non.

– Et pour arranger le tout, votre entourage familial en rajoutera en liant ses problèmes aux vôtres. Je vous conseille de ne pas vous arrêter sur des détails ou des réflexions anodines.

– Adoptez plutôt une attitude tolérante et arrêtez de culpabiliser à leur place, tout finira pas rentrer dans l'ordre…

– *Si vous êtes en couple,* le climat est confus. Par moment vous vous sentez incompris.e; Mais ne serait-ce pas plutôt dans votre tête. ?

– Pour d'autres, vous pourriez arriver à un tournant décisif de votre vie (mariage ou pacs par exemple) et/ou si l'âge le permet, décider de mettre (ou remettre) un bébé en route. Attention toutefois, car les 8, 17, 26 sont des jours ou la tension et l'agressivité peuvent vous pousser à des accrochages avec votre partenaire et, si vous désirez sauver votre couple, contrôlez votre attitude, faites preuve de patience et de tolérance en préférant le dialogue à la bouderie.

– Avec *vos amis,* d'agréables moments possibles surtout les 13, 22 et 31. Si votre moral est en baisse, confiez-vous à votre confident.e, il (elle) saura vous apporter le réconfort dont vous avez besoin.

– Vous vous sentirez moins agressif.ve, plus détendu.e, ce qui permettra de passer des soirées sympas.

ARGENT – JEUX

– Encore un mois en dents de scie où il vous faudra jongler prudemment avec les rentrées et les sorties d'argent pour arriver à boucler votre budget d'ici le 30.

– Ne prenez pas d'engagement financier, et ne prévoyez aucun placement, car ils seront trompeurs et pourraient même vous occasionner un véritable naufrage boursier !

– Tentez chance *aux jeux* mais **en groupe ou au moins à deux**.

– *Vos chiffres* si vous êtes joueur.se : 6, 7, 12, 18, 25, 32 et 39.

SANTÉ – FORME

– Vous avez les nerfs en pelote. Ne vous laissez pas aller à la déprime. Organisez-vous des pauses détente salutaires. Et si l'insomnie est votre compagne, préférez-lui des plantes relaxantes telles que l'aubépine, la passiflore ou le tilleul.

– Et si cela ne suffit pas, consultez votre médecin. De plus il se pourrait que des troubles circulatoires soient de la partie. (Jambes lourdes entre autres…).

TOUS DOMAINES
☞ **Vos meilleurs JOURS**
(où vous serez d'humeur conciliante) : 8 – 17 – 26
☞ **Vos jours DIFFICILES**
(où il faudra contrôler votre agressivité) : 2 – 11 – 20 – 29

Vos PRÉVISIONS pour JUILLET 2025
☞ Si votre chiffre clé est 05

Votre QUOTIDIEN

AFFAIRES – PROFESSIONNEL – ACTIVITÉS – LOISIRS...

– Un mois de juillet très positif et ce, dans tous les domaines. Sachez profiter de toutes les occasions qui s'offrent à vous.

– Et si pour une fois, vous pensiez un peu plus à vous ! Un projet perso qui vous tient à cœur ? Vous y croyez ? OK ! Mais d'abord approfondissez votre idée, et réunissez tous les moyens pour être sûr.e de la voir aboutir.

– *Dans vos affaires ou activités diverses,* votre côté dynamique et positif du moment fait merveille. Vous pouvez étudier et préparer divers projets, et ce, dans différents secteurs de votre vie et les voir se réaliser. Vous avez tellement d'énergie à revendre que rien ni personne ne vous résistera !

– *Si vous êtes en activité professionnelle,* et surtout *si vous êtes en contact avec une clientèle,* votre dynamisme et votre confiance en vous, feront des merveilles. Vos rapports avec les autres seront harmonieux et bénéfiques, les relations enrichissantes (tant matériellement qu'intellectuellement).

– Du 12 au 21, votre énergie et votre efficacité étant au top, vous serez très certainement remarqué.e par vos supérieurs, et vous pourrez ainsi récolter les fruits de vos efforts passés.

– Profitez-en pour demander une augmentation ou un poste plus intéressant, car il pourrait vous être accordé. Préférez les 7, 16, 25.

– *Si vous êtes en retraite,* vous pourriez bien vous découvrir une passion pour une activité manuelle (tricot, bricolage, peinture, poterie...). Ne vous dispersez pas trop et persévérez dans ce que vous entreprenez.

– *Si vous êtes à la recherche d'un emploi,* profitez de ce mois-ci pour mettre vos capacités professionnelles en avant, car voici une période de chance à ne pas laisser passer. Cependant, jusqu'au 11, ne vous lancez pas tête baissée, mais préparez le terrain, cela vous servira bientôt.

– Ne prenez pas d'engagement les 7, 16, 25.

– Envie de _voyager_ ? Préférez les 11, 20 et 29 du mois. Évitez les 10, 19 et 28.

AMOURS – AMITIÉS – FAMILLE – RELATIONS...

– Que vous soyez en vacances ou non, vous débordez autant d'énergie que de bonne humeur et serez très sollicité.e; Entre le 12 et le 21, de nombreuses sorties et soirées vous permettront de faire de nouvelles rencontres amicales.

– Attention cependant aux incidents de parcours... ces petites tentations qui pourraient vous faire commettre des impairs, tels que : batifoler avec la compagne d'un copain, ou vous laisser séduire par un.e bel.le étranger.e; Même si vous êtes libre, l'autre l'est-il ?

– _Si vous êtes libre et attendez l'âme sœur_, vous pourriez bien voir votre vœu exaucé et évoluer vers une relation très solide et durable.

– Vos _meilleurs jours_ sont les 9, 18 et 27.

– _Si vous êtes en couple,_ période plus calme du 1 au 11 mais les 9, 11, 18 et 20, une petite déprime est possible, suite à des désaccords passagers. Ne vous laissez pas aller à la folâtrerie qui serait mal perçue par le conjoint.

– _En famille,_ vos enfants seront ravis de votre excellente forme et de votre disponibilité. Profitez-en pour partager des moments de loisirs et de complicité.

ARGENT – JEUX

– Si vous partez en vacances, les dépenses ne vous feront pas peur mais hélas votre budget lui, ne le supportera pas. Et si vous travaillez en juillet, vous aurez également tendance à jeter l'argent par les fenêtres, donc, essayez de contrôler vos comptes afin de ne pas avoir de mauvaises surprises le mois prochain.

– Une possibilité de rentrée d'argent entre le 12 et le 21 sous la forme d'une augmentation ou d'une prime, pourrait vous soulager financièrement, à moins que ce soit un remboursement qui se faisait attendre… mais ne vous dispense pas la prudence !

– La chance *aux jeux* est présente ce mois.
– *Vos chiffres* si vous êtes joueur.se : 5, 7, 8, 12, 17, 35 et 43.

SANTÉ – FORME

– Si vous partez en congés, préférez des « vacances repos » sans trop de déplacements.

– Quelques angoisses passagères sont à craindre, sans doute liées à des excès de dépenses. Mais dans l'ensemble, votre santé sera excellente et votre moral au beau fixe.

– Profitez de cette belle saison ou d'être en vacances pour entreprendre un régime minceur qui affinera votre silhouette. Sans pour autant vous priver, privilégiez les viandes grillées et les salades, et reprenez ou continuez quelques activités de plein air (marche, vélo, jogging...).

– Si vous êtes en vacances, profitez-en également pour… ne rien faire ! Aller à la plage, ou vous prélasser sur une chaise longue avec un bon roman… vous aborderez ainsi une rentrée en pleine forme !

TOUS DOMAINES
☞ **Vos meilleurs JOURS**
(où vous serez d'humeur conciliante) : 7 – 16 – 25
☞ **Vos jours DIFFICILES**
(où il faudra contrôler votre agressivité) : 1 – 10 – 19 – 28

Vos PRÉVISIONS pour AOÛT 2025

☞ **Si votre chiffre clé est 05**

Votre QUOTIDIEN

AFFAIRES – PROFESSIONNEL – ACTIVITÉS – LOISIRS...

– En cette année fluctuante, il est difficile de garder le rythme et le moral au beau fixe !

– Des signes avant-coureurs laissant supposer un changement de situation, risquent de bousculer vos repères. Prenez les devants, cela vous évitera quelques déconvenues à la rentrée.

– Si vous êtes en vacances, parfait. Profitez-en pour vous reposer et faire le vide dans votre esprit, car contrairement au mois précédent, les contretemps seront de la partie et vos projets freinés. Un net ralentissement dans les activités, quelles qu'elles soient, et la routine, mettront votre moral en berne. Prenez votre mal en patience, contentez-vous de gérer au mieux votre vie quotidienne et adaptez-vous aux circonstances extérieures.

– *Si vous êtes en activité professionnelle,* et si vous travaillez ce mois d'août, la période la plus critique se situe entre le 1 et le 11. L'ambiance sera à « la soupe à la grimace. » Votre avancement est bloqué et rien n'ira comme vous le souhaitez.

– Ce mois, je vous recommande de rester calme et de n'accepter aucune nouvelle responsabilité, vous ne pourriez y faire face.

– *Si vous êtes à votre compte ou commercial.e,* n'essayez pas de forcer les choses en envisageant des négociations, car les résultats en seraient catastrophiques. Aucune évolution positive n'est à prévoir en ce moment.

– Un léger mieux du 13 au 22, et peut-être la réalisation d'un projet.

– *Si vous êtes en recherche d'emploi,* attendez le mois prochain pour faire vos démarches, car rien de positif dans l'immédiat.

– *Si vous avez des affaires juridiques,* contentez-vous de bien préparer vos conclusions, mais ne prenez aucune décision finale dans le présent.

– En ce mois d'août, évitez de vous énerver face à une administration qui fonctionne au ralenti ou qui ne comprend rien à votre demande ! Prenez sur vous, sinon, vous risquez de vous emporter et de ne rien obtenir de concret en retour.

– Reportez vos démarches administratives à la mi-septembre ! Tout le monde aura repris le travail et vous aurez plus de chance de tomber sur une personne compétente qui saura répondre à votre attente !

– Si vous envisagez un petit déplacement pour vos affaires, préférez les 8, 17 et 26.

**– *Déplacements en train ou avion à éviter (retards, grèves...)*
– Ou faire de *longues routes* (bouchons)
surtout les 9, 13, 18, 27.**

AMOURS – AMITIÉS – FAMILLE – RELATIONS...

– Rien ne vous tente en ce moment. Ni sortie, ni rencontre. Vous négligez même votre apparence, vous flânez en pyjama ou en peignoir, aucune envie de séduire ne vous anime. Vous vous plongez dans la routine et votre *entourage familial* souffre de ce manque d'enthousiasme. Et pourtant, en ce mois d'août, des plaisirs simples et spontanés pourraient bien de temps en temps vous faire sortir de votre nid au point, que par la suite, après avoir goûté à une belle soirée, vous pourriez bien avoir du mal à vous quitter !

– *Si vous êtes en couple,* et si vous n'avez pas tenu compte des conseils du mois précédent, des frictions avec votre conjoint, causées par des problèmes financiers, surtout les 6, 15 et 24 sont à craindre.

– Du 13 au 22, sortez de votre tanière, faites des efforts, car des amis vous proposeront quelques sorties. Acceptez, vous verrez que le monde n'est pas si gris qu'il vous semblait l'être. Amusez-vous !

– Vos *jours favorables* sont les 7, 14, 25.

ARGENT – JEUX

– Même si les soldes se terminent, ce n'est vraiment pas le moment de vous lancer dans des achats coûteux et inutiles. Soyez raisonnable, sinon, d'ici la fin du mois, vous jonglerez avec votre chéquier et vos finances seront en chute libre.

– Inutile d'envisager le moindre placement ou investissement en cette période. Même si un léger mieux se fait sentir à partir du 22. Restez très prudent.e, car des risques de perte ou de vol sont aussi probables.

– La chance *aux jeux* est possible ce mois.
– *Vos chiffres* si vous êtes joueur.se : 4, 5, 8, 9, 18, 26 et 45.

SANTÉ – FORME

– Surveillez votre santé de très près, car une possibilité d'hospitalisation n'est pas à exclure.

– Si quelques symptômes vous préoccupent, ne prenez aucun risque, ne faites pas l'autruche et consultez. Une crise d'appendicite, une occlusion intestinale, un microbe ou virus choppé, tout est possible.

– Restez prudent.e également dans vos activités sportives ou physiques aussi bien que sur la route. En cas de fatigue, reposez-vous et pensez à prendre du magnésium/vitamines B6. Une cure de 3 mois vous fera le plus grand bien.

TOUS DOMAINES
☞ **Vos meilleurs JOURS**
(où vous serez d'humeur conciliante) : 6 – 15 – 24
☞ **Vos jours DIFFICILES**
(où il faudra <u>contrôler</u> votre agressivité) : 9 – 18 – 27

Vos PRÉVISIONS pour SEPTEMBRE 2025
☞ **Si votre chiffre clé est 05**

Votre QUOTIDIEN

AFFAIRES – PROFESSIONNEL – ACTIVITÉS – LOISIRS...

– Voici une rentrée comme on les aime. Prêt.e à faire de belles et grandes choses. Vous êtes au top !

– Comme on fait le grand ménage de printemps, vous aurez envie de vous lancer dans les grands travaux d'automne !

– Repeindre un plafond, rénover la tapisserie, remplacer votre vieille baignoire par la douche dernier cri. Tout y passe… surtout que financièrement, votre budget vous le permet.

– *Si vous êtes à la recherche d'un emploi,* vous serez susceptible de trouver un travail intéressant. Vous pourriez même avoir un petit coup de piston venant de certaines relations. Si vous savez vous montrer à la hauteur, votre ascension pourrait se faire rapidement.

– *Si vous êtes en activité professionnelle,* à partir du 5 et jusqu'à la fin du mois, votre situation a de fortes chances d'évoluer dans un sens positif grâce à votre ardeur à la besogne. Le poste que vous espériez depuis si longtemps, pourrait enfin vous être attribué. La période est aussi favorable pour négocier une augmentation de salaire ou un changement dans vos horaires de travail. Vos supérieurs seront à votre écoute et vos sollicitations pourraient être acceptées surtout les 9, 18 et 27.

– *Si vous êtes commercial.e ou en affaires,* allez de l'avant, toute initiative sera bien accueillie. Votre capacité d'adaptation et votre ardeur actuelle s'y prêtent entièrement.

– Possibilité également de changer d'orientation professionnelle telle que, vous mettre à votre compte, ou si c'est déjà le cas, envisager une association si vous travaillez seul.e, qui pourrait s'effectuer dans d'excellentes conditions.

– *Pour vos activités diverses, affaires et loisirs...,* votre moral est au beau fixe et tout vous réussit en ce moment. Vos projets étant favorisés par la chance, profitez-en. Cependant ne criez pas victoire trop tôt, car les 7, 16, 25 vous exposent à un risque de négligence ou à un contretemps.

– Si vous êtes dans un *domaine créatif,* (décoration, peinture, couture…) vous foisonnez d'idées. Votre créativité est débridée, vous n'en finissez pas d'épater votre entourage !

Envie de *voyager* ? Préférez les 9, 18 et 27 du mois.
Évitez les 8, 17 et 26.

AMOURS – AMITIÉS – FAMILLE – RELATIONS…

– *L'amitié* tiendra une place primordiale ce mois-ci. Surtout entre le 5 et le 23, vous n'aurez pas le temps de vous ennuyer. Le téléphone n'arrêtera pas de sonner et les invitations pleuvront.

– S*i vous êtes seul.e,* votre caractère enjoué et votre sympathie feront des ravages. Vous aurez ainsi la possibilité de faire une rencontre inattendue avec une personne plus jeune. Cette relation, sans aller au mariage, peut devenir importante dans votre vie.

– *En famille,* avant le 4 et après le 24, vous vous sentirez « englouti.e » par vos proches. Vos enfants ou parents se faisant tout particulièrement possessifs, cela créera des moments de tension, car de votre côté, vous n'aurez envie que de LIBERTÉ et d'INDÉPENDANCE. Attention donc, ne soyez pas trop autoritaire avec les vôtres qui ne comprendraient pas cette attitude et en seraient peinés.

– *Si vous êtes en couple,* contrôlez votre humeur. À moins d'avoir un.e partenaire très tolérant.e, vous pourriez faire des vagues et sa confiance en vous pourrait se retrouver limitée.

– Profitez plutôt de ce mois agréable pour tout pratiquer à deux ! Voyager, cuisiner, faire du sport… vous retrouverez ainsi votre complicité des premiers temps !

ARGENT – JEUX

– Enfin un budget qui s'annonce équilibré. Maintenez le cap, même si vous avez des économies ou fait de bonnes affaires, prévoyez les mois à venir qui peuvent se révéler plus difficiles. N'oubliez pas que les 3 derniers de l'année sont bien souvent les plus « lourds » financièrement.

– Envie d'acheter une maison ou un appartement ? Cet investissement se révélera rentable à long terme. Un bon placement pour votre retraite par exemple.

– Les prêts accordés seront très intéressants, tout particulièrement entre le 14 et le 23.

– Cependant, n'agissez pas impulsivement, vous pourriez commettre des erreurs, donnez-vous un temps de réflexion.

– La chance _aux jeux_ est excellente ce mois.
– _Vos chiffres_ si vous êtes joueur.se : 1, 5, 12, 15, 21, 36 et 48.

SANTÉ – FORME

– Quelques moments de nervosité, mais dans l'ensemble vous serez dans une forme éclatante. Vous avez besoin ce mois-ci de bouger, de battre des records.

– Vous aurez envie de vous lancer dans tout ce qui est à la mode du moment.

– Essayer une nouvelle cuisine minceur, ou tout simplement un nouveau régime, comme faire une randonnée en montagne, ou apprendre à surfer. Tout vous est permis. Profitez de cette belle période pour vous faire plaisir !

– Cependant, limitez votre consommation de viande, de sauce et d'alcool ! Se faire plaisir, oui, mais pas au détriment de votre santé !

TOUS DOMAINES
☞ **Vos meilleurs JOURS**
(où vous serez d'humeur conciliante) : **5 – 14 – 23**
☞ **Vos jours DIFFICILES**
(où il faudra <u>_contrôler_</u> _votre agressivité)_ : **8 – 17 – 26**

☞ Vos PRÉVISIONS pour OCTOBRE 2025
☞ Si votre chiffre clé est 05

Votre QUOTIDIEN

AFFAIRES – PROFESSIONNEL – ACTIVITÉS – LOISIRS...

– Encore un mois somme toute, fort agréable, même si quelques contretemps viennent l'assombrir. Son début comme sa fin seront propices à la réflexion et au repos.

– Malgré quelques tensions les 2, 11, 20 et 29, fuyez les personnes ayant tendance à critiquer les autres. Gardez le sourire et restez zen.

– Des projets vous trottent dans la tête depuis pas mal de temps ? Prenez les mesures nécessaires pour les développer. Innovez ! La période vous est profitable. Vous avez du talent à revendre, donnez le meilleur de vous-même, quitte à l'exercer ailleurs !

– *Si vous êtes en activité professionnelle,* malgré votre sens de l'organisation, vous serez très pris.e et vous aurez bien du mal à venir à bout de toutes vos tâches. La cause ? Le travail n'est pas votre priorité ce mois-ci.

– Cependant, attendez-vous à de nouvelles responsabilités, ou à remplacer les collègues au pied lever, car vous avez fait preuve de dynamisme le mois dernier, et n'étant pas passé.e inaperçu.e, on pourrait vous solliciter pour diverses tâches supplémentaires et on comptera sur vous, surtout du 15 au 24.

– Étant considéré.e comme indispensable par certains, vous attirerez la jalousie des autres. Restez sur vos gardes.

– *Si vous êtes en recherche d'emploi,* un secteur pour lequel vous n'auriez pas envisagé une formation ou une ouverture pourrait avoir lieu ce mois-ci.

– La période est propice pour une mutation, de nouvelles fonctions. N'hésitez pas à en faire la demande ; tout aussi bien pour changer de poste, d'environnement ou passer au télétravail si le cœur vous en dit.

– Vos dates importantes sont les 6, 15, 24 durant lesquels votre dynamisme sera à son maximum.

– Évitez de voyager ou faire de *grands déplacements*…
– <u>Si activité oblige</u> : **ABSTENEZ-VOUS** les 7, 9, 16, 18, 25, 27.

AMOURS – AMITIÉS – FAMILLE – RELATIONS…

– Votre cote de popularité grimpe en flèche ! C'est l'occasion de nouer de belles amitiés, et de trouver l'amour si vous le cherchez.

– Comme ce mois-ci est un *« mois familial »,* votre famille sera votre priorité et occupera une place importante. Principalement, des personnes âgées susceptibles d'avoir besoin de vous.

– Un problème en rapport avec le logement peut se poser. Besoin de déménager pour mutation professionnelle, la famille s'agrandit, il faut une pièce supplémentaire… tout est possible.

– Vous saurez conseiller également *un.e ami.e* dans une situation de rupture, mais ne vous immiscez pas trop dans sa vie privée. Le conjoint de cet.te ami.e est sans doute aussi une bonne relation pour vous, donc, garder certaines distances. Vous ne pouvez pas vous fâcher avec l'un pour être bien avec l'autre. Leur désunion n'est pas la vôtre, sachez rester neutre !

– *Si vous vivez en couple,* un regain de passion vous envahira. Planifiez des week-ends en amoureux, ceci relancera une vie à deux, devenue quelque peu monotone !

– *Si vous êtes en couple mais pas encore « légalisé »,* un pacs ou un mariage ce mois-ci verra votre union sous les meilleurs auspices !

– Des projets personnels élaborés en cette période se réaliseront à long terme.

– *Si vous êtes en quête de l'âme sœur,* vous pourriez bien rencontrer la personne qui fera battre votre cœur et entamer avec elle une longue route de vie à deux.

ARGENT – JEUX

– Encore un mois ou votre budget dans l'ensemble, ne vous préoccupe pas trop !

– Des travaux peuvent être envisagés pour améliorer le confort du logement, à moins que ce soit une remise aux normes pour vos locaux professionnels (pour ceux et celles qui travaillent à leur compte).

– À échelle plus réduite, vous pourriez avoir l'envie de rendre votre intérieur plus confortable tel que : changer de salon, ou de chambre d'enfants, ou un nouvel électroménager.

– En dehors de ces investissements à caractère personnel, n'envisagez aucun placement à long terme et ne prêtez pas d'argent.

– Le moment est propice à leur réalisation entre le 24 et le 30.

– La chance *aux jeux* est possible ce mois.
– *Vos chiffres* si vous êtes joueur.se : 1, 2, 4, 11, 13, 24 et 37.

SANTÉ – FORME

– Avec le changement de saison, votre dynamisme pourrait être en déclin et les allergies saisonnières se rappeler à votre bon souvenir. Que ces petits inconvénients ne soient pas une raison de vous laisser aller à broyer du noir. Prenez les devants.

– Entretenez votre forme physique et reprenez votre cure de vitamines. Gelée royale, ginseng… (Entre autres…)

TOUS DOMAINES
☞ **Vos meilleurs JOURS**
(où vous serez d'humeur conciliante) : 4 – 13 – 22 – 31
☞ **Vos jours DIFFICILES**
(où il faudra contrôler votre agressivité) : 7 – 16 – 25

Vos PRÉVISIONS pour NOVEMBRE 2025
☞ Si votre chiffre clé est 05

Votre QUOTIDIEN

AFFAIRES – PROFESSIONNEL – ACTIVITÉS – LOISIRS...

– La fin de l'année approche. Profitez-en pour vous remettre en question. Faites le bilan des mois passés ainsi qu'une analyse des événements vécus.

– *Que vous soyez en activité professionnelle ou activité bénévole ou autre,* rien ne vous passionnera ni motivera, surtout la première semaine. Tout ira de travers et vous n'aurez qu'une envie, rester sous la couette. Secouez-vous, cessez de culpabiliser et de remettre en question vos capacités. Même si rien n'avance ce mois-ci, vous laisser aller au pessimisme ne raccourcira pas les journées, bien au contraire. Surtout qu'à partir de la deuxième quinzaine, un surcroît de travail pourrait vous attendre avec des heures supplémentaires. Ce n'est pas le moment de flancher, car si vous savez faire preuve de persévérance, un avancement pourrait vous être attribué aux alentours du 17 ou 26, ce qui vous permettra de retrouver confiance en vous.

– Ce mois de novembre étant également (majoritairement) celui du SCORPION, signe des forces Occultes et de l'Invisible, ne laissez pas votre esprit trop vagabonder et ne tombez pas dans des peurs non fondées. Vous pourriez connaître quelques crises d'angoisses, liées à des sensations, voire des intuitions qui vous paraissent étranges. N'allez pas pour autant consulter le « premier » devin, magnétiseur, marabout… venu qui ne ferait qu'aggraver votre état psychologique en vous faisant croire que vous êtes « envouté.e ». Consultez plutôt votre voyant.e ou astrologue habituel.le qui saura vous rassurer en vous expliquant que cette perception est due au fait qu'actuellement votre sensibilité est très développée et qu'il n'y a là aucune sorcellerie.

– Envie de *voyager* ? Préférez les 7, 16, 25 du mois. Évitez les 6, 15, et 24.

– Il n'est pas toujours facile de faire ce retour sur le passé et des périodes de stress sont à craindre. Il se peut que vous deviez revivre des situations douloureuses (suite à un décès ou une séparation sentimentale). Cessez de ressasser vos problèmes actuels. Même si, sur le moment, ils vous semblent insurmontables, essayez de vous secouer un peu, et si nécessaire, parlez-en avec un.e *ami.e;* Ne désespérez pas, car passé le 16, une nette amélioration de votre situation globale viendra vous tirer de cette atmosphère chagrine. Il se pourrait même qu'un événement imprévu finisse de vous sortir de votre mélancolie (des retrouvailles ou une possibilité de voyage). *En famille,* le moral étant en berne, vous aurez beaucoup de mal à supporter les vôtres. Surtout jusqu'au 15 ou vous aurez tendance à vous isoler. Vous n'aurez même pas envie de répondre à des invitations amicales. Efforcez-vous toutefois d'accomplir vos tâches quotidiennes. Comme vous serez bon.ne à prendre avec des pincettes, n'étant guère aimable avec les autres, des conflits *familiaux* pourraient bien éclater surtout les 6, 15, 24, car on aura du mal à vous supporter (principalement votre compagne (gnon) s'il y a. Effectuez de longues balades seul.e, à pied et/ou à vélo. Les belles couleurs automnales vous remonteront le moral. Heureusement, passé le 15, une période plus favorable s'annonce et vous retrouvez peu à peu votre bonne humeur.

– *Si vous êtes seul.e,* rien en vue pour le moment. Votre visage fermé n'attire pas la « clientèle » mais tentez cependant votre chance les 8, 17, 26.

ARGENT – JEUX

– Surveillez votre budget de près ce mois-ci. Beaucoup de factures et d'imprévus sont à craindre. Chaudière qui tombe en panne, voiture à mettre chez le garagiste, électroménager qui fait faux bond. Tout est possible. Si vous avez su prévoir les mois précédents, vous devriez vous en sortir sans trop de bobos. Sinon, il vous faudra jongler avec votre chéquier et envisager des délais de paiement.

– Si vous êtes dans l'attente d'une rentrée pécuniaire, (commissions trimestrielles, argent prêté, remboursement d'un trop versé…), prenez votre mal en patience, car ce n'est pas pour ce mois-ci. Donc, n'engagez aucune dépense inutile, et s'il vous reste quelques économies, ne les entamez pas. Elles pourraient vous être utiles dans peu de temps. À partir du 16, vous pourrez commencer à faire des projets mais qui s'avéreront positifs que s'ils sont à long terme.

– La chance *aux jeux* est présente ce mois… mais que si elle n'est pas programmée.
– Chiffres *à jouer* : écoutez votre intuition ou essayez les grattages (entre autres).

SANTÉ – FORME
– Un moral en dents de scie. Un jour survolté.e, l'autre, flegmatique.
– Ceci n'arrangera en rien votre état nerveux qui en sera fortement perturbé. Pratiquez la relaxation et la positivité. Dites-vous que bien que nous sommes dans les jours les plus courts, encore un mois et nous repartons dans le sens opposé. Profitez des jours ensoleillés pour reprendre quelques couleurs en vous exposant 15 minutes par jour, ou mieux, en faisant une balade dans la campagne ou en forêt, vous ferez d'une pierre deux coups. Défoulez-vous en pratiquant un sport, et adoptez un traitement en homéopathie ou phytothérapie pour retrouver votre équilibre afin d'éviter une déprime complète. N'oubliez pas que les plantes peuvent vous apporter beaucoup, sans les effets secondaires si désagréables.

TOUS DOMAINES
☞ **Vos meilleurs JOURS**
(où vous serez d'humeur conciliante) : 3 – 12 – 21 – 30
☞ **Vos jours DIFFICILES**
(où il faudra contrôler *votre agressivité)* : 6 – 15 – 24

Votre QUOTIDIEN

AFFAIRES – PROFESSIONNEL – ACTIVITÉS – LOISIRS...

– *Si vous êtes en activité,* les fêtes approchent et cependant, votre vie professionnelle sera votre préoccupation principale. Vous assurerez parfaitement et avec beaucoup de maîtrise votre travail. Une promotion pourrait même vous être proposée. À moins que ce soit une mutation de service avec une augmentation de salaire.

– *Si vous êtes en recherche d'emploi, ou en emploi précaire (intérim, CDD),* un contrat en CDI pourrait être votre cadeau de NOËL. Votre acharnement à surmonter les difficultés et la qualité de vos jugements feront que l'on vous remarquera.

– *Si vous êtes à votre compte ou commercial.e,* il y aura des décisions importantes à assurer mais ne devront pas être prises à la légère. De nouveaux marchés sont possibles, sachez les saisir. Mais si vous souhaitez vous associer, ne vous engagez pas à la « va-vite » et soyez prudent.e; Prenez des renseignements sur les éventuels actionnaires.

– *Pour vos affaires en cours, que vous soyez encore actif.ve ou à la retraite,* vous surmonterez tous les obstacles grâce à votre obstination et votre clairvoyance. Vous ne lâcherez pas « l'affaire » tant que vous n'aurez pas de résultat concret. Vous en retirez une satisfaction et une amélioration considérable de votre statut et de vos finances. Cependant, je vous recommande, surtout pendant la première semaine, de ne pas montrer trop d'agressivité et d'éviter les paroles trop brusques. Par ailleurs, ne vous dispersez pas dans plusieurs secteurs, vous risqueriez de commettre des erreurs que vous regretteriez plus tard. C'est par une attitude diplomate et concentrée que l'on récolte les bonnes retombées.

Déplacements et voyages : Prudence tout le mois si vous
devez faire de longs trajets.
(Préférez le train, le bus ou l'avion)

AMOURS – AMITIÉS – FAMILLE – RELATIONS…

– Jusqu'au 14 et après le 25, vous serez tellement monopolisé.e par vos activités extérieures que votre entourage en subira les conséquences et se sentira oublié.

– Vous n'aurez guère envie de participer à la vie *familiale* ou même *amicale*. Vous donnerez l'impression que l'on vous dérange, et les petits soucis quotidiens vous irriteront.

– Prenez sur vous. Quand vous allez mal, vous savez trouver vos amis et votre famille. Fermez votre porte aux voleurs, mais pas à ceux qui vous aiment. Ne négligerez pas vos proches, surtout en cette période de fête, acceptez les invitations de vos amis ou parents. Il n'y a pas que le travail dans la vie. Un jour vous pourriez regretter cette attitude froide et distante !

– *Si sous êtes en couple,* faites des efforts avec votre moitié, surtout les deux premières semaines, sinon votre conjoint finira pas se faire des idées, ou pourrait, par frustration, aller voir ailleurs. Heureusement du 15 au 24, une atmosphère moins tendue permettra de nouveaux moments de complicité.

– Avec *vos enfants – petits-enfants,* si vous en avez, ou avec quelques intimes, maintenez le dialogue avec les uns et le contact avec les autres. Trouvez-leur toujours un peu de temps pour les écouter, ils vous en seront reconnaissants.

– La troisième semaine, enfin l'on vous retrouve. OUF. Vous envisagerez même des petits extras pour les fêtes de fin d'année, et le sourire revenu, elles seront réussies, car vous saurez les rendre chaleureuses.

– *Si votre cœur est libre,* une possibilité de rencontre les 6, 15, 24, mais contrôlez votre agressivité et possessivité. Bien qu'ils ne soient que de courte durée, de très bons moments s'annoncent. Profitez-en.

ARGENT – JEUX

– Surveillez de près vos comptes. C'est la période des cadeaux, certes, mais jouez la modération. Ce n'est pas tant le prix que le geste qui importe. De plus, des frais imprévus (garagiste, plombier) pourraient encore aggraver la situation… Donc, soyez prévoyant.e, et commencez par régler vos factures en retard en limitant les dépenses excessives et inutiles. Vous vous éviterez ainsi du stress bien inutile.

– Après le 17, ayant retrouvé votre bon sens, vous saurez à nouveau stabiliser vos finances.

– La chance *aux jeux* n'est guère présente ce mois.
Toutefois, vos chiffres si vous êtes joueur.se :
4, 5, 8, 13, 17, 21 et 29.

SANTÉ – FORME

– Vous voici en pleine forme pour terminer cette année en beauté. Vous serez tellement surexcité.e que vous pourriez commettre des imprudences. Méfiez-vous des chutes (ne courrez pas dans les escaliers, allumez la lumière s'il fait nuit…) Tout comme des risques d'entorses et même de fractures.

– Je vous conseille de pratiquer quelques exercices de relaxation pour vous détendre.

TOUS DOMAINES
☞ **Vos meilleurs JOURS**
(où vous serez d'humeur conciliante) : 2 – 11 – 20 – 29
☞ **Vos jours DIFFICILES**
(où il faudra contrôler votre agressivité) : 5 – 14 – 23

Si votre chiffre CLÉ est

6

Voici les prévisions <u>détaillées</u>

de votre année

PERSONNELLE 2025

de

JANVIER à DÉCEMBRE

 howa

… faire des choix DÉCISIFS pour le futur !

> *Place à la tolérance, au partage, à l'entraide, au dialogue…*
> *Mettons fin à l'égoïsme, au chacun pour soi…*
> *À bas les vieilles rancœurs, apprenons à donner*
> *pour mieux recevoir…*

Vos MOTS CLÉS pour 2025 sont donc : *Engagements & implication.*

☞ *En GÉNÉRAL*

➢ En **2025**, place à la famille au foyer. Après une année 2024 de légèreté et d'insouciance, vous voici face à vos obligations envers les vôtres. Cependant évitez la prise de pouvoir. Soyez à l'écoute sans pour autant prendre part aux conflits qui pourraient apparaître entre les uns et les aux. Restez neutre.

– En positif : très attaché.e à votre famille, vous saurez vous dévouer et faire preuve de disponibilité. Vous saurez vous montrer patient.e et de tolérant.e.

– Au négatif : évitez de juger autrui. Parfois, possessif.ve et dominant.e, vous pourriez chercher à imposer vos décisions. Lâchez du lest, et votre petite tribu s'en trouvera que plus épanouie.

☞ *Comment « vivrez-vous » 2025 ?*

– Vous aurez l'impression de devoir prendre tout en charge, que ce soit sur le plan familial comme professionnel. Ce qui pourrait vous rendre dynamique certes, mais également «supérieur.e ». Vous n'êtes pas infaillible, ni irremplaçable.
Même si depuis la fin **2023,** la vie vous est facilitée, rien n'est jamais acquis. Restez humble et prêtez attention à ce qui se passe autour de vous. Les vibrations de l'année vous sont favorables, mais vous devez assumer les responsabilités qui vous incombent.

Respectez les règles et les délais, surtout face à l'administration, sinon, les 2 prochaines années pourraient vous valoir le revers de médaille.

➢ *PLAN PROFESSIONNEL* :

– C'est l'année de l'engagement, ou de responsabilités nouvelles. Profitez du premier trimestre pour vous poser les bonnes questions : quelles sont vos attentes ? Vos valeurs ? Des opportunités pourraient jaillir. Restez vigilant.e et réactif.ve.

– L'esthétique, les arts, voire la politique, sont des domaines qui vous attirent ? Pourquoi pas, lancez-vous !

➢ *PLAN AFFECTIF* :

– *En couple* : un premier trimestre difficile, sans doute suite à votre légèreté de l'an passé ! Mais vous éprouvez à nouveau le désir d'aimer votre moitié, vous êtes redescendu.e de votre nuage, et si votre relation avait des bases solides, tout devrait rentrer dans l'ordre. Par contre, si votre ménage est en crise depuis des mois, la rupture est inévitable, surtout en mars et décembre.

– *Célibataire* : c'est l'année idéale pour rencontrer l'âme sœur, avec un maximum de chances en mai ou septembre.

➢ *PLAN FAMILIAL* :

– Année sous le signe de la famille, projet de mettre bébé en route… déménager pour une maison plus grande… tout est possible.

➢ *PLAN MATÉRIEL* :

– Acquisition d'un nouveau logement, d'un local professionnel… l'année est excellente pour les transactions immobilières. Surtout au premier et dernier trimestre.

– Par contre, tout ce qui concerne l'administration (impôts, charges sociales…), prenez vos responsabilités. Obligez-vous à être en règles et maintenir les délais sous peine de devoir payer de lourdes majorations de retards.

➢ _SANTÉ :_

– Surveillez tout au long de l'année votre alimentation ! Ne succombez pas aux sucreries, votre santé en dépend.

– Contrôlez également votre cœur et votre dos. Ne laissez pas de petits malaises ou certaines douleurs sans explications. La santé est précieuse, ne la négligez pas.

☞ _QUELQUES CONSEILS :_

– Il se pourrait que cette année, vous vous découvrirez des talents artistiques (peinture, dessin…), lancez-vous ! Bien-être assuré.

– Si vous avez envie d'apporter des changements à votre intérieur, embellir votre cocon ou encore choyer votre moitié, être à l'écoute de vos enfants… cette année sera sous le signe de l'harmonie et de la douceur.

– Si vous avez en **2025** des périodes de solitude, de manque affectif, sortez, et pourquoi pas, vous inscrire dans une salle de gym, de danse ou encore une chorale… l'important est de ne pas vous renfermer. Rencontrer du monde vous fera un bien fou.

☞ _LES MOIS IMPORTANTS_

– _FÉVRIER, MARS_ : dénouement d'une situation, bonne ou mauvaise

– _AVRIL, MAI, JUIN_ : le printemps est là et avec lui, le renouveau ; Profitez des belles opportunités !

– _SEPTEMBRE, OCTOBRE, NOVEMBRE_ : mois de récoltes ! Si les graines semées étaient saines, les fruits seront abondants. Dans le cas contraire, vous ne devrez vous en prendre qu'à vous-même !

– _DÉCEMBRE_ : **Dernière ligne droite avant d'entrer en 2025.**

Votre QUOTIDIEN

AFFAIRES – PROFESSIONNEL – ACTIVITÉS – LOISIRS...

– Vous aurez l'impression en ce début d'année de porter, tel ATLAS, le monde sur vos épaules. Vous serez sollicité.e de toutes parts, et un rien vous contrariera !

– *Quelles que soient vos activités, professionnelles ou diverses,* rien de bien folichon à espérer. La routine vous ennuie, à laquelle viennent se greffer les ralentissements de toutes sortes. Ne prenez aucune initiative dans l'immédiat, ce serait peine perdue. Restez dans l'ombre pour l'instant, car vos moindres interventions seront mal perçues !

– Vous vous heurterez à un mur, tant avec vos collègues qu'avec votre hiérarchie. Faites le dos rond, évitez toute forme de conflit, restez diplomate en toute circonstance et prenez du recul. Cela passera. Profitez de cette « mise à l'écart » pour faire le point sur votre situation actuelle. Vous pourriez vous surprendre en constatant que vous avez une partie de responsabilités dans cette indifférence. En abordant vos problèmes différemment, plutôt que de vous laisser aller au découragement et au pessimisme, ressaisissez-vous. En réfléchissant dans le calme, vous arriverez à trouver des solutions passées inaperçues jusque-là. Si vous devez entamer une *procédure juridique,* attendez le mois prochain, afin d'avoir tous les éléments en main. Telle que : la confirmation que votre assistance juridique prenne bien en charge les frais, par exemple. À moins que vous ayez recours à l'assistance juridictionnelle : Attendez l'accord définitif !

– Votre quête actuelle de spiritualité pourrait vous conduire vers des rencontres douteuses. Méfiez-vous des beaux parleurs, ne vous laissez pas entraîner dans des séminaires, réunions de groupe, voire retraites ou l'on n'a qu'un but : profiter de votre faiblesse, de votre errance actuelle tout en vidant votre compte en banque. Si l'on ne vous propose pas au contraire de l'argent à gagner par une activité de vente directe par exemple, (qui celle-ci, peut se révéler intéressante), fuyez. Si on vous propose de gagner de l'argent... OK, en donner... ATTENTION !

– La prudence vous est recommandée surtout les 1, 10, 19 et 28.

– Si vous devez vous déplacer pour affaires, préférez les 5, 14, 23.

– Envie de _voyager_ ? Préférez les 7, 16, 25 du mois.
Évitez les 6, 15, 24.

AMOURS – AMITIÉS – FAMILLE – RELATIONS...

– Évitez de vous conduire comme un ours avec vos proches. Ce n'est pas parce que rien n'avance comme vous le voulez, que vous devez faire subir votre mauvaise humeur à votre entourage. Ne vous laissez pas aller à l'agressivité, voire aux paroles blessantes que vous regretteriez par la suite.

– _Si vous êtes en couple_, vous recherchez la solitude, l'envie de vous retirer dans votre tanière pour réfléchir à ce qui vous tracasse. Vous avez l'impression d'être incompris.e; La moindre discussion s'envenime et prend des proportions démesurées, en particulier le 8 et le 26. Pourtant, en vous confiant à votre partenaire, en lui expliquant ce qui vous ronge, vous pourriez en retirer un soulagement et ainsi redresser une situation qui s'enlise. N'oubliez pas que la vie à deux, c'est partager les joies, mais aussi les peines. Laissez tomber cette « barrière » et vous constaterez avec bonheur que vous n'êtes pas seul.e, qu'il suffit de s'ouvrir à l'autre.

– _Avec les amis fidèles,_ ne refusez pas une proposition de sortie, laissez-vous entraîner dans un musée, une balade à vélo... Même si vous n'êtes guère enthousiasmé.e, vous serez surpris.e par le réconfort trouvé lors de cette escapade. Toutefois, ne vous laissez pas tenter par de nouvelles fréquentations, ou des expériences hasardeuses.

– _Si vous êtes célibataire,_ rien de bien prometteur ce mois de janvier. Votre côté taciturne du moment n'attire pas « la clientèle ».

Quelques jours toutefois à tenter une rencontre les 5, 12, 14, 21.

ARGENT – JEUX

– Vos finances seront également sources de tracas. Le budget ayant été très sollicité par toutes les dépenses de fin d'année, qu'il vous faut jongler entre vos comptes pour pouvoir tenir jusqu'à la fin du mois. N'espérez aucune rentrée miracle, vous devez faire avec les revenus du moment, donc, contentez-vous de régler vos factures qui ne peuvent plus attendre et demandez des délais de payements pour les autres.

– N'entamez aucune démarche pour un prêt à long terme, il vous serait refusé. Ne faites aucun investissement dans l'immédiat, car vous y perdriez de l'argent.

– La chance *aux jeux* est présente ce mois, mais uniquement si elle n'est pas programmée.

– *Chiffres à jouer* : écoutez votre intuition ou essayez les grattages (entre autres).

SANTÉ – FORME

– Après l'agitation de décembre, vous voici notamment épuisé.e; Pour ne pas dire « cafardeux.se ». Votre état de santé étant fragile, accordez-vous beaucoup de repos. Les tâches obligatoires du quotidien effectuées, laissez-vous aller à la rêvasserie avec un bon livre, ou inscrivez-vous dans un club sportif ou de gymnastique qui vous permettra de vous changer les idées. Malgré les événements déprimants qui peuvent jalonner vos journées, ne vous laissez pas aller au découragement, car à force de cogiter, vous finirez par sombrer dans la dépression. Au contraire, méditez sur les aléas du moment et habituez-vous à trouver des solutions. Gardez à l'esprit que *tout échec est une marche vers le succès*. En ayant une attitude de battant.e quoi qu'il arrive, votre force intérieure sera indéfectible.

TOUS DOMAINES
☞ **Vos meilleurs JOURS**
(où vous serez d'humeur conciliante) : **3 – 12 – 21 – 30**
☞ **Vos jours DIFFICILES**
(où il faudra contrôler votre agressivité) : **6 – 15 – 24**

Vos PRÉVISIONS pour FÉVRIER 2025
☞

Votre QUOTIDIEN

AFFAIRES – PROFESSIONNEL – ACTIVITÉS – LOISIRS...

– Vous êtes hyper sensible et cet excès de sensibilité vous rend agressif.ve. Votre désir de réussite est grand et vos capacités de réflexion vous permettent d'apporter un jugement arbitraire. Vos ambitions sont fortes, mais doivent rester réalistes.

– *Si vous êtes en activité professionnelle,* de nombreuses responsabilités sont à prévoir, le courage et l'engagement ne vous feront pas défaut, même si vous éprouvez des périodes de découragement. Vous pensez rentabilité maximale, vous avez raison. Vos chances de réussite sont élevées, mais restez cependant clairvoyant.e et raisonnable. Concentrez toute votre énergie à votre réussite et évitez les éventuels conflits avec vos collègues, car les 10, 19 et 28, vous pourriez avoir envie de tout gérer. Laissez aussi une chance à vos camarades de faire leurs preuves.

– *Pour vos activités diverses,* même si vous êtes à la retraite, évitez de vous disperser. Restez méthodique, avancez étape par étape, car à trop vouloir en faire, non seulement, vous risquez de « bâcler » certaines choses, mais en plus, vous pourriez commettre des maladresses fort préjudiciables.

– De même, en ce qui concerne une éventuelle *recherche d'emploi,* ne décidez rien sans avoir mûrement réfléchi. Une décision impulsive risquerait de vous engager dans un contrat incertain. Prudence donc particulièrement les 9, 18 et le 27. Surtout que, vers les 11, 20 ou 29, des opportunités nouvelles pourraient vous être offertes, et qui pourraient vous entraîner vers des possibilités de réussite dans le futur. Soyez organisé.e et pondéré.e; Attendez la fin du mois pour décider de votre avenir professionnel et surtout faites le bon choix.

– Envie de lancer votre propre affaire ? Vous avez confiance en vous et votre tête fourmille de bonnes idées. Lancez-vous !

– *Vos déplacements d'affaires* seront plus prometteurs les 13, 22. Déplacements et voyages : Prudence tout le mois si vous devez faire de longs trajets.
(Préférez le train, le bus ou l'avion)

AMOURS – AMITIÉS – FAMILLE – RELATIONS...

– L'heure n'est pas franchement au romantisme !

– Vous n'aurez guère l'esprit à *l'amitié ou à l'affectif* en général. Les préoccupations d'ordre matériel vous accapareront plus que de coutume !

– *Si vous êtes célibataire,* ce n'est pas ce mois que vous aurez envie de rencontrer l'âme sœur, car vous vous en fichez tout simplement !

– *En famille,* étant d'humeur maussade, contrôlez vos paroles, principalement avec des personnes âgées, surtout les 7, 16, 25, car des discussions liées à l'argent pourraient s'envenimer.

– *Si vous êtes en ménage,* vous devrez, jusqu'au 14, faire preuve de beaucoup de patience et de compréhension avec votre partenaire, car des reproches liés à l'argent ou à la maison sont à craindre. Plutôt que vous emporter, essayez de discuter calment du problème existant. Dominez votre agressivité si vous voulez sauver votre vie à deux, car si chacun campe sur ses positions, si ni l'un ni l'autre ne souhaite mettre « de l'eau dans son vin », le risque de rupture est à craindre, surtout pour les couples déjà fragilisés. Ce n'est qu'à partir du 15 au 24 qu'une amélioration peut se faire sentir, à condition que l'un et l'autre accepte d'effectuer un pas vers la réconciliation et sache reconnaître ses torts.

ARGENT – JEUX

– Les difficultés financières du moment occupent votre esprit. Il vous faut faire face à de nombreuses dépenses, prendre des décisions importantes. Mais avant de vous engager, pesez bien le POUR et le CONTRE, surtout s'il s'agit d'un emprunt pour l'achat d'une maison ou d'une nouvelle voiture. Êtes-vous sûr.e de pouvoir en assumer les mensualités ? Par ailleurs, vous pourriez être confronté.e à un redressement fiscal ou à une demande de remboursement anticipé (d'une autorisation de découvert non respectée par exemple !) ce qui risque de mettre votre budget en péril pour quelque temps. Attention également aux risques de vol ou de perte, surtout concernant des objets personnels (bijoux, voiture). Vous êtes tellement accaparé.e par vos soucis que vous en oubliez l'essentiel : la VIGILANCE !

– Entre le 19 et le 28, si le besoin s'en fait sentir, vous pourriez solliciter une aide auprès d'un organisme social ou de votre caisse de retraite. Elle vous sera très certainement accordée.

– De même vous pouvez par exemple négocier un crédit ou faire un investissement judicieux.

– La chance *aux jeux* n'est guère présente ce mois.
Toutefois, voici *vos chiffres* si vous êtes joueur.se :
5, 6, 10, 14, 19, 33 et 39.

SANTÉ – FORME

– Malgré tous les soucis du mois, vous éprouvez une certaine forme physique. Profitez-en pour continuer vos activités sportives, mais ne présumez pas de vos forces. Soyez prudent.e dans vos divers déplacements, car les risques de chute, d'entorse, ou même de fracture, sont possibles.

– De même, si vous devez prendre le volant, ne le prenez pas sous le coup de la colère ou si votre tension nerveuse est trop élevée. Vous risquez de commettre des imprudences et provoquer ainsi des accidents.

TOUS DOMAINES
☞ **Vos meilleurs JOURS**
(où vous serez d'humeur conciliante) : **2 – 11 – 20 – 29**
☞ **Vos jours DIFFICILES**
(où il faudra _contrôler_ votre agressivité) : **5 – 14 – 23**

Vos **PRÉVISIONS** pour **MARS 2025**
☞ **Si votre chiffre clé est 06**

Votre QUOTIDIEN

AFFAIRES – PROFESSIONNEL – ACTIVITÉS – LOISIRS...

– Enfin un mois ou la chance pourrait être au rendez-vous. Si des problèmes se présentent, grâce à votre côté positif du moment, vous trouverez des solutions par magie.

– *Si vous êtes en activité professionnelle*, principalement entre le 7 et 28, vous pourriez recevoir une réponse favorable à une demande faite voici quelques mois : mutation, changement de poste... à moins que vous ayez postulé dans une nouvelle entreprise, qui répondra favorablement à votre attente...

– *Si vous êtes à votre compte ou commercial.e*, et surtout si votre travail est en rapport avec l'étranger, la première semaine pourrait être source de quelques complications, mais ayant l'esprit battant, vous viendrez à bouts de ces quelques tracas et vous récolterez les fruits de vos efforts.

– *Si vous êtes à la recherche d'un emploi*, votre persévérance et ténacité finiront par porter leurs fruits. Vous pourriez recevoir une réponse favorable à une demande faite il y a quelque temps. Même si ce n'est qu'un contrat de remplacement, acceptez, car de belles ouvertures pointent à l'horizon. Montrez-vous dynamique et enjoué.e, le temps fera le reste. Votre patience sera enfin récompensée. Il se pourrait même que vous ayez un petit coup de pouce venant d'amis ou de bonnes connaissances.

– *Si vous êtes à la retraite et/ou que vous êtes dans le domaine artistique ou créatif...* de votre hobby, l'évolution vers une activité rémunératrice est possible. N'hésitez pas à vous faire connaître, à exposer vos œuvres, vous pourriez avoir la surprise de connaître un certain succès.

– En ce qui concerne *vos entreprises* en cours (juridiques, administratives), si vous attendez une réponse à une démarche quelconque, elle devrait être en votre faveur. Si vous avez d'autres affaires à solutionner, contentez-vous dans l'immédiat de conclure ce qui doit l'être, mais ne lancez aucune autre requête ce mois-ci. Attendez le mois prochain.

    – *Des déplacements* ne sont pas exclus, surtout s'il s'agit d'un stage de formation ou d'une réunion d'information sous forme de séminaire, congrès… de préférence les 12, 21 et 30.

– Envie de *voyager* ? Choisir les 5, 14, 23 .
– *Partir à L'ÉTRANGER* :
Préférez les 9, 18 et 27 du mois. Évitez les 13, 22.

AMOURS – AMITIÉS – FAMILLE – RELATIONS…

    – *Si vous êtes célibataire et à la recherche de l'âme sœur*, principalement les 12, 21 et 30, une rencontre très enrichissante pourrait avoir lieu et vous donner l'envie de vous lancer dans la vie à deux. Cependant, ne prenez aucune décision hâtive. Donnez-vous le temps de bien vous connaître, ne vous emballez pas face à la nouveauté. Vous abordez un tournant important pour votre *vie affective*, donc, ne gâchez pas tout par une impulsivité. Le temps travail pour vous, et prochainement vous saurez si cette personne est faite pour vous.

    – Si vous avez déjà *rencontré l'âme sœur,* mais que vous n'avez pas encore officialisé, faites le point sur vos sentiments, sur ce que vous voulez exactement. Le temps est peut-être venu de vous décider !

    – Si vous *êtes en couple* établi, contrôlez votre attitude. Sachez faire des concessions et montrez-vous rassurant.e, surtout jusqu'à 15, vos liens ainsi se renforceront. Dans le cas contraire, si vous imposez votre agressivité, si vous vous buttez pour un oui ou un non, si vous refusez le dialogue, et si votre couple est déjà fragile, vous courrez droit à la rupture. Soyez extrêmement prudent.e le 12 et le 14, où vous aurez tendance à montrer les dents !

    – *En famille,* de nombreuses responsabilités que vous saurez assumer avec brio. Des projets de déménagement ou d'achat d'une maison, pourraient se conclure par une belle affaire. La conjoncture vous est profitable, profitez-en. Si quelques troubles venaient entraver l'harmonie familiale, vous saurez faire preuve de diplomatie et votre esprit conciliant fera le reste. Du 16 au 25, vous pourriez rencontrer des personnes intéressantes et originales qui vous permettront d'évoluer tant sur le *plan amical* que professionnel !

ARGENT – JEUX

– Sur le plan financier également, pas vraiment de soucis à se faire si vous avez su prendre des précautions ultérieurement. Cependant, attendez-vous la première semaine, à quelques dépenses imprévues vous obligeant à sortir le chéquier. Mais rien d'angoissant !

– La signature concernant une transaction immobilière en attente depuis quelque temps, pourrait enfin se conclure.

– La chance *aux jeux* est présente +++ ce mois.

Vos *chiffres* si vous êtes joueur.se :

3, 6, 9, 15, 21, 24 et 27.

SANTÉ – FORME

– Bien que la forme soit présente ce mois-ci, des moments de fatigue et quelques jours ou la combativité sera en baisse. Le changement de saison sans doute. Pensez à faire une cure d'oligo-éléments pour stabiliser votre nervosité. Préférez les plantes telles que : passiflore, aubépine… pour la détente et retrouver le sommeil, mais aussi le magnésium vitamines/B6 pour l'intellect, le moral et vous garder des crampes musculaires. Évitez de vous surmener, et accordez-vous des pauses pour des ballades en montagne, à la campagne ou au bord de la mer. Rien de tel que le grand air pour vous ressourcer !

TOUS DOMAINES
☞ **Vos meilleurs JOURS**
(où vous serez d'humeur conciliante) : 1 – 10 – 19 – 28
☞ **Vos jours DIFFICILES**
*(où il faudra *contrôler* votre agressivité)* : 4 – 13 – 22 – 31

Vos PRÉVISIONS pour AVRIL 2025
☞ Si votre chiffre clé est 06

Votre QUOTIDIEN

AFFAIRES – PROFESSIONNEL – ACTIVITÉS – LOISIRS...

– Avril entame un nouveau cycle de neuf mois. C'est le moment de vous engager, de développer vos projets, de prendre des initiatives. Ayez confiance en vous et en vos possibilités, vous saurez faire les bons choix. Mais vous seul.e devez décider !

– *Si vous êtes en activité professionnelle,* et si par moments vous avez l'impression de faire du surplace, persévérez... Votre envie de réussir et de percer vous poussera à développer les projets que vous aviez mis en suspend depuis quelque temps. Votre volonté et votre efficacité seront récompensées. Les 9, 18 et 27 sont des jours très positifs. Profitez-en pour demander une augmentation de salaire.

– *Si vous êtes à votre compte,* l'évolution de votre activité s'annonce, mais prenez le temps de bien réfléchir aux retombées. Surtout les 7, 16, 25. Si vous devez signer un engagement ou un contrat quelconque, faites preuve de discernement avant toute signature. Ne détruisez pas les efforts fournis par une décision trop hâtive.

– *Si vous êtes à la recherche d'un emploi,* vos quêtes assidues pourraient enfin vous ouvrir des portes que vous n'espériez plus. Cependant, réfléchissez avant de vous emballer, surtout les 10, 19 et 28. Si vous avez un entretien de prévu, mettez-vous en valeur. Soignez votre apparence et soyez souriant.e; De votre bonne attitude devrait résulter du positif. Surtout les 11, 20 et 29 du mois.

– *Pour vos affaires diverses,* maintenez vos efforts, si vous avez des requêtes à formuler, armez-vous de courage et prenez les initiatives qui s'imposent. Notamment le 9, 18 et 27. Vous pourriez en avoir des retombées bénéfiques. Ayez confiance en vous et allez de l'avant !

Pour vos déplacements d'affaires, préférez les 11, 20 et 29.

Envie de voyager ? Préférez les 13, 22 du mois.
Évitez les 12, 21 et 30.

AMOURS – AMITIÉS – FAMILLE – RELATIONS...

– Votre *entourage familial comme amical* sera souvent en demande de conseils. Restez l'ami.e ou le parent attentif, écoutez, donnez votre avis, mais ne dépassez pas cette limite. N'en faites pas trop. Cela pourrait vous retomber dessus !

– Des *adolescents* pourraient également vous solliciter pour venir à leur secours. Plutôt que résoudre vous-même leurs problèmes, apportez-leur des conseils judicieux, mais laissez-les se débrouiller. Plus tard, ils vous en remercieront, et cette attitude leur apprend à se prendre en charges. Telle cette maxime : *« Donnez un poisson à quelqu'un et il aura à manger pour un jour, apprenez-lui l'art de la pêche, et il aura à manger pour toujours. »* D'ailleurs, vous êtes déjà suffisamment pris.e, vous ne pourriez pas tout assumer !

– Si vous *vivez en couple*, vous saurez remonter le moral à votre compagne (gnon) qui pourrait subir des contrariétés dans son travail. Votre comportement énergique et positif aura un effet bénéfique. Par contre, il se peut que toute cette sollicitation des uns et des autres vous étouffe et avec vos nerfs déjà à vif, vous pourriez être tenté.e d'envoyer tout le monde promener, surtout les 12, 21 et 30. Essayez de garder le contrôle. Par ailleurs, vous pourriez avoir envie de nouveauté, de piment dans votre vie. Attention aux conséquences.

– Dans *la vie privée en général*, si des problèmes vous assaillent, vous ne devrez compter sur aucune aide extérieure. Vous seul.e devrez chercher les solutions. Rassurez-vous, vous les trouverez. Quelques bons moments à passer avec *des amis*.

– *Si vous êtes célibataire*, rien de bien stimulant à l'horizon. Vous pourriez même vous surprendre à vous morfondre. Au lieu de vous languir, profitez-en pour vous occuper de vous. Offrez-vous une séance épilation par exemple. Ou lancez-vous dans cette activité sportive qui vous tente depuis si longtemps. Vous pourriez non seulement en retirer un bienfait certain mais également rehausser votre apparence physique.

ARGENT – JEUX

– Soyez très attentif.ve à vos comptes toute cette période. Mettez de l'ordre dans vos papiers et réglez les factures les plus anciennes. Évitez de vous laisser tenter par les achats impulsifs, fuyez les « bonnes affaires » du moment. Vous risqueriez de le regretter. La bonne affaire serait pour le vendeur et non pour votre porte-monnaie. Ne cherchez pas non plus à investir. Prenez le temps de bien réfléchir. Par contre, vous pourriez obtenir certaines satisfactions suites à des démarches faites les mois précédents et qui pourraient remettre à flot vos finances.

La chance *aux jeux* est présente ce mois.

Voici *vos chiffres* si vous êtes joueur.se :

5, 7, 16, 23, 28, 30 et 33.

SANTÉ – FORME

– Essayez de canaliser votre énergie tout au long de ce mois au lieu de la gaspiller, car le surmenage vous guette, et trop de fatigue accumulée pourrait mettre vos nerfs à rude épreuve. Prenez le temps de vous détendre et accordez-vous quelques moments de récréation. Quelques brasses en piscine par exemple, peuvent être un excellent remède à la détente. À moins que vous préfériez le vélo. Défoulez-vous en pratiquant des exercices physiques et faites du yoga. Ne laissez pas quelques jours de découragement, entre le 18 et le 25, venir gâcher votre bonne humeur et remettre en causes tous les efforts fournis !

– N'oubliez pas de continuer vos traitements en cours. Un traitement, même si vous avez l'impression d'aller mieux, doit être continué sur toute la durée prescrite !

TOUS DOMAINES

☞ **Vos meilleurs JOURS**

(où vous serez d'humeur conciliante) : 9 – 18 – 27

☞ **Vos jours DIFFICILES**

(où il faudra contrôler votre agressivité) : 3 – 12 – 21 – 30

Vos PRÉVISIONS pour MAI 2025
☞ **Si votre chiffre clé est 06**

Votre QUOTIDIEN

AFFAIRES – PROFESSIONNEL – ACTIVITÉS – LOISIRS...
– Ce mois-ci, l'accent est mis sur la COLLABORATION.

– *Si vous êtes en activité professionnelle,* quelques tensions possibles sont à prévoir avec certains collègues. Sachez-vous remettre en question. Le différent qui vous oppose a peut-être sa source dans votre comportement. N'auriez-vous pas trop tendance à compter sur les autres ? Il est bon parfois de se lancer seul.e dans la bataille. Savoir prendre des risques et assumer ses échecs fait aussi partie des satisfactions personnelles. Même si vous avez en ce moment besoin des encouragements de vos supérieurs, osez. Vous vous surprendrez. Vous pourriez même exploiter vos capacités lors d'un changement de direction ou de chef de service. Sachez saisir les opportunités.

– Si vous travaillez en *équipe,* vos capacités d'adaptation seront reconnues. L'entraide qui régnera au sein du groupe vous permettra d'évoluer dans votre vie professionnelle, surtout entre le 18 et le 27. Ne cherchez pas à faire cavalier.e seul.e, vous ne pourriez atteindre votre but !

– Si vous *êtes à votre compte* et que vous travaillez *en association,* la période vous est tout particulièrement bénéfique.

– *Si vous êtes à la recherche d'un emploi,* l'horizon pourrait se dégager si vous êtes prêt.e à vous adapter ou modifier votre orientation... Il faut oser changer de cap !

– *Pour vos activités diverses,* association de bénévolat par exemple, quelques tensions sont à craindre. Restez souple et diplomate. Même si vous devez subir des ralentissements dans vos entreprises. Tout le monde est logé à la même enseigne, donc prenez sur vous. Et si vous êtes tenu.e d'effectuer quelques *démarches pour affaires,* la patience sera demandée, car la situation semble bloquée ou tout du moins, rien n'avance comme espéré. Restez pondéré.e; Ne laissez pas le doute prendre du terrain. Tout se débloquera en temps voulu. Si vous devez signer un contrat ou vous engager, préférez les 9, 18 et 27.

Attention aux 11, 20 et 29.

Les déplacements sont favorisés les 10, 19 et 28.

– Envie de *voyager* ? Préférez les 12, 22 du mois.
Évitez les 11, 21 et 30.

AMOURS – AMITIÉS – FAMILLE – RELATIONS...

– Si vous êtes en bisbille avec quelques *amis* ou membre de *la famille*, c'est peut-être le moment d'envisager la réconciliation. Ne laissez pas des problèmes concernant l'argent venir ternir une belle *amitié* ou dénouer les *liens familiaux* pourtant solides.

– Passé le 18, vous retrouverez votre équilibre, et les doutes qui vous auront envahis précédemment concernant la sincérité de vos proches seront vite oubliés.

– *Si vous êtes célibataire,* les sorties et les rencontres sont favorisées tout au long du mois. Vous aurez le sourire facile et votre charme naturel opérera.

– Si vous recherchez *l'âme sœur,* sortez. Principalement les 10, 19 et 28. Et si l'un de ces jours était décisif pour votre avenir à deux ?

– *Si vous êtes en couple,* entre le 18 et le 27, l'envie d'un week-end en amoureux pourrait relancer une relation un peu monotone. Et si vous êtes « en crise », pourquoi ne pas envisager une réconciliation. Par contre, si la tension est trop importante et dure depuis plusieurs mois, ne serait-il pas plus raisonnable de vous décider d'y mettre un terme. Toutefois, agissez qu'après mûre réflexion. Et essayez, tant que ce peut, de vous séparer en douceur. Si vous n'avez pas réussi votre union, rien ne vous empêche de faire la paix tout en partant chacun de son côté. Qui plus est, si vous avez des enfants.

ARGENT – JEUX

– Dès le début du mois, planifiez vos dépenses et faites preuve de prévoyance. Sans jouer à « l'oiseau de mauvaise augure » : une panne de voiture, un électroménager qui rend l'âme, le chauffe-bain qui grille... vous seriez bien dans l'embarras, surtout que les rentrées se font discrètes, et si des remboursements sont attendus, l'attente est longue !

– Également, ce n'est guère le moment de tenter une opération en bourse !

– Par contre, passé le 27, une proposition intéressante sous forme d'activité d'appoint (vente directe à domicile par exemple) pourrait vous être faite. Bien que les résultats espérés demandent un certain temps, voire quelques mois ou plus en fonction de votre motivation, cela vaut peut-être la peine d'y réfléchir.

– Tentez chance _aux jeux_ mais **en groupe ou au moins à deux**.

Vos _chiffres_ si vous êtes joueur.se :
3, 6, 9, 18, 27, 36 et 45.

SANTÉ – FORME

– Ne laissez pas les crises d'angoisses vous envahir. À être trop sollicité.e par votre entourage, vous ne savez plus ou donner de la tête. Et vous êtes comme une éponge. Vous vous imprégnez de leurs soucis et vous voilà déboussolé.e; Vous dévouer, c'est une chose, vous laisser « vampiriser » en est une autre. Accordez-vous des moments détente avec un.e ami.e qui saura vous écouter tout en vous stimulant. Vous confier vous permettra d'éclaircir certains points obscurs et retrouver ainsi votre sérénité. Par ailleurs, évitez les excitants tels que café, alcool, cigarettes...

TOUS DOMAINES
☞ **Vos meilleurs JOURS**
(où vous serez d'humeur conciliante) : **8 – 17 – 26**
☞ **Vos jours DIFFICILES**
_(où il faudra _contrôler_ votre agressivité)_ : **2 – 11 – 20 – 29**

Votre QUOTIDIEN

AFFAIRES – PROFESSIONNEL – ACTIVITÉS – LOISIRS...

– Voici un mois constructif. Toutefois, du 19 et jusqu'au 31, remettez de l'ordre dans votre quotidien et imposez-vous une ligne de conduite.

– *Si vous êtes en activité professionnelle,* vous déborderez d'énergie, d'idées... vos collègues seront charmants et attentionnés, et si vous devez formuler une demande spéciale telle que : changement d'horaires, vous faire remplacer, ou augmentation de salaire... vos désirs pourraient devenir réalité. Cependant, préférez demander un entretien les 7, 16 ou 25, vous serez plus détendu.e et votre demande sera très certainement accordée.

– *Si vous êtes dans le commerce,* la clientèle se gagne et se mérite. Et il faut peu de chose pour la voir partir ailleurs. Donc, profitez de ce mois sous l'influence de MERCURE « contacts », pour « choyer » les habitués. Un geste commercial par ci, une remise par là. Non seulement, vous leur ferez plaisir, mais votre gentillesse ne passant pas inaperçue, vous vaudra des retombées non négligeables sous forme de nouveaux clients, car le « bouche-à-oreille » est la meilleure pub. Pensez-y !

– *Si vous êtes dans le domaine artistique, à la retraite où non,* faites preuve d'originalité. Vous pourriez connaître un certains succès avec un public grandissant. C'est une période de chance qui s'ouvre à vous. Ne passez pas à côté. Vous avez du talent, croyez en vous. Le seul risque à éviter est la dispersion. Aussi, imposez-vous quelques règles et une certaine discipline et tâchez de vous y tenir. L'équilibre réside dans la bonne mesure de chaque chose, gardez toujours ceci à l'esprit.

Vos jours importants : 9, 18 ou 27.

– *Si vous êtes demandeur d'emploi,* de nombreux contacts pourraient vous permettre de percer. Votre esprit ouvert, vous présente comme un être sociable et communicatif, ce qui pourrait vous valoir quelques opportunités !

    – *Si votre activité principale ou d'appoint* est basée sur les réunions, les présentations (vente directe à domicile, présentation d'affaires…), vous aurez l'occasion de faire vos preuves et votre intervention en subjuguera plus d'un, vous userez de votre charme pour convaincre les plus récalcitrants.

– Envie de *voyager* ?
Préférez les 11, 20 et 29 du mois.
Évitez les 10, 19 et 28.

AMOURS – AMITIÉS – FAMILLE – RELATIONS…

    – Un mois de juin ou vous aurez l'esprit à la fête. Sorties entre amis, nouvelles rencontres, organiser des soirées !… tout un programme. Sans compter sur la chance qui vous accompagnera. Vous serrez entouré.e et sollicité.e par les uns et les autres. Vous croulerez sous les invitations.

    – *Si vous êtes célibataire,* vous pourriez faire une rencontre déterminante pour votre avenir. Elle se fera probablement au cours d'un voyage et particulièrement s'il a lieu, à l'étranger (à moins qu'il ne s'agisse d'une personne d'origine étrangère !).

    – *Entre amis,* ne refusez aucune invitation ou distraction. Elle pourrait vous réserver une belle surprise. Par ailleurs, un.e ami.e confronté.e à une situation délicate dans sa vie sentimentale, être à même de se confier à vous, sachant qu'il (elle) peut compter sur votre écoute et sur votre discrétion tout comme sur votre bon sens…

    – *En famille,* les relations restent harmonieuses, même si quelques problèmes se posent, vous en viendrez rapidement à bout et deviendront très vite plus que de mauvais souvenirs, car votre moral étant au beau fixe, rien ne viendra troubler ce joli mois de juin.

    – *Si vous êtes en couple NON confirmé,* c'est peut-être le moment de franchir le pas. Vous pourriez en retirer des moments intenses et heureux, et commencer à construire une vie de famille.

– *Si vous êtes en couple confirmé,* attention à quelques moments d'égarement. Surtout entre le 18, 20, 27 et 29, ce qui pourrait entraîner des tensions avec le (la) partenaire, dues à une crise de jalousie. Mais votre esprit « enjôleur » du moment dissipera vite cette période électrique.

ARGENT – JEUX

– Quelques légers problèmes sont à craindre les 5, 14, 23. Votre vie sentimentale occupera tellement vos pensées que vous en oublierez la prudence financière. Heureusement votre budget devrait rester stable ce mois-ci…

– Si vous envisagez faire des placements, ne vous engagez pas à la légère. Demandez avis à des personnes compétentes !

– Faire la fête, c'est bien, mais attention à une fin de mois un peu sur la corde raide. Votre banquier pourrait vous rappeler à l'ordre.

– La chance *aux jeux* est présente ce mois.
Vos *chiffres* si vous êtes joueur.se : 3, 6, 9, 18, 27, 36 et 45.

SANTÉ – FORME

– Pas de problèmes de santé pour ce mois de juin. Toutefois, évitez les excès alimentaires, votre foie en subirait les conséquences et quelques kilos superflus ne sont guère utiles avant les vacances.

– Continuez vos activités sportives et oxygénez-vous dès que vous le pourrez.

TOUS DOMAINES
☞ **Vos meilleurs JOURS**
(où vous serez d'humeur conciliante) : 7 – 16 – 25
☞ **Vos jours DIFFICILES**
(où il faudra contrôler votre agressivité) : 1 – 10 – 19 – 28

Vos PRÉVISIONS pour JUILLET 2025
☞ **Si votre chiffre clé est 06**

Votre QUOTIDIEN

AFFAIRES – PROFESSIONNEL – ACTIVITÉS – LOISIRS...

– Après 30 jours « détente », voici un mois de JUILLET qui vous demande discipline et rigueur. Face au ralentissement et aux blocages, seule votre patience vous permettra de traverser cette période difficile. Mais toute difficulté a sa part de profit !

– *Côté professionnel,* restez persévérant.e dans vos tâches, même si vous devez subir les aléas et les contretemps, surtout entre le 21 et 29, ou vous devrez sans doute travailler sur un dossier difficile. Tenez bon, votre volonté et votre ténacité seront reconnues par vos supérieurs, ce qui pourrait vous valoir une promotion ultérieurement.

– *Si vous êtes commercial.e,* principalement dans l'immobilier, une affaire pourrait se traiter aux alentours du 9, 18 et 27 (jours à exploiter !). Des félicitations s'imposeront, et les commissions attribuées devraient être source de grande satisfaction. Vos efforts seront payants !

– *Si vous êtes libéral.e, artisan.e ou commerçant.e,* malgré les ralentissements et les échéances, vous maintiendrez le cap. Votre bon sens ne sera pas affaibli et votre acharnement vous conduira à la réussite !

– *Si vous êtes en recherche d'emploi,* même si les « portes sont encore fermées », ne baissez pas les bras. Continuez vos recherches, votre persévérance finira par porter ses fruits. Ne cédez pas au découragement, le temps viendra ou votre obstination se révélera payante !

– *Pour vos affaires administratives,* préparez votre dossier, apportez tous les arguments jouant en votre faveur, mais restez coûte que coûte diplomate et poli.e dans vos propos tout en restant ferme et sur vos positions.

– *Si vous êtes à la retraite ou sans activité,* profitez de ce mois pour faire le rangement dans vos papiers comme dans votre intérieur, que vous reportiez sans cesse.

– *Pour vos activités créatrices*, vous ne manquerez ni d'idées ni de savoir-faire mais aucune possibilité de les mettre en application et encore moins en valeur, ne vous sera offerte. Cependant, préparez le terrain. Le moment viendra ou vos compétences seront reconnues.

– Des déplacements concernant le travail sont possibles.
Préférez les 8, 17, 26.

– Déplacements en train ou avion à éviter (retards, grèves…)
– Ou faire de longues routes (bouchons)
surtout les 9, 13, 18 et 27.

AMOURS – AMITIÉS – FAMILLE – RELATIONS…

– *Côté affectif,* votre envie de vous poser, de construire quelque chose de durable, deviendra obsessionnel. Malheureusement, rien de bien concret en juillet. Vous êtes prêt.e, mais votre ami.e l'est-il (elle) ? Mon conseil : ne bousculez rien ce mois-ci, attendez plutôt septembre ou novembre pour faire votre demande.

– *Si vous êtes déjà en couple,* quelques difficultés sont à prévoir. Des tensions bien souvent liées à l'argent. Faites preuve de tolérance avec le conjoint, et plutôt que de vous emporter sans raison valable, essayez de trouver ensemble des solutions aux problèmes présents. Vous constaterez qu'en y mettant du vôtre, en bannissant l'agressivité, surtout les 9, 18 et 27, les préoccupations ont leurs remèdes !

– *La vie familiale* tant qu'à elle, pourrait vous apporter de nombreuses satisfactions surtout du 2 au 11. Si vous avez des enfants (ou petits-enfants), vous serez fier.e de leur réussite (aux examens ou à un concours entre autres). Par ailleurs, ils sauront vous prouver leur attachement.

– *Avec des voisins* ou l'affinité est présente, principalement s'ils sont âgés, soyez attentionné.e; N'hésitez pas à rendre de menus services : tondre la pelouse, les accompagner aux courses…, ou tout simplement passer 1 heure en leur compagnie, leur fera plaisir et leur tendresse et affection sera votre plus belle récompense… tout particulièrement les : 11, 20 et 29.

ARGENT – JEUX

– Pendant tout ce mois, tenez vos comptes à jour. La rigueur et la prudence vous permettront de supporter certaines difficultés financières, surtout entre le 21 et le 29.

– Ne prenez aucun risque. Même si vous avez une rentrée d'argent imprévue, ne vous engagez pas dans un remboursement anticipé ou dans un placement sans avoir protégé vos arrières.

– En dehors du domaine professionnel, ne signez aucun contrat vous engageant financièrement. Soyez tout particulièrement sur vos gardes les 13, 22.

La chance *aux jeux* est possible ce mois.
– *Vos chiffres* si vous êtes joueur.se :
1, 2, 10, 11, 13, 15 et 46.

SANTÉ – FORME

– La fatigue vous guette. Même si ce sont encore les plus longs jours de l'année, respectez vos heures de sommeil, faites une cure de vitamines et d'oligo-éléments pour rétablir votre équilibre. Accordez-vous des pauses détente et prenez l'air en faisant des ballades dans les bois ou au bord de la mer. Quelques séances de piscine également vous permettront de muscler votre dos tout en vous décrispant.

TOUS DOMAINES
☞ **Vos meilleurs JOURS**
(où vous serez d'humeur conciliante) : **6 – 15 – 24**
☞ **Vos jours DIFFICILES**
(où il faudra <u>contrôler</u> votre agressivité) : **9 – 18 – 27**

Vos PRÉVISIONS pour AOÛT 2025
☞ Si votre chiffre clé est 06

Votre QUOTIDIEN

AFFAIRES – PROFESSIONNEL – ACTIVITÉS – LOISIRS...

– Si vous avez choisi ce mois d'août pour prendre vos vacances, bon choix. Et si vous avez décidé de voyager, vous serez ravi.e; Vous pourrez découvrir des régions inexplorées ou pays, faire de nouvelles rencontres : gens et cultures différents qui pourront enrichir vos connaissances.

– *Si vous êtes en activité professionnelle et si vous travaillez en ce mois,* l'ambiance sera tendue et vous n'aurez guère la tête à l'ouvrage. De plus, il vous faudra vous acquitter d'un travail supplémentaire, vos collègues étant en congés. Vous attendrez les week-ends avec impatience !

– Envie de larguer les amarres ? D'aller bosser autre part ? Réfléchissez tout de même à deux fois ! On croit toujours l'herbe plus verte ailleurs ! Mais on sait ce que l'on quitte, mais que sait-on exactement comment sera ce que l'on trouve ?

– *Si vous êtes en recherche d'emploi,* la motivation n'y est pas. Attendez la dernière semaine pour reprendre vos démarches, car d'ici là, rien de bien prometteur dans l'immédiat.

– *Si vous êtes travailleur indépendant,* et si vous n'êtes pas en vacances, seule la période du 3 au 21 vous sera profitable. Vous resterez concentré.e et efficace malgré votre envie d'être ailleurs. Organisez-vous et ainsi, vous pourrez vous accorder quelques jours de détente.

– *Pour les autres, retraités ou artistes,* vous aurez beaucoup d'inspiration, mais aurez aussi tendance à vous éparpiller. Pas mal de projets, mais la concrétisation n'est pas d'actualité surtout du 22 au 31 !

– Vous vous découvrirez de nouvelles passions dans lesquelles vous vous investirez à fond, aussi bien physiquement (parachutisme, vélo, cheval) qu'intellectuellement (étude d'une langue étrangère et pourquoi pas d'astrologie, numérologie, voire tarots ou cartomancie…)

– L'esprit aventureux, la curiosité en éveil, vous pourriez être pris.e de l'envie croissante de vivre de nouvelles expériences palpitantes ; qu'à cela tienne ! Profitez donc de cette belle énergie du moment.

– *Pour vos démarches administratives,* attendez le mois prochain, car d'ici le 28, vous n'aurez guère de possibilités d'avoir des réponses à votre attente, et ces retards vous agaceront. Donc, prenez votre mal en patience. Ne faites pas subir votre mécontentement aux autres, ils n'y sont pour rien !

– Les voyages professionnels le 7, 16, 27 seront bénéfiques.
– Envie de *voyager* ? Préférez les 9 et 27 du mois.
Évitez les 8, 17, 26.

AMOURS – AMITIÉS – FAMILLE – RELATIONS...

– Intenses et vibrantes sont les amours d'août ! votre charme fait des ravages. Du coup, vous en usez et abusez à votre gré !

– Si votre *cœur est libre* et si vous êtes en vacances, vous pourriez vivre une expérience amoureuse peu ordinaire qui pourrait même évoluer dans le futur.
– Vos jours bénéfiques sont les 9, 18 et 27.
– *Si vous êtes en couple,* vous risquez de regarder un peu trop « ailleurs », surtout si vous êtes encore en vacances. Si vous ne voulez pas voir votre ménage partir à la dérive, résistez à la tentation d'une aventure. Même si elle n'est que passade, votre couple risque de ne pas y résister. Si votre relation malgré tout est solide, vous en serez quitte pour une dispute violente. Dans le cas contraire, vous courez à la rupture définitive. Vous voilà averti.e;
– Période difficile à partir du 13, et jusqu'à la fin du mois.
– *En famille,* les relations seront quelques peu difficiles de par le besoin de votre envie de liberté qui ne sera pas compris par tous. Il faudra prendre sur vous et faire preuve de beaucoup de patience. Évitez de vous énerver pour des petits riens. Ce n'est pas bon pour la santé, surtout, si vous êtes encore en vacances. Profitez des moments agréables au maximum notamment les 10, 19 et 28.

<u>*ARGENT – JEUX*</u>

– Même si août est équilibré financièrement, ne vous laissez pas aller aux achats impulsifs. Bien que ce soit encore la période des soldes, n'achetez pas plus que vos besoins, et si vous êtes parent d'enfants scolarisés, la rentrée risque d'être difficile. Ne cédez pas à tous leurs caprices. Restez réaliste et limitez vos dépenses à l'essentiel. Votre porte-monnaie vous en remerciera prochainement. Pensez que les 3 derniers mois de l'année sont souvent les plus difficiles économiquement à traverser !

– La chance <u>*aux jeux*</u> est excellente ce mois.

– <u>*Vos chiffres*</u> si vous êtes joueur.se :
2, 4, 11, 13, 17, 21 et 38.

<u>*SANTÉ – FORME*</u>

– Grande forme. Vous déborderez d'énergie. Continuez votre cure de vitamines pour en conserver un meilleur acquis.

– Restez prudent.e les jours de fortes chaleurs. Pensez à vous hydrater, et protégez-vous des coups de soleil. Risque d'insolation possible. De plus, si vous avez une fragilité cardiaque, recherchez les zones d'ombre et de fraîcheur. Pas d'imprudence. Vous risqueriez de finir vos vacances à l'hôpital !

– Si vous pratiquez des activités sportives, préférez la natation ou les exercices doux. Évitez les sports sollicitant trop votre cœur. Vous les reprendrez quand les températures seront plus clémentes. Ne faites pas de zèle.

TOUS DOMAINES
☞ **Vos meilleurs JOURS**
(où vous serez d'humeur conciliante) : 5 – 14 – 23
☞ **Vos jours DIFFICILES**
(où il faudra <u>contrôler</u> votre agressivité) : 8 – 17 – 26

Vos PRÉVISIONS pour SEPTEMBRE 2025

Votre QUOTIDIEN

AFFAIRES – PROFESSIONNEL – ACTIVITÉS – LOISIRS...

– Un mois chargé ou votre énergie sera grandement sollicitée et votre agenda bien rempli. Et *si vous êtes en activité professionnelle,* de nouvelles responsabilités pourraient vous être attribuées, (former un apprenti ou une nouvelle recrue par exemple). Même si dans un premier temps, vous auriez préféré démarrer cette rentrée en toute tranquillité, assurez votre tâche en restant patient.e et efficace. N'oubliez pas que vous aussi, vous avez été un.e bleu.e !

– *Si vous êtes demandeur d'emploi,* de belles possibilités vous seront offertes, surtout si votre recherche se porte sur le commerce (tout particulièrement un emploi de commercial ou de V.R.P !) Les 6, 15, 24 sont des jours à exploiter !

– *Si vous êtes commerçant.e ou libéral.e,* la période est excellente pour agrandir et fidéliser la clientèle. Pensez aux méthodes de « fidélisation » et « parrainage ». Les répercussions se révéleront bénéfiques à long terme.

– *Si vous êtes un.e retraité.e actif.ve,* ou si vous évoluez dans le *domaine artistique ou esthétique,* l'agenda sera bien rempli pour les uns, l'inspiration sera présente pour les autres. Vous n'aurez guère le temps de vous ennuyer et les contacts pris, surtout entre le 13 et le 30 du mois, auront des répercussions positives et favoriseront votre évolution créative.

– Pour *vos démarches juridiques* concernant tout particulièrement le domaine familial, (au sujet de la garde d'enfants par exemple,) préférez les 6, 15, 24, qui pourraient vous apporter des réponses positives à vos demandes. Évitez cependant les 11, 20 et 29, vous risquez de manquer de diplomatie et de tact, ce qui jouerait contre vous !

– Évitez de voyager ou faire de *grands déplacements*…

Si <u>activité oblige</u> : **ABSTENEZ-VOUS** les 6, 9, 16, 18, 25, 27.

<u>AMOURS – AMITIÉS – FAMILLE – RELATIONS…</u>

– MOIS & (ANNÉE) ou la MAISON et la FAMILLE sont à l'honneur. Faites preuve de patience et de tolérance, surtout face aux jeunes. Tout particulièrement les 10 premiers jours. Rentrée scolaire ardue pour certains, ou départ en apprentissage pour d'autres… sachez rester à leur écoute, car la séparation ou l'inconnu peut être difficile et perturbant pour vos ados.

– Avec des *ascendants âgés*, vous pourriez être sollicité.e en permanence, à moins que ce ne soient des querelles entre parents et frères/sœurs si vous en avez, qui surgissent. Évitez de vous en mêler. Même si vous êtes pris.e à parti, restez en retrait. Cela vous évitera bien des regrets et des soucis inutiles. Entre le 13 et le 22, vous serez plus détendu.e, profitez-en pour resserrer les liens et vous rapprocher des vôtres en réunissant votre petite famille autour d'une table par exemple.

– Et *si vous vivez en couple*, quelques remises en question peuvent s'imposer. Savoir reconnaître sa part de responsabilités dans les tracas du quotidien peut s'avérer douloureux mais salutaire. Il est facile de toujours accuser l'autre de la mésentente du ménage, mais a-t-il vraiment tous les torts ? Faites votre examen de conscience, et vous trouverez votre réponse. Au niveau amical, un couple pourrait vivre une séparation qui vous chamboulera. Vous pourriez malgré vous, être sollicité.e pour témoigner, faire une attestation… je vous conseille de rester en dehors de leur histoire, non seulement un stress supplémentaire n'est pas nécessaire, mais vous risqueriez de vous retrouver accusé.e de vous être occupé.e d'affaires qui ne vous concernent pas.

– Si vous êtes en *quête de l'âme sœur*, vous pourriez chercher à renouer avec une personne qui a déjà beaucoup compté, voire déjà vécu avec vous. Réfléchissez à la raison qui a fait que vous vous étiez séparés. Êtes-vous prêt.e à reconnaître votre part de torts et faire des concessions ?

ARGENT – JEUX

– Si vous avez des enfants étudiants, attendez-vous à devoir faire face à des dépenses incontournables qui amputeront sérieusement votre budget du mois. Même si vous avez les primes de rentrée scolaire ou les bourses, allez à l'essentiel. Ne vous laissez pas attendrir en leur achetant la tenue de sport dernier cri, par exemple. Restez ferme, préférez la qualité à la mode du moment !

– Des travaux pour améliorer l'habitat sont envisagés ? C'est le moment de faire les démarches qui permettent de réaliser de belles économies. Renseignez-vous sur les aides et les subventions attribuées. Si vous êtes à la retraite, pensez à vous renseigner auprès de votre caisse. Des coups de pouce sont parfois attribués. Renseignez-vous également aux crédits taux 1% (prêt patronal), voire 0 % (aide de l'état !) Qui ne demande rien n'obtient rien.

– La chance *aux jeux* est possible ce mois.
– *Vos chiffres* si vous êtes joueur.se :
3, 6, 12, 18, 30, 33 et 48.

SANTÉ – FORME

– Rien de particulier en ce mois de septembre. Juste quelques maux de gorge ou une angine sont possibles. Tension nerveuse un peu élevée. Détendez-vous !

TOUS DOMAINES
☞ **Vos meilleurs JOURS**
(où vous serez d'humeur conciliante) : **4 – 13 – 22 – 31**
☞ **Vos jours DIFFICILES**
(où il faudra contrôler votre agressivité) : **7 – 16 – 25**

Vos PRÉVISIONS pour OCTOBRE 2025
☞ Si votre chiffre clé est 06

Votre QUOTIDIEN

AFFAIRES – PROFESSIONNEL – ACTIVITÉS – LOISIRS...

    – Si vous êtes en activité professionnelle, un mois peu exaltant. Plutôt que de vous morfondre pour les retards éventuels et les délais imposés, profitez-en pour recharger vos batteries. Si vous travaillez dans un bureau, vous aurez l'esprit ailleurs, ce qui pourrait vous occasionner un rappel à l'ordre de la part de vos supérieurs... et vos collègues pourraient se plaindre de votre manque de participation, ce qui soulève des tensions, avec vos acolytes, surtout les 9, 18 et 27. « Réveillez-vous » et faites preuve de plus de motivation.

    – Si vous êtes à votre compte et « attendez la clientèle », profitez de ce ralentissement imposé pour vous mettre à jour dans votre comptabilité. Analysez la situation, méditez et visualisez comment améliorer votre activité, comment fidéliser les prospects.

    – Si vous êtes commercial.e ou V.R.P ou en vente directe..., vous devrez faire preuve de ténacité pour trouver de nouveaux partenaires ou clients... Ne vous laissez pas aller au découragement. Analysez plutôt votre situation en recherchant les causes réelles de vos échecs et de vos résultats positifs.

    – Pour vos affaires diverses (administratives et/ou juridiques), du 5 au 14, un semblant de mieux se fera sentir mais au final, rien de concluant.

    – Si vous êtes en recherche d'emploi, les chances d'un CDI sont minimes pour ce mois-ci. Persévérez et continuez d'envoyer vos CV, les «graines» semées ces dernières semaines germeront à long terme.

    – Pour vos activités INTELLECTUELLES diverses (hobbys).... ce mois vous est tout particulièrement bénéfique puisqu'il est celui de la méditation, et où la facilité d'apprendre est à son sommet. Profitez-en pour vous lancer dans l'étude de la numérologie par exemple. Ou reprendre vos études, ou encore,

approfondir vos connaissances dans un domaine qui vous intéresse depuis longtemps mais en gardant à l'esprit que tout ralentissement peut avoir son côté profitable, si vous méditez sur ceci : « *Les obstacles ne sont pas faits pour abattre, mais pour être abattus.* », vous changerez complètement de regard et le sage qui sommeille en vous s'apercevra que la vie devient plus facile dès lors qu'on la considère d'un œil bienveillant et positif.

     – Si *vous cherchez des réponses à vos questions*, vous espérez des jours meilleurs, certes. Mais ce n'est pas une raison pour vous laisser manipuler par le premier charlatan venu. En ce mois, vous pourriez facilement vous faire gruger. Fuyez les numéros surtaxés ou à 4 chiffres vous proposant un service (telle que : voyance gratuite !...) Non seulement, vous aurez des réponses toutes faites qui demandent encore + de questions, mais également, votre facture de téléphone vous réservera le mois prochain une bien désagréable surprise. Si le besoin d'écoute et de conseils se fait sentir, préférez consulter un.e VRAI.E professionnel.le.

     – Envie de *voyager* ? Préférez les 7, 16 et 24 du mois. Évitez les 6, 15 et 23.

AMOURS – AMITIÉS – FAMILLE – RELATIONS...

     – les 15 premiers jours, ayant le moral dans les chaussettes, vous faites subir à votre entourage vos sautes d'humeur. Soit que vous viviez des moments difficiles (décès de proche, maladie...) ou encore brouille sérieuse avec *amis ou parents*, ou encore difficultés avec *enfants ou conjoint,* à moins que ce soient des tourments professionnels (harcèlement, mis.e au placard, licenciement...) tout est possible ce mois et vous aurez une vision de la vie plutôt noircie. Vous n'aurez guère l'esprit communicatif. Au contraire, vous n'aurez qu'une envie, rester seul.e à vous morfondre. Vos idées ne seront pas claires, ou du moins farfelues et vous serez incompris.e, ce qui entraînera souvent des heurts. Quelles que soient les épreuves à surmonter, elles font partie de la vie. Certaines sont hélas indépendantes de notre volonté, mais d'autres peuvent se résoudre par la remise en question et la façon de penser. Vous vivez un moment difficile, certes, mais d'autres vivent encore pire que vous. Dites-vous que

TOUT PASSE. La roue tourne, et vos tracas ne seront bientôt plus qu'un mauvais souvenir...

– Si *vous vivez seul.e,* ce n'est pas ce mois-ci qu'il faudra espérer faire une rencontre. Votre attitude hautaine et distante du moment ne vous êtes guère profitable !...

– *Si vous êtes en couple,* soyez moins taciturne et moins ronchon. Contrôlez vos paroles qui dépassent bien souvent vos pensées mais qui font souffrir votre *conjoint,* surtout les 8, 21, 26.

– Même scénario *en famille,* montrez un peu plus de tendresse et répondez au moins aux questions que l'on vous pose. Ne faites pas subir votre mauvaise humeur à votre entourage !

ARGENT – JEUX

– Même les finances viennent vous tracasser. Des factures imprévues liées à des pannes diverses, des frais médicaux ou autres. Faites preuve d'imagination pour boucler votre mois, car vous ne pourrez compter sur aucune aide extérieure. Ne vous laissez pas aller à des achats superflus... N'envisagez aucune démarche, pas de signature de contrat ou d'investissement en cette période, ils pourraient se solder par un échec (pertes d'argent importantes).

– La chance *aux jeux*
Écoutez votre intuition ou essayez les grattages (entre autres).

SANTÉ – FORME

– Moral en berne, énergie à zéro. N'attendez pas pour réagir et consultez votre médecin. Faites moins de sport, préférez la détente ou la marche au contact de la nature, reposez-vous, l'année n'est pas encore finie. Évitez les moments de cafard en trouvant un côté positif aux événements et habituez-vous à cultiver des pensées positives.

TOUS DOMAINES
☞ **Vos meilleurs JOURS**
(où vous serez d'humeur conciliante) : **3 – 12 – 21 – 30**
☞ **Vos jours DIFFICILES**
(où il faudra contrôler votre agressivité) : **6 – 15 – 24**

Vos **PRÉVISIONS** pour **NOVEMBRE 2025**
☞ Si votre chiffre clé est 06

Votre QUOTIDIEN

AFFAIRES – PROFESSIONNEL – ACTIVITÉS – LOISIRS...

– Après un mois d'octobre ou votre esprit était embrumé, vous voici débordant.e d'optimisme. Cependant, modérez votre enthousiasme et restez maître.sse de vous-même, adoptez une attitude réfléchie et tempérée. Ne vous emballez pas dans des décisions prises à la va-vite. Vous commettriez certaines erreurs fortes préjudiciables. Avant de signer le moindre contrat ou d'envoyer un courrier pour tenter de résoudre une affaire délicate, prenez le temps de bien lire et relire afin de ne négliger aucun détail, ni laisser des traces écrites qui pourraient par la suite, être sources de tracas importants.

– *Pour vos affaires diverses,* faites très attention pour les documents qui sont en relation avec l'administration ou la Justice. Surveillez vos propos et contrôlez votre impulsivité surtout les 9, 18 et 27.

– Modérez vos exigences, car même si vous êtes dans votre bon droit de réclamer, mettez-y les formes, ne gâchez pas les influx positifs dont vous bénéficiez actuellement.

– *Si vous êtes en activité ou à la recherche d'un emploi,* bien que cette période s'avère prometteuse, retenez les conseils ci-dessus. Et si vous savez faire preuve de tact et de tempérance, votre obstination et votre bonne volonté vous permettront d'aller de l'avant et d'arriver à votre but, en particulier du 6 au 24. Cependant, ne vous mettez pas la barre trop haut. À vouloir aller au-delà de vos limites et à vous fixer des objectifs trop élevés, vous risquez de commettre des erreurs irréparables. Imposez-vous un temps de réflexion avant d'agir et ainsi les décisions prises seront constructives. Dans le cas contraire, votre précipitation risque de vous entraîner sur une pente très dangereuse pour vos finances !

– Pour vos déplacements professionnels
préférez le 13, 22.
– Déplacements et voyages : Prudence tout le mois
si vous devez faire de longs trajets.
(Préférez le train, le bus ou l'avion)

AMOURS – AMITIÉS – FAMILLE – RELATIONS…

– Mois ou le côté MATÉRIEL prédomine, vous aurez une attitude plutôt froide et distante avec vos proches. Les dépenses de la maison sont questions de discorde. Un sou est un sou !

– Des conflits _familiaux_ (avec frère ou sœur) liés à un héritage ou un partage ne sont pas à exclure, surtout les 14, 20, 23 et 29. Surveillez vos paroles, et avant de porter un jugement ou une accusation, ayez la certitude de détenir la vérité de ce que vous avancez. Ne vous basez pas sur les « on-dit », allez à la source. Vous évitez ainsi des querelles à n'en plus finir. Le dialogue étant encore la meilleure des solutions.

– Si _votre couple_ est en pleine séparation ou divorce, vous pourriez être confrontés à des problèmes de partage, à moins que ce soit au sujet de la garde des enfants… Préférez les compromis. Vous évitez ainsi bien des soucis sans oublier que le passage par la justice pour régler les différents, demande quelques années, et bien souvent, le gagnant n'est pas celui qu'on croit. Et en ressort-on vraiment vainqueur ?

– Entre le 15 et le 24, une période plus favorable et surtout moins tendue vous permettra quelques moments agréables.

– Excellent mois si vous avez décidé de passer devant le MAIRE pour _officialiser votre union._ Préférez les 7, 16, 26.

– Si _vous êtes célibataire,_ il n'est pas impossible que vous tombiez sous le charme d'une personne digne de confiance.

ARGENT – JEUX

– Mois du MATÉRIEL, donc de vos finances. Si vous avez prévu investir dans l'immobilier, achat d'une maison ou d'un appartement, à moins que ce soient des travaux d'aménagement ou d'amélioration de l'habitat, en cette période surtout le

9 et du 14 au 23, vous pourriez réaliser une bonne affaire. Votre jugement étant sûr, vous saurez flairer le bon coup. Passé ce créneau, ne prenez aucun risque inutile concernant des engagements financiers. Attendez janvier 2025 !

    – Si vous devez faire des démarches pour obtenir une aide financière par exemple, ou solliciter un prêt…, jusqu'au 24, votre demande a de grande chance d'être accordée.

    – Dans l'ensemble, votre situation s'améliore, vos économies grossissent. Profitez-en pour mettre le surplus de côté, en prévision des mois plus difficiles.

    – La chance *aux jeux* n'est guère présente ce mois.

Toutefois, voici vos *chiffres* si vous êtes joueur.se :
5, 6, 10, 14, 19, 33 et 39.

SANTÉ – FORME

    – Le moral est à la hausse ce mois de novembre. La vitalité est de retour. N'en abusez pas pour autant. Soyez prudent.e sur la route. Mais également si vous bricolez, ne montez pas sur une échelle sans sécurité. Votre tension nerveuse étant élevée, vous pourriez commettre des imprudences qui pourraient être fatales !

    – Évitez les activités sportives trop violentes. Vous n'avez pas suffisamment le contrôle de vous-même ce mois-ci. Préférez la gymnastique douce, la natation, la marche. Les risques sont moins grands, tant pour vous que pour autrui !

TOUS DOMAINES
☞ **Vos meilleurs JOURS**
(où vous serez d'humeur conciliante) : 2 – 11 – 20 – 29
☞ **Vos jours DIFFICILES**
(où il faudra contrôler votre agressivité) : 5 – 14 – 23

Vos PRÉVISIONS pour DÉCEMBRE 2025
☞

Votre QUOTIDIEN

AFFAIRES – PROFESSIONNEL – ACTIVITÉS – LOISIRS...

– L'année se termine ! Donc, en décembre, faites le point sur les 11 mois passés. Analysez les événements survenus (bons ou mauvais), jaugez votre bilan… Terminez ce qui est en cours, mais ne démarrez rien de nouveau ce mois-ci.

– *Si vous êtes en activité professionnelle,* ne relâchez ni vos efforts ni votre attention. Vous serez souvent sollicité.e par vos collègues, mais ayant « l'esprit de Noël » vous vous investirez totalement à leur égard. Aussi bien en temps qu'en action. Vous aurez l'âme généreuse.

– Pour *vos affaires en cours,* seules celles préparées depuis un certain temps, auront des chances d'aboutir entre le 5 et le 23. Par contre, évitez d'entreprendre quoi que ce soit de nouveau. De toute façon vous laisserez vos problèmes de côté pour vous occuper exclusivement des autres et serez attentif.ve à leur moindre désir.

– Si vous êtes à *votre compte ou commercial.e,* des contrats extérieurs ou à l'étranger ne sont pas exclus. Et de multiples satisfactions pourraient en être retirées.

– *Si vous êtes étudiant.e* ou projet de *reprendre des études,* ce mois est idéal pour développer vos connaissances et faire de nouvelles rencontres qui vous apporteront une vision différente de la vie. Vous en tirerez une philosophie nouvelle en minimisant les aspects matériels et en attachant plus d'importance aux sentiments (amour, amitié, générosité).

– *Envie de voyager ?* Choisir les 5, 14, 23
Évitez les 4, 13 et 22.
Partir à L'ÉTRANGER : préférez les 9, 18 et 27 du mois.

– Votre entourage _familial_ ou _amical_ sera à l'honneur tout ce mois de décembre. L'ambiance sera chaleureuse surtout entre le 6 et le 25, avec de grandes joies en perspective.

– Cependant, ne vous laissez pas émouvoir par quelques personnes (amis-parents-enfants) qui pourraient tirer profit de votre « excès » de générosité et de compassion du moment, en venant se plaindre de leurs problèmes d'argent ou autres... gardez ceci à l'esprit : « _qui sait bien se lamenter à toujours raison._ » Ne vous laissez pas attendrir ni mener par le bout du nez. Vous constaterez d'ici peu, que les pleurnicheries n'étaient que pur cinéma. Ne dit-on pas aussi que : _«plus on est Bon, plus on est C...»_

– Si vous _vivez en couple_, vous pourriez passer par des moments de tendresse comme d'agressivité. _Mon conseil :_ si dans l'ensemble votre couple à encore des possibilités de survivre aux aléas de la vie, faites le maximum pour resserrer les liens, remettez-vous en question, dialoguez et donnez-vous une seconde chance.

– Dans le cas contraire, l'heure est venue du bilan, peut-être est-il temps de reprendre chacun sa route et de vous libérer mutuellement d'un amour éteint. Quelle que soit la situation, c'est principalement les 9, 18 et 27 qui vous serez le (la) mieux disposé.e et ou vos émotions seront sous contrôle. Profitez-en pour remettre de l'ordre dans votre vie, dans un sens ou dans l'autre.

– Si _vous êtes célibataire_, vous pourriez connaître une amourette, surtout si vous voyagez à l'étranger, à moins que ce ne soit une personne étrangère qui vienne à vous. Toutefois, si cette rencontre est faite avant le 25, elle ne restera qu'au stade « aventure », après le 25, elle peut devenir plus sérieuse. Mais ne vous emballez pas. L'avenir le dira !

ARGENT – JEUX

– Un budget dans l'ensemble équilibré malgré les dépenses occasionnées par les fêtes. Vous avez su prévoir cette période les mois précédents, et vous pouvez vous en féliciter. Par ailleurs, il n'est pas exclu qu'une rentrée d'argent vienne grossir vos comptes en banque. Une prime de fin d'année, les étrennes en avance, ou pourquoi pas, un gain aux jeux… Par contre, abstenez-vous de tout placement. En cette période, vous n'en retireriez aucun bénéfice. De même, si vous envisagez un prêt, attendez un moment plus propice, fin du mois de mars de l'année prochaine par exemple, vous aurez plus de chance qu'il vous soit accordé !

La chance *aux jeux* est présente +++ ce mois.
– *Vos chiffres* si vous êtes joueur.se :
3, 6, 9, 15, 21, 24 et 27.

SANTÉ – FORME

– Comme un rien vous contrarie ce mois-ci, votre excès d'émotivité et de nervosité pourrait avoir de fâcheuses répercussions sur votre système digestif. Fuyez les conflits et restez zen, c'est la meilleure façon de ne pas vous stresser inutilement.

– Profitez plutôt des fêtes pour vous reposer, prendre du recul et recharger vos batteries.

– Si vous prenez des vacances, profitez de la montagne au maximum, et même si vous ne skiez pas, oxygénez-vous. Le grand air vous fera un bien fou, tant physiquement que moralement et vous entamerez ainsi la nouvelle année sur les chapeaux de roues.

TOUS DOMAINES
☞ **Vos meilleurs JOURS**
(où vous serez d'humeur conciliante) **: 1 – 10 – 19 – 28**
☞ **Vos jours DIFFICILES**
(où il faudra <u>contrôler</u> votre agressivité) **: 4 – 13 – 22 – 31**

Si votre chiffre CLÉ est

Voici les prévisions <u>détaillées</u>

de votre année

PERSONNELLE 2025

de

JANVIER à DÉCEMBRE

 howhow

…PRENDRE du RECUL !
METTRE DE L'ORDRE dans votre VIE…

> ➢ *C'est en examinant votre passé, en analysant votre vécu, vos erreurs, que non seulement vous vous offrez une nouvelle chance de vous améliorer et d'évoluer, mais aussi de préparer votre avenir !*

Vos MOTS CLÉS pour 2025 sont donc :
Lâcher-prise & transformation…

☞ *En GÉNÉRAL*

➢ **2025** sera une année propice à la solitude et à la concentration, car il sera question (*pour vous*) de ralentissement général. Idéal pour prendre une année SABBATIQUE. L'influence de NEPTUNE, planète de l'intuition et de l'imaginaire sera très favorable aux « travaux de l'esprit ». Écriture, méditation, réflexion… seront à l'honneur.

– Pour vous donc, **2025** se réveillera souvent une année ou vous vous poserez beaucoup de questions sur vous-même, sur vos croyances ou par rapport aux situations vécues du moment.

– Bien que cette année, vous serez plus porté.e à la solitude, maintenez le contact avec vos cercles sociaux, amicaux ou familiaux, car votre entourage peut se révéler pendant cette période d'excellent conseil.

☞ *Comment « vivrez-vous » 2025 ?*

– Des coups de blues ne sont pas à exclure ! Pas de panique, restez simplement à l'écoute de votre petite voix intérieure, il s'agit tout bonnement d'une nouvelle prise de conscience qui peut vous chambouler tout en vous apportant un éclaircissement à des questions laissées longtemps en suspend.

➤ *PLAN PROFESSIONNEL :*

Si vous êtes au chômage, une réelle remise en question s'impose au mois de mars. Quelles sont vos valeurs ? Que désirez-vous faire exactement ?... Des offres de formation ou de stages peuvent s'annoncer ! Profitez-en, elles seront profitables. Mais fiez-vous à votre intuition et restez à l'écoute des signes qui se présenteront avant de prendre un engagement.

– Pour les étudiants, si vous préparez des examens, cette année est la vôtre !

➤ *PLAN AFFECTIF :*

– Période plutôt de frustration ! Ce n'est pas la période pour les unions stables et durables.

– <u>En couple,</u> l'incompréhension régnera au cours du premier trimestre. Une possible absence physique comme émotionnelle de votre partenaire, trop pris par son travail ou ses obligations, vous déstabilisera.

– Mais dès la fin mars, la tension descendra et vous pourrez même envisager faire des projets. (Achat d'une maison, mettre un bébé en route... tout particulièrement pour mai ou novembre).

– <u>Pour certains célibataires,</u> **avril** pourrait leur réserver un véritable coup de foudre ! Ceci pourrait même les inciter à déménager pour aller vivre avec, dès **août** ! Je vous conseille cependant de bien réfléchir avant de vous engager à la va-vite, car il se peut que ce ne soit qu'une attirance physique ! Et quand la passion est éteinte que reste-t-il ?

– <u>Pour d'autres,</u> ce peut être la confusion des sentiments : amitié ou amour ?

➤ *PLAN FAMILIAL :*

– Étant une étape de repli sur soi, d'examen intérieur, vous risquez de ressentir fortement un manque, une solitude... ou au contraire, vous aurez envie de prendre vos distances.

– Pour d'autres, en manque de complicité, des conflits peuvent éclater. Mordez-vous la langue ! Ne laissez pas la colère prendre le dessus. Par ailleurs, gardez toujours à l'esprit que vous n'avez pas forcément raison.

➤ *__PLAN MATÉRIEL__* :

– Gare aux rentrées d'argent qui se font attendre ! N'anticipez pas des travaux ou des achats importants avant d'avoir les finances, car même si des subventions vous sont accordées verbalement ou en simulation… attendez la confirmation écrite avant de vos engager.

➤ *__SANTÉ__* :

– Pas mal de fatigue en cette année **2025**. Le psychisme sera fragilisé et les insomnies risquent d'être fréquentes.

– Préférez les activités zen : méditation, yoga, balades en forêt, longues marches au bord de mer, natation…

☞ *__QUELQUES CONSEILS__* :

Faites preuve d'INTROSPECTION & PRUDENCE !

– Cette année sous l'influence de NEPTUNE, il faut apprendre à faire le bilan de son passé, à mesurer les erreurs afin de ne pas les renouveler. Ce n'est pas une des années les plus faciles, car elle demande discernement, observation et recul. Nécessite donc de chercher à évoluer, à modifier son comportement, à « grandir ». Mais pas question de rester à s'apitoyer sur son sort.

☞ *__LES MOIS IMPORTANTS__*

– *JANVIER :* votre mental s'emballe ? Calmez le jeu… Votre bon raisonnement vous rendra super efficace !

– *MARS* : tout arrive à point à qui sait attendre ! Vous reprenez confiance en vous en mettant en pratique votre savoir-faire.

– *OCTOBRE,* très propice à l'accomplissement de vos idées, de vos projets…

– *DÉCEMBRE* : Dernière ligne droite avant d'entrer en **2025.**

Vos PRÉVISIONS pour JANVIER 2025
☞ Si votre chiffre clé est 07

Votre QUOTIDIEN

AFFAIRES – PROFESSIONNEL – ACTIVITÉS – LOISIRS...

– *Si vous êtes en activité professionnelle,* évitez les rapports de force avec les collègues. Vous êtes ce mois sur les charbons ardents et un rien vous énerve ! Il se pourrait que des discussions au sujet de remplacements, de tour de garde ou de changement d'horaires, surtout vers le 6, 15 ou 24 viennent déstabiliser vos projets. Évitez de vous emporter ! Peut-être qu'après réflexion, ces changements vous rendront service. Faites preuve de pacification, et tout le monde y trouvera son compte. Les 2, 4, 11, 13, 20 et 22 pourraient vous apporter quelques satisfactions dans votre travail.

– *Si vous êtes en recherche d'emploi,* un ras-le-bol s'installe, rien à l'horizon. Ne baissez pas les bras pour autant ! Tout vient à point à qui sait attendre et persévère…

– *Si vous avez des affaires diverses en cours (juridiques, administratives…*), votre patience sera mise à rude épreuve ! Rien n'évolue comme espéré. Blocages, contretemps, report d'audience… tout s'en mêle et cela crée en vous une tension nerveuse et une fatigue intenses. Néanmoins, ne vous laissez pas aller au découragement et ne restez pas chez vous à broyer du noir.

– Restez diplomate face à vos interlocuteurs, maîtrisez votre impulsivité ! Et si vous devez envoyer un courrier, écrivez-le, mais attendez un autre jour pour le poster. Relisez-le, et ayez des propos moins virulents, car n'oubliez pas que les ÉCRITS peuvent souvent se retourner contre nous. Donc, agissez avec méthode et tempérance. En restant modéré.e et en faisant preuve de tact, vous finirez par résoudre vos problèmes en heure et en temps !

– Soyez très prudent.e lors de vos déplacements divers, même les petits trajets ne vous mettent pas à l'abri d'un accident ! Surtout si vous êtes fatigué.e !

– Si vous devez effectuer un voyage en rapport avec vos affaires, optez pour le 4, 13 et 22.

– _Déplacements et voyages :_
Prudence tout le mois si vous devez faire de longs trajets !
(Préférez le train, le bus ou l'avion).

AMOURS – AMITIÉS – FAMILLE – RELATIONS...

– Rien de bien stimulant en ce début d'année. Vous supportez mal _vos proches_ (qu'ils soient _amis – parents – enfants_) qui se plaignent de leurs petits « bobos » ou qui boudent. Vous n'avez qu'une envie : les secouer comme un prunier, vous avez déjà vos propres problèmes à résoudre et ceux des autres ne vous intéressent pas !

– Mais vous aussi, vous avez vos moments de jérémiades où vous aimez que l'on vous écoute, alors faites preuve de tolérance, surtout avec les plus jeunes que vous, principalement les 5, 14 et 23.

– Essayez de maintenir le dialogue afin de trouver une solution et d'éviter une cassure, qui même provisoire, serait un souci supplémentaire. Vous avez eu leur âge, et tant que l'on n'a pas vécu de grande galère, la moindre petite broutille devient une montagne, vous le savez, vos enfants l'apprendront à leurs dépens. Mais pour l'instant, il faut faire avec !

– _Si vous êtes en couple_, ne faites pas subir à votre conjoint votre mauvaise humeur sous prétexte que vous avez des problèmes au travail ou que la voiture tombe en panne ! Faites le dos rond. Heureusement la dernière semaine devrait ramener le calme et la détente.

– _Si vous êtes seul.e,_ rien de bien passionnant à l'horizon. Cependant ne refusez pas quelques invitations, surtout vers les 1, 10, 19 et 28.

– Sans vous apporter l'âme sœur, vous pourriez en retirer des moments agréables et complices qui vous laisseront de bons souvenirs.

ARGENT – JEUX

– La sonnette d'alarme est tirée en ce début d'année. La plus grande prudence sera de rigueur, car rien ne se déroule comme prévu. Les rentrées attendues sont reportées, mais les factures s'allongent et tous ces tracas risquent de se répercuter sur votre santé. Des moments difficiles donc sont à craindre, surtout du 10 au 19.

– Afin d'éviter la banqueroute, et puisque vous pouvez prévoir (grâce à ce manuel) les périodes douloureuses, dès le début du mois, limitez vos dépenses aux achats quotidiens et réglez les factures par ordre d'ancienneté ! Si une petite rentrée s'annonce, soyez fourmi. Ainsi, vous vous éviterez bien des nuits blanches et des crises d'angoisses.

– Abstenez-vous d'investissements risqués, qui pourraient au contraire vous occasionner des pertes d'argent.

– La chance aux jeux n'est guère présente ce mois !

Toutefois, vos chiffres si vous êtes joueur.se :

3, 6, 9, 15, 21, 27 et 30.

SANTÉ – FORME

– Toutes ces contrariétés diverses ont mis votre moral en berne. Et vous voilà au bord de la déprime. Réagissez tout de suite en vous forçant au repos, plutôt que de dépenser votre énergie inutilement. Si besoin est, allez consulter. Entamez une cure de vitamines ou de magnésium/B6 (bon pour le moral) sans attendre, ainsi que quelques séances de relaxation. Et bien emmitouflé.e, allez-vous balader, cela vous fera un bien fou !

TOUS DOMAINES
☞ **Vos meilleurs JOURS**
(où vous serez d'humeur conciliante) : 2 – 11 – 20 – 29
☞ **Vos jours DIFFICILES**
(où il faudra contrôler votre agressivité) : 5 – 14 – 23

Vos PRÉVISIONS pour FÉVRIER 2025

☞ **Si votre chiffre clé est 07**

Votre QUOTIDIEN

AFFAIRES – PROFESSIONNEL – ACTIVITÉS – LOISIRS...

– Vous aurez l'impression de revivre le même scénario qu'en janvier ! Les mêmes problèmes (retards, blocages de toutes sortes, mésententes...), « la coupe » est pleine. Prenez votre mal en patience. Le mois de février est court et l'éclaircie est au bout de la route !

– *Si vous êtes en activité professionnelle, salarié.e ou à votre compte*, finissez l'ouvrage en cours sans en entamer de nouveau. Ne cherchez pas la petite bête avec vos collègues ou associés, et ne vous culpabilisez pas non plus si vous donnez l'impression de ne pas avoir d'ambition. Il y a des moments dans la vie où il faut se contenter d'attendre. Vouloir vous précipiter dans de nouveaux projets ne vous sera pas profitable et ce ne serait que du temps de perdu. Contentez-vous de clôturer toutes vos démarches et affaires en cours en essayant de les conclure de façon positive. Attention aux divergences d'opinions sur une affaire avec un.e associé.e ou à des accrochages explosifs avec certains collègues...

– À surveiller tout particulièrement les 8, 17 et 26.

– *Si vous êtes à la recherche d'un emploi,* jusqu'au 14 environ, rien en vue, d'ailleurs, c'est mieux ainsi, car pour vous, février étant sous l'influence de Saturne (planète de la lenteur), il ne faut rien entreprendre de nouveau ! Attendez la fin du mois (à partir du 22) pour reprendre vos démarches.

– Par contre, *si vous êtes en stage, étudiant.e, retraité.e actif.ve ou dans la création* (surtout en rapport avec la décoration), vous serez tout particulièrement inspiré.e pour approfondir vos connaissances, pour apprendre. Vos idées seront originales, et elles plairont, mais il vous faudra encore être patient.e pour les mettre en application et obtenir les résultats attendus.

– *Pour vos affaires diverses,* n'hésitez pas à y accorder du temps. Surtout si elles sont en rapport avec le domaine juridique ou fiscal. Vous devriez pouvoir en ressortir vainqueur et tout particulièrement les 8, 17 et 26.

– *Envie de* voyager *?* Choisir les 5, 14 et 23…
Évitez les 4, 13, et 22.
– *Partir à L'ÉTRANGER :*
Préférez les 9, 18 et 27 du mois.

AMOURS – AMITIÉS – FAMILLE – RELATIONS…

– Essayez de garder le sourire à défaut du moral. Même si *votre entourage* (surtout *belle-famille ou amis*) ne fait rien pour alléger vos soucis, ne refusez pas le dialogue, et en cas de malentendus, crevez l'abcès tout en restant diplomate et tempéré.e;

– La tranquillité, ce n'est pas pour ce mois ! Vous devez faire face à vos obligations *familiales* que vous assumerez bon gré mal gré. Allez, ne soyez pas bougon.ne ! Apprenez à réagir avec sérénité et calme. Domptez votre agressivité, dédramatisez les soucis, vous verrez qu'ils se résoudront plus facilement.

– *En couple,* l'ambiance ne sera pas au top. Vous aurez tendance à vous replier sur vous-même et votre conjoint aura l'impression de parler à un mur.

– Attention que cette attitude ne soit pas mal interprétée, surtout du 1 au 5 et du 15 au 28, et si votre relation est déjà fragile, la prudence vous est vivement conseillée, car la séparation est possible si vous ne faites pas un effort, en particulier les 3, 5, 12, 14, 21 et 23.

– *Si vous êtes célibataire,* il est fort probable que vous tombiez sous le charme d'une personne qui diffère de celles que vous fréquentez habituellement.

– Ne vous emballez pas ! Maintenez votre indépendance, chacun son logement, car même si dans un premier temps, vous êtes attirés l'un vers l'autre, il y a peu de chance pour que cette relation perdure.

– Ne prenez aucun engagement, vous risqueriez de le regretter. Attendez sagement que le feu s'éteigne… Vous y verrez plus clair et éviterez ainsi bien des souffrances inutiles.

– Vos _amis_ subiront vos sautes d'humeurs. Si vous ne souhaitez pas vous retrouver seul.e pour de bon, mettez-y du vôtre et acceptez les éventuelles invitations les 3, 11 et 21. Vous n'en retirez que du bonheur !

ARGENT – JEUX

– Toujours un contexte budgétaire bien fragile. Les rentrées se font attendre encore et encore. Même si c'est toujours la période des soldes, ne vous laissez pas tenter par la bonne affaire. Il vous faut aller jusqu'à la prochaine paye.

– Ne prenez aucune décision importante, ni n'envisagez aucun investissement. Vous pourriez vous en mordre les doigts.

– La chance aux jeux est présente +++ ce mois !

– Vos chiffres si vous êtes joueur.se :

7, 8, 16, 23, 30, 38 et 46.

SANTÉ – FORME

– Toujours une santé défaillante. Forme physique et morale fragilisée.

– Cessez de ressasser vos problèmes, efforcez-vous plutôt de méditer, de trouver un sens à ce qui vous arrive, cherchez le côté positif à toute chose (_vous verrez qu'il y en a toujours un_).

– Et au bout du compte, vous vous apercevrez que vous vous êtes inquiété.e sans raison valable. Que chaque problème a toujours sa solution.

– Si vous avez la possibilité de prendre quelques jours de vacances, n'hésitez surtout pas. Cela vous permettra de recharger vos batteries.

TOUS DOMAINES
☞ **Vos meilleurs JOURS**
(où vous serez d'humeur conciliante) : 1 – 10 – 19 – 28
☞ **Vos jours DIFFICILES**
(où il faudra contrôler votre agressivité) : 4 – 13 – 22

Vos **PRÉVISIONS** pour MARS 2025

Votre QUOTIDIEN

AFFAIRES – PROFESSIONNEL – ACTIVITÉS – LOISIRS...

– Enfin, tout arrive à point à qui sait attendre ! avec le printemps qui s'annonce, votre énergie et votre dynamisme seront décuplés après cette phase de calme qui vous a empêché de concrétiser vos projets. Cette période d'attente plutôt difficile, il faut bien le dire, vous aura permis toutefois de réfléchir sur vos possibilités, et à présent, c'est parti ! Vous reprenez confiance en vous en mettant en pratique votre savoir-faire. Mais ne vous éparpillez pas pour autant, et sachez vous ménager.

– *Si vous êtes à la retraite active, ou dans le domaine artistique/créatif,* vous déborderez d'idées nouvelles que vous pourrez mettre en pratique sans hésiter et qui seront accueillies favorablement surtout du 24 au 30.

– *Si vous êtes en activité professionnelle,* certaines opportunités sont à saisir. Vous pouvez mettre en avant vos capacités et essayer de percer.

– Si vous êtes en contact *direct avec la clientèle,* vous aurez encore plus de chance de réussir. Vous serez suffisamment « culotté.e » pour vous imposer et décrocher la vente. Et si vous travaillez en rapport avec l'étranger, vous pouvez espérer un aboutissement positif de vos affaires.

– *Si vous êtes à la recherche d'un emploi,* votre esprit est vif et vous saurez flairer les bons plans. N'attendez pas trop longtemps pour prendre votre décision et ayez confiance en vous. votre jugement est sûr. Vous et vous seul.e devez prendre la décision qui s'impose. Ne vous laissez pas influencer !

– *Pour vos affaires diverses* (démarches en tous genres), n'hésitez pas à prendre des contacts avec l'extérieur, vous en retirez de réelles satisfactions. En ce moment vous débordez d'enthousiasme et vous avez l'esprit conquérant. Lancez-vous dans la bataille. Faites preuve de ténacité et d'acharnement ; vous tenez la solution de vos problèmes !

– Pour vos voyages d'affaires, préférez les 2, 11 et 20.
– Envie de _voyager_ ? Préférez les 4, 13, 22 et 26 du mois.
Évitez les 3, 12 et 22.

AMOURS – AMITIÉS – FAMILLE – RELATIONS...

– Votre vie professionnelle prend une place importante ce mois-ci dans votre existence. Si sur le plan professionnel, il vous est conseillé de décider seul.e, à l'inverse, côté affectif (_famille ou conjoint_), les avis ne doivent pas être négligés. Attention de ne pas délaisser votre partenaire ou vos enfants, tout comme faire cavalier.e seul.e lors des décisions importantes qui concernent _le foyer, la famille, le couple,_ ou un éventuel déménagement, surtout le 3, 11 et le 21. À vouloir tout régenter, vous risquez de créer des conflits et de vives oppositions peuvent s'imposer alors que tout commençait à rentrer dans l'ordre. Même si votre choix est fait, il vous faudra peut-être faire des compromis et revoir votre position. Vos jours les plus favorables à une discussion sereine sont les 5, 14 et le 23.

– _Si vous êtes célibataire_, la solitude vous pèse, et vous êtes enfin prêt.e à vous investir affectivement. Ça tombe bien, quelques rencontres sont possibles, voire dénicher la perle rare ! Vous pourriez ainsi évoluer en douceur vers un engagement de vie commune.

– _Des amis ou des cousins_ perdus de vue depuis un certains temps, pourraient se rappeler à votre bon souvenir, et ces retrouvailles seront des moments forts.

ARGENT – JEUX

– Ne faites aucune transaction importante et n'envisagez aucun investissement ce mois de mars. Les risques sont toujours trop grands.

– Même si votre situation financière s'améliore, rien n'est encore gagné. Attendez un peu avant de vous engager.

– Par contre, si l'envie vous prend, une sortie restaurant ou un achat plaisir (dans la limite de vos possibilités), cela ne devrait pas mettre le budget en péril.

– Si vous envisagez investir dans l'immobilier, rien ne vous empêche de vous renseigner et de visiter, car des occasions sont peut-être à saisir. Mais attention aux coups de tête, pas de précipitation. Même si on vous donne un délai très court, ne faites pas n'importe quoi. La soi-disant affaire du siècle n'est peut-être que celle de l'agent immobilier qui a un challenge à gagner. Et vous dans l'affaire ? Prudence donc !

– Les 7, 16 et 25, quelques soucis pécuniaires possibles, mais vous les surmonterez grâce à une aide extérieure (dépannage par un proche sans doute).

– La chance aux jeux est présente ce mois !
– Vos chiffres si vous êtes joueur.se :
6, 7, 8, 13, 17, 25 et 42.

SANTÉ – FORME

– Le tonus et le moral retrouvent leur régime de croisière. Bien que tout semble être pour le mieux, continuez la pratique de vos activités physiques et surveillez toutefois votre tension nerveuse, car le stress des mois passés n'est pas totalement dissipé, et peut ressurgir à tout moment.

– Apprenez à faire le vide dans votre esprit et si vous êtes sous traitement, même si vous vous sentez mieux, continuez jusqu'à la fin de la prescription. Ce serait dommage de perdre tout ce profit !

TOUS DOMAINES
☞ **Vos meilleurs JOURS**
(où vous serez d'humeur conciliante) : 9 – 18 – 27
☞ **Vos jours DIFFICILES**
(où il faudra <u>contrôler</u> votre agressivité) : 3 – 12 – 21 – 30

Vos PRÉVISIONS pour AVRIL 2025
☞ Si votre chiffre clé est 07

Votre QUOTIDIEN

AFFAIRES – PROFESSIONNEL – ACTIVITÉS – LOISIRS...

– *Si vous êtes en activité professionnelle,* il vous faut adopter une attitude calme et plus conciliante envers autrui, car vous aurez besoin de leur appui pour atteindre vos buts. Besoin par exemple de vous faire remplacer ? De finir la journée plus tôt ? Même s'il est difficile pour vous de demander, essayez ! Ne laissez personne en rade avant de les avoir prévenus. Par ailleurs, et à l'inverse, vous devrez peut-être faire face à des contraintes suite à des événements extérieurs ou en rapport avec vos supérieurs ou collègues. Remplacement de dernières minutes, un travail urgent à finir... La collaboration et la patience vous seront demandées.

– *Si vous êtes dans le commerce ou à votre compte*, attendez-vous à un certain ralentissement, surtout la première quinzaine. Les rentrées d'argent étant en dents de scie, la clientèle lunatique, les livraisons retardées... ne vous laissez pas emporter avec des réflexions désobligeantes. Il vous faudra parer à des contretemps, et maîtriser votre impulsivité, car elle pourrait vous faire commettre des écarts de langage ou des actes irréfléchis.

– *Si vous travaillez en équipe ou en association,* vous aurez plus de difficultés dans le domaine relationnel. Essayez de vous adapter aux circonstances actuelles et faire contre mauvaise fortune bon cœur. Passé le 15, vous serez moins tendu.e et votre attitude redeviendra plus conciliante.

– *Si vous êtes en recherche d'emploi,* pas de décision hâtive, au contraire donnez-vous un temps de réflexion suffisant, en particulier les 5, 14 et 23.

– Pour les déplacements choisissez les 1, 10, 19.
– Envie de *voyager* ? Préférez les 3, 7, 12, 21 et 25 du mois.
Évitez les 2, 11 et 20.

<u>***AMOURS – AMITIÉS – FAMILLE – RELATIONS...***</u>

– Attention à vos propos ! Jusqu'au 15, les heurts et les discussions seront fréquents et vos nerfs seront mis à rude épreuve. Contrôlez-vous et faites des efforts. Même si vous ne rêvez que de détente, rester seul.e à cogiter dans votre coin ne vous sera d'aucun secours, bien au contraire ! Essayez d'être plus attentif.ve aux autres et plus tolérant.e envers eux.

– <u>*En famille ou entre amis,*</u> l'instabilité dans vos rapports se fera sentir et une incompréhension des deux côtés, suite à un « non-dit » ou à des bavardages vous entraînera dans de mauvais choix, surtout les 2, 11 et 20. Essayez de rétablir un climat de confiance et de compréhension avec les vôtres, soyez plus positif.ve dans vos débats et tout rentrera dans l'ordre.

– <u>*Si vous êtes en couple,*</u> et que la situation se dégrade, remettez-vous en question et ne vous laissez pas aller au découragement. Au contraire, profitez de ce mois pour vous rapprocher du conjoint, surtout à partir du 16... essayez de mettre à plat les divergences, et instaurez un nouveau climat de confiance mutuelle, Adaptez-vous ! C'est à deux que l'on construit son nid. Demander à l'autre de faire des efforts, certes, mais montrez l'exemple !

– <u>*Célibataire, vous aimeriez enfin rencontrer votre moitié ?*</u> Pourquoi pas ! Sortez de votre réserve, regardez autour de vous, osez ouvrir la discussion et laissez parler votre cœur. Développez vos antennes qui sauront reconnaître l'âme sœur. Écoutez votre petite voix intérieure qui vous dictera la marche à suivre. Ne doutez pas de vos capacités de séduction et de discussion. Vous aussi avez des choses intéressantes à dire. Hasardez-vous ! Vous n'en retirerez que des satisfactions.

– Vos jours favorables sont les 1, 10 et 19.

<u>***ARGENT – JEUX***</u>

– En avril, vous voici une vraie petite fourmi! tout est planifié au jour le jour, rentrées/dépenses. Tout est calculé dès les premiers jours, bravo ! Vous vous éviterez ainsi bien des désagréments et ceci vous permettra d'avoir un budget équilibré tout au long du mois. Entre le 20 et le 30, vous pourriez toucher une somme d'argent que vous n'espériez plus (un trop-perçu ou un remboursement d'argent prêté depuis fort longtemps).

– N'envisagez cependant, aucun achat important en cette période qui nécessiterait la demande d'un prêt. Prenez votre mal en patience, attendez une phase plus faste, car même si ce mois, vous redressez la barre, vos démarches n'aboutiront pas, et cela risquerait de vous contrarier et de fragiliser à nouveau votre moral sans compter les crampes d'estomac.

– Tentez la chance aux jeux, mais en groupe ou au moins à deux ! Vos chiffres si vous êtes joueur.se :
2, 7, 9, 18, 27, 36 et 45.

SANTÉ – FORME

– Faites surveiller votre tension nerveuse, car vous avez les nerfs à fleur de peau, un rien vous perturbe et ce trop plein de nervosité a des répercussions sur votre appareil digestif (maux d'estomac entre autres).

– Ne vous jetez pas sur la nourriture pour calmer vos nerfs, votre silhouette en subirait les conséquences. Je vous conseille de vous entourer de gens qui savent garder leur calme en toutes circonstances, qui vous feront voir la vie sous des aspects positifs en vous apprenant à visualiser *« le verre à moitié plein plutôt qu'à moitié vide ! »*.

– En adoptant la philosophie de la « pensée positive », cela vous permettra de surmonter vos problèmes sans avoir recours aux antidépresseurs !

TOUS DOMAINES
☞ **Vos meilleurs JOURS**
(où vous serez d'humeur conciliante) **: 8 – 17 – 26**
☞ **Vos jours DIFFICILES**
(où il faudra <u>contrôler</u> votre agressivité) **: 2 – 11 – 20 – 29**

Vos PRÉVISIONS pour MAI 2025

Votre QUOTIDIEN

AFFAIRES – PROFESSIONNEL – ACTIVITÉS – LOISIRS...

– Enfin un mois CONSTRUCTIF ! Voici une phase plus clémente ou vous pourrez entreprendre démarches et projets avec l'espoir de les voir se réaliser prochainement. Les blocages du trimestre passé diminuent et votre moral remonte en flèche. Profitez de cette période dynamique pour aller de l'avant, prendre des contacts et saisir les opportunités diverses.

– *Si vous recherchez un emploi,* des portes pourraient enfin s'ouvrir. À vous de frapper à la bonne et mettre tous les atouts de votre côté !

– *Si vous êtes en activité professionnelle,* les nouvelles responsabilités ne vous font pas peur, au contraire ! Vous êtes prêt.e à abattre toutes les embûches éventuelles et prouver que la confiance accordée sera méritée.

– Une promotion donc, n'est pas exclue en particulier les 7, 16 et 25.

– *Si vous êtes commercial.e,* n'hésitez pas à prendre des initiatives et faire part de vos idées. Elles seront bien perçues et vous vaudront des primes supplémentaires. Surtout entre le 9, 18 et le 27.

– Vous possédez l'ardeur et la confiance en vous pour mener à bien vos diverses tâches et récolter les lauriers qui vous sont dus.

– *Si vous êtes un.e retraité.e activf.ve ou dans le domaine artistique/créatif,* vous pourriez être étonné.e de découvrir des dons cachés qui pourraient même vous faire connaître du succès auprès du public.

– *Si vous évoluez dans un travail intellectuel* (auteur.e de nouvelles, roman…), la période vous est extrêmement bénéfique ! De même, si vous préparez un concours ou poursuivez des études. C'est une année ou l'intellect domine !

– Pour vos déplacements professionnels, préférez les 9, 18 et 27.
– Envie de *voyager* ? Préférez les 2, 11, et 20 du mois.
Évitez les 1, 10, 19 et 28.

AMOURS – AMITIÉS – FAMILLE – RELATIONS...

– Profitez au maximum de ce beau mois de MAI pour mettre à profit toute occasion de s'amuser et de faire la fête qui ne manquera pas de se présenter, car de belles satisfactions affectives vous attendent ce mois-ci, bien que, jusqu'au 15, vous semblez plus préoccupé.e par le matériel que l'affectif.

– *En famille ou entre amis,* vous retrouvez avec plaisir ces soirées animées où l'on profite des moments privilégiés autour d'une table sur sa terrasse. Vous pourrez même élargir votre cercle d'amis.

– *Si vous vivez en couple non officialisé,* c'est peut-être le moment de vous décider.

– *Si vous vivez en couple confirmé,* c'est le bon mois pour solutionner un problème qui vous oppose depuis quelque temps.

– Osez montrer votre attachement, laissez s'exprimer vos sentiments, vous n'en retirerez que bien-être.

– Et si un peu de lassitude ou de tension vous donne l'envie d'une petite aventure, contrôlez-vous... ne remettez pas en cause une relation sérieuse pour un moment de folie que vous pourriez regretter amèrement. Inversez plutôt la situation ! « réveillez » votre couple ! Montrez vos sentiments, impliquez-vous davantage... Un câlin, des mots tendres de temps en temps n'ont jamais tué personne et ça fait du bien !

– *En quête de l'âme sœur ?* Vous pourriez avoir de fortes chances de faire une rencontre inattendue les 9, 18 et 27 tout spécialement. Votre charme pourrait faire des ravages. Profitez donc au maximum de cette période où tout semble vous réussir, mettez à profit la moindre occasion qui se présentera.

ARGENT – JEUX

– Vos finances semblent bien se porter ce mois de mai, certes, mais ne commettez pas d'imprudence que vous pourriez regretter amèrement. Votre jugement n'est pas toujours sûr en matière d'argent.

– Vous faire plaisir en vous offrant cette petite robe ou ce blouson qui vous attire dans la vitrine depuis quelque temps, OUI, mais vous lancer dans des achats superflus (pour suivre la mode et être au dernier cri), est-ce bien nécessaire ?

– Pour éviter les mois restrictifs, modérez vos dépenses dès maintenant, vous vous éviterez bien des tracasseries inutiles.

– La chance aux jeux est présente ce mois !
– Vos chiffres si vous êtes joueur.se :
2, 11, 10, 13, 15, 37 et 47.

SANTÉ – FORME

– Le moral est au beau fixe, et une forme physique à faire pâlir vos voisins !

– Maintenez vos activités diverses, pensez à vous oxygéner en faisant des ballades en montagne ou à la campagne et songez à vous garder des « plages détente », car bien que vous débordiez de vitalité tout ce mois, ne laissez pas le surmenage anéantir toutes vos chances de poursuivre votre but.

– Apprenez à gérer votre stress – libérez-vous de cette fatigue nerveuse qui vous noue l'estomac. Prenez soin de vous, car personne ne le fera à votre place.

TOUS DOMAINES
☞ **Vos meilleurs JOURS**
(où vous serez d'humeur conciliante) : **7 – 16 – 25**
☞ **Vos jours DIFFICILES**
(où il faudra <u>contrôler</u> votre agressivité) : **1 – 10 – 19 – 28**

Vos PRÉVISIONS pour JUIN 2025
☞ Si votre chiffre clé est 07

Votre QUOTIDIEN

AFFAIRES – PROFESSIONNEL – ACTIVITÉS – LOISIRS...

– JUIN sera basé sur la discipline et la ténacité. Il vous faut tout au long du mois, travailler avec ordre et méthode. Les difficultés seront nombreuses, mais votre acharnement sera payant à long terme.

– Vous avez envie d'aller vite, de foncer... alors qu'il est plutôt conseiller ce mois de s'accorder un temps de réflexion, sinon vous risquez quelques mésaventures, donc il vous faudra plutôt prendre votre mal en patience, car l'ambiance du moment est à la lenteur et malgré votre bonne volonté, vous ne parviendrez pas à accélérer le mouvement.

– La prudence vous est recommandée dans tous les domaines.

– *Si vous êtes en activité professionnelle,* un surcroît de travail n'est pas exclu, absence imprévue d'un.e collègue, un départ définitif (retraite) non remplacé... Tout est possible ! Assumez les tâches qui vous incombent en restant calme et méthodique. Vous vous acquitterez bien plus facilement de vos corvées en restant tempéré.e et en maintenant vos efforts. Même s'ils ne sont pas reconnus dans l'immédiat, ils ne resteront pas inaperçus. Pensez à votre avenir. Tenez bon !

– *Si vous êtes commercial.e ou à votre compte,* vous connaîtrez des moments de doute qui remettront en question vos capacités professionnelles et votre motivation. Faites preuve de ténacité, soyez organisé.e afin de ne pas perdre un temps précieux, restez confiant.e en vos possibilités, et vous finirez par réaliser vos ambitions et vos projets pourront trouver leur aboutissement. Il se peut également que vous deviez vous adapter à un nouveau matériel informatique, bien que cette « mise en marche » empiète sur votre emploi du temps, vous arriverez à clôturer vos dossiers en cours et plus tard, vous vous féliciterez de votre assiduité.

    – *Si vous recherchez un emploi,* montrez-vous tel.le que vous êtes ! N'essayez pas de baratiner vos interlocuteurs. Ne vous donnez pas des compétences que vous n'avez pas ! Vos contacts doivent être basés sur la rigueur et l'honnêteté pour qu'ils soient payants.

    – Petits déplacements pour affaires et en voiture :
à préférer les 8, 17 et 26.
Déplacements en train ou avion **à éviter**
(retards, grèves…)
Ou faire de ***longues routes*** (bouchons)
surtout les 9, 18, 22 et 27.

AMOURS – AMITIÉS – FAMILLE – RELATIONS…

    – Ne négligez pas *votre vie de famille,* même si vous vous donnez corps et âme à votre travail. Essayez plutôt de maintenir l'harmonie, et évitez d'être trop rigide ou de provoquer des conflits sans raison. Visez à vous rapprocher des personnes qui vous sont chères !

    – *Si vous êtes seul.e,* peu de rencontres à espérer ! D'ailleurs, vous voilà fatigué.e, plutôt morose et rien (à part votre travail) ni personne ne semble vous intéresser. Les distractions et les loisirs seront donc pour le mois prochain.

    – *En couple,* soyez plus tolérant.e ! Vous n'avez pas envie de sortir, vous vous repliez sur vous-même, vous bougonnez pour un oui ou un non… Attention ! à force de se sentir délaissé.e, votre moitié risque de rechercher une compensation ailleurs, vous voilà prévenu.e ! Heureusement qu'à partir du 18, vous sortez de votre réserve, et vous redevenez la personne que l'on a envie de fréquenter, vous prendrez même plaisir à envisager quelques sorties entre *amis.*

    – De bons moments de détente donc les 7, 16 et 25.

ARGENT – JEUX

    – Les rentrées d'argent, à part les habituelles (retraite, salaires, pensions…) sont minimes. Si vous attendez des remboursements de frais médicaux par exemple, une panne informatique pourrait bien être à l'origine de cette longue attente. N'hésitez pas à vous renseignez si besoin est.

– Ne tentez aucune demande de prêt ce mois-ci, vous risquez un refus. Tant qu'aux placements, attendez une période plus propice.

– *Mon conseil :* soyez très circonspect.e tout au long de ce mois, car de nombreuses dépenses imprévues sont à craindre alors que les rentrées se font attendre. « *Prudence est mère de Sûreté* ! »

– La chance aux jeux est possible ce mois !
Vos chiffres si vous êtes joueur.se : 4, 7, 11, 13, 24, 37 et 47.

SANTÉ – FORME
– Attention au surmenage qui vous guette en ce mois de juin. Ce serait dommage d'arriver en vacances en dépression. Finissez votre travail en cours, planifiez vos tâches et surtout, accordez-vous des moments détente.

– Les journées ne font que 24 heures, et vous n'êtes pas un robot. N'hésitez pas à consulter votre médecin pour enrayer toute maladie ou toute fatigue persistante. À trop tirer sur la corde elle finit par craquer !

– Entamez (ou reprenez) une cure de vitamines ou d'oligo-éléments pour préserver votre potentiel énergétique. Sans oublier les expositions au soleil <u>après 16H,</u> source de vitamine D. Très bon pour les os comme pour le moral et… l'énergie !

TOUS DOMAINES
☞ **Vos meilleurs JOURS**
(où vous serez d'humeur conciliante) : 6 – 15 – 24
☞ **Vos jours DIFFICILES**
(où il faudra <u>contrôler</u> votre agressivité) : 9 – 18 – 27

Vos PRÉVISIONS pour JUILLET 2025
☞ Si votre chiffre clé est 07

Votre QUOTIDIEN

AFFAIRES – PROFESSIONNEL – ACTIVITÉS – LOISIRS...

    – Si vous avez choisi juillet pour vos vacances : BON CHOIX ! Que vous restiez à la maison pour transformer votre intérieur ou effectuer des travaux de rénovation… ou si vous avez envie de voyager, de prendre le large, vous n'aurez pas le temps de vous ennuyer.

    – *Si vous êtes en activité professionnelle,* (les vacances pour plus tard ou déjà passées), vous mènerez à bien vos diverses obligations tout en bénéficiant d'un contexte très favorable sans avoir à fournir d'effort particulier.

    – Ce mois dynamique vous fera oublier les contraintes de juin. Profitez-en pour demander une augmentation de salaire ou une modification de votre emploi du temps et de vos horaires. Des possibilités de promotion ou d'avancement sont possibles les 9 et 18.

    – *Si vous êtes en recherche d'emploi,* vos démarches pourraient enfin aboutir. N'hésitez pas à aller à la découverte, à vous orienter dans un secteur totalement différent que celui jusqu'à présent sur lequel portait vos recherches.

    – *Si vous êtes dans le commerce ou en libérale,* de nouveaux contacts pourraient booster votre carrière. N'hésitez pas à diversifier vos activités (si vous avez du temps libre). Toutefois, ne vous engagez pas si votre emploi du temps est déjà surchargé.

    – Plutôt que courir plusieurs lièvres à la fois, menez à bien vos entreprises principales. Inutile de tout entreprendre et de ne rien terminer.

    – *Si vous travaillez dans l'immobilier,* vos négociations seront tout particulièrement profitables jusqu'au 19.

    – *Pour vos autres activités (hobby ou de loisirs),* évitez la trop grande dispersion. Tout vous tente, aussi bien dans le domaine intellectuel, qu'artistique, sportif ou des loisirs. Vous rêvez de nouvelles expériences. Cependant, maîtrisez votre trop plein d'énergie, surtout entre le 20 et le 30, car il y a une forte tendance à l'instabilité et vous risqueriez de commettre quelques fautes ou quelques accidents en particulier le 4, 13 et le 22.

  – *Pour vos démarches juridiques ou administratives,* bien que le contexte soit positif, et qu'elles devraient connaître une issue favorable, je vous conseille toutefois de prendre le temps de réfléchir et de ne pas vous laisser aller à l'impulsivité. Avant, préparez bien votre dossier, prenez des notes, faites attention à vos propos, principalement dans vos écrits.

  – Ne vous emballez pas et restez courtois.e, car étant sûr.e de vous et de votre bon droit, votre exaltation excessive pourrait vous pousser à commettre des erreurs irréparables. Prenez votre temps, soyez posé.e et restez prudent.e.

– Pour les déplacements ou voyages d'affaires, vos dates
favorables sont les 7, 16 et 25.
– Envie de voyager ? Préférez les 9, 18 et 27 du mois.
Évitez les 8, 17 et 26.

AMOURS – AMITIÉS – FAMILLE – RELATIONS…

  – Ce mois de JUILLET est très bénéfique pour resserrer les liens *affectifs et familiaux*.

  – Des moments agréables à passer avec les enfants ou petits-enfants. Journée au parc, à la plage, ou à la maison avec les jeux de plein air au jardin… vous serez comblé.e, car la joie et la tendresse seront du lot.

  – *Si vous êtes marié.e ou en couple,* et si ce dernier est solide, des plages de détente et d'harmonie s'annoncent. Par contre, si vous venez de vivre une séparation, c'est le moment idéal pour tirer un trait sur votre passé et prendre un nouveau départ dans votre vie.

  – *Si vous êtes célibataire,* vous pourriez vivre une belle aventure aux environ des 9, 18 et 27.

  – *Côté amis,* ceux-ci seront présents et leur compagnie vous sera très agréable. Vous passez de bons moments de loisirs et des soirées mémorables, surtout entre le 1 et le 10.

– Faites attention ! Surtout si vous êtes en vacances. Vous avez l'esprit jouissif, et guère à la restriction. Restez tout de même dans la limite du raisonnable.

– N'oubliez pas de régler vos factures en attente et limitez vos achats aux dépenses quotidiennes. Surveillez vos extras, sinon ce sera ceinture très serrée le mois prochain.

– Même si entre le 6 – 15 et le 24, des rentrées d'argent non négligeables sont possibles… en profiter, OUI ! Mais penser aux lendemains moins chanceux.

– Tentez votre chance aux jeux, car vous pourriez gagner dans une tombola ou un tirage au sort imprévu.

– Mais toujours le même conseil : dans la limite du raisonnable.

– La chance aux jeux est excellente ce mois !
Vos chiffres si vous êtes joueur.se : 5, 7, 8, 12, 17, 35 et 43.

<u>*SANTÉ – FORME*</u>

– Bonne forme physique dans l'ensemble. Votre moral est au beau fixe. Que demander de plus !

<u>*TOUS DOMAINES*</u>
☞ **Vos meilleurs JOURS**
(où vous serez d'humeur conciliante) : 5 – 14 – 23
☞ **Vos jours DIFFICILES**
(où il faudra <u>contrôler</u> votre agressivité) : 8 – 17 – 26

Vos **PRÉVISIONS** pour **AOÛT 2025**
☞ **Si votre chiffre clé est 07**

Votre QUOTIDIEN

AFFAIRES – PROFESSIONNEL – ACTIVITÉS – LOISIRS...

– *Si vous êtes en activité professionnelle* et que les vacances sont derrière vous, la reprise se fait difficile. À peine revenu.e de vos congés, que vous voilà assailli.e de demandes de la part des uns et des autres, tout particulièrement de vos supérieurs hiérarchiques, surtout à partir du 16 et jusqu'à la fin du mois. Mais vous saurez faire face et il se pourrait même qu'une promotion ou une augmentation soit envisagée. À vous de vous imposer.

– *Si vous êtes commercial.e ou à votre compte*, il ne faudra compter que sur vous-même pour atteindre vos objectifs. On attend beaucoup de vous, mais aucune assistance extérieure ne vous sera apportée. D'ailleurs, vous préférez diriger votre travail comme vous l'entendez, avec discipline et constance, plutôt que d'attendre une aide possible qui vous obligerait à tout contrôler, voire à refaire l'ouvrage vous-même. Ainsi, les résultats obtenus ne seront dus qu'à votre organisation et votre savoir-faire. Vos bons jours sont les 7, 16 et 25.

– *Vos loisirs* passeront en second, vous n'aurez pas une minute à vous.

– *Pour vos démarches : recherche d'emploi comme administratives ou juridiques,* reportez-les ultérieurement.

– Attendez passé le 23 août. Ne dépensez pas votre énergie pour rien.

– Seuls les déplacements liés aux affaires peuvent être envisagés les 6, 15 et 24.

– Évitez de voyager ou faire de *grands déplacements*...
– Si <u>activité oblige</u> : **ABSTENEZ-VOUS** les 2, 4, 13, 20 et 22.

AMOURS – AMITIÉS – FAMILLE – RELATIONS…

– Voici un mois d'AOÛT où je vous conseille de garder votre calme et faire preuve de compréhension, car l'équilibre de votre foyer repose entièrement sur vous, courage !

– Beaucoup de charges _familiales_ ce mois-ci. La présence inattendue de personnes séjournant chez vous par exemple, mettra vos nerfs à rude épreuve. Vous serez confronté.e malgré vous, à de nombreuses sollicitations des uns et des autres, et votre équilibre psychologique sera fragilisé. Ne pouvant agir à votre guise, ne vous sentant plus chez vous, vous n'aurez qu'une envie : faire vos valises ! Des risques de disputes sont à craindre entre le 4, 13 et le 22. Essayez de voir l'autre côté de la situation. Si l'on vient vous voir, c'est que l'on vous apprécie. Les vacances se terminent, vous retrouverez bientôt votre petite tranquillité.

– En cas de petits conflits familiaux, vous trouvez l'issue favorable pour rétablir l'harmonie.

– _Si vous vivez en couple,_ au contraire, vous subirez des contraintes sans doute liées à la belle-famille, et vous devrez vous plier aux décisions des autres. Prenez sur vous, adaptez-vous ! C'est en respectant l'autre que l'on est en retour respecté.e;

– Restez conciliant.e et évitez les conflits perpétuels. Profitez de quelques moments agréables, surtout le 5, 14 et le 23, pour faire une petite soirée intime avec votre moitié, ou partir en week-end tous les deux en laissant les enfants à leurs grands-parents. Vous pourrez profiter ainsi d'une pause détente pour penser à vous, tout en pratiquant vos activités préférées.

– _Si vous êtes en quête de l'amour,_ hélas, peu de ren-contres en vue. De toute façon elles seraient décevantes.

ARGENT – JEUX

– Même si vos comptes bancaires sont dans le positif, vous devrez faire preuve de beaucoup de prudence, car de grosses dépenses liées à la maison (transformation, réparation, travaux d'assainissement…), à moins que ce soit un membre de la famille qui vous sollicite pour un « dépannage » assez conséquent.

– Utilisez votre carte bleue avec modération ! même si vous avez un débit différé, l'échéance arrivera ou il faudra bien débiter le compte. Gâter sa famille, c'est une chose, mais mettre son budget en danger en est une autre !

– Ne vous engagez pas à la légère, surtout concernant la maison. Demandez conseils à des personnes compétentes avant toute décision définitive.

– Par ailleurs, ne laissez pas votre chéquier ou CB traîner. Le risque de perte ou de vol est présent. Méfiance !

– La chance aux jeux est possible ce mois !

Vos chiffres si vous êtes joueur.se : 4, 5, 13, 14, 17, 21 et 38.

SANTÉ – FORME

– Votre tonus physique est en baisse sensible. Et si vous faisiez une petite cure détox ? Résistez ce mois-ci à tout ce qui est charcuterie, plat en sauce, fromage, dessert.

– Évitez également les excitants (cigarette, alcool, café), votre corps réclame une pause, et en l'écoutant, vous en retirez un réel bienfait !

– Profitez-en aussi pour vous oxygéner en faisant des ballades, vous verrez que votre forme physique reviendra et que votre esprit sera plus clair. Et bien que les tâches quotidiennes soient toujours présentes, accorderez-vous du temps pour vous. Ce qui n'est pas fait aujourd'hui le sera demain ! Ne soyez pas victime de votre maniaquerie du rangement ou du ménage.

– Quelques réactions cutanées ne sont pas exclues. Liées au stress mais aussi gare aux AOÛTATS !

TOUS DOMAINES
☞ **Vos meilleurs JOURS**
(où vous serez d'humeur conciliante) : 4 – 13 – 22 – 31
☞ **Vos jours DIFFICILES**
(où il faudra <u>contrôler</u> votre agressivité) : 7 – 16 – 25

Vos PRÉVISIONS pour SEPTEMBRE 2025
☞ Si votre chiffre clé est 07

Votre QUOTIDIEN

AFFAIRES – PROFESSIONNEL – ACTIVITÉS – LOISIRS...

    – Septembre est réservé à la réflexion et à l'analyse. Profitez-en pour faire un petit bilan des 6 mois passés.

    – *Si vous êtes en activité professionnelle,* et surtout à partir du 20, c'est plutôt routinier ce mois-ci. Ne brusquez rien ! Faites le travail qui vous incombe, un point c'est tout. Toutefois, un changement pour un autre service peut vous être proposé, à moins que ce soit une mutation géographique. À vous de voir ! Et si vous envisagez changer d'entreprise ou de poste, ne prenez pas encore de décision.

    – *Si vous êtes commercial.e ou à votre compte,* du 1 au 20, de nombreux contacts très intéressants vous seront offerts. Gardez-les sous le coude, ils vous seront utiles prochainement, mais ne démarrez rien de nouveau, ce sera pour le mois prochain. Au contraire, analysez, peaufinez vos idées, vos projets.

    – *Si vous êtes en recherche d'emploi,* pas de précipitation, surtout si l'offre impose un déménagement !

    – N'hésitez pas si le cœur vous en dit, à demander une formation pour apprendre une langue étrangère ou suivre des cours de perfectionnement qui pourront faire évoluer votre vie professionnelle.

    – *Si vous êtes retraité.e actif.ve ou que vous évoluez dans le domaine artistique, littéraire...,* vous pourriez connaître un succès inespéré face au public, votre talent sera enfin reconnu.

    – *Si vous êtes dans les études* ou étudiez un art, quel que soit votre âge, ce mois est pour vous, tout comme l'année ! Vous avez toutes les aptitudes requises pour améliorer vos connaissances. Et si vous devez prochainement remettre votre mémoire ou votre rapport de stage, c'est le moment de le peaufiner.

    – *Pour vos affaires diverses (juridiques entre autres),* des erreurs de jugement sont probables. Pour des réclamations, attention de ne pas vous tromper de cible. Ne brusquez rien ni personne. Contentez-vous de revoir et d'améliorer vos requêtes et d'envisager les meilleurs moyens pour les solutionner.

– *En ce mois d'analyse et de réflexion,* mais également en cette année **2025,** ou l'influence de Neptune est à son maximum, vos « antennes » sont dirigées vers tout ce qui est d'ordre spirituel et intellectuel.

– ***Au positif :*** vous pourriez vous découvrir un don jusqu'alors endormi qu'il vous faudra travailler pour le mettre au service d'autrui. Les sciences occultes (tarot, astrologie, cartomancie…) peuvent être un domaine à exploiter tout comme le dessin, l'écriture, la musique, le chant…

– ***Au négatif :*** Vous pourriez vous retrouver attiré.e par des expériences occultes dangereuses, (faire tourner les tables, ouï-ja…). Votre psychisme étant en éveil, les dangers sont grands ! PRUDENCE donc !

– *Un voyage* (sous forme de pèlerinage)* vous apportera beaucoup de satisfactions et vous en retirerez une nouvelle philosophie tout en modifiant votre façon de vivre et de penser. Vous accorderez plus d'importance aux valeurs humaines.

– *Préférez les 2, 5, 11, 20 et 23 du mois. Évitez les 1, 10, et 19.

AMOURS – AMITIÉS – FAMILLE – RELATIONS…

– *Sur le plan sentimental,* c'est aussi une phase de repli sur soi, d'examen intérieur. Vous avez presque envie de faire une « retraite ». Rien ne vous en empêche si vous *êtes célibataire* ! D'ailleurs, en ce mois de septembre, les liaisons ou rencontres sont éphémères vous n'avez pas trop envie de vous attacher pour le moment. Pas contre si vous êtes en *couple ou en famille,* ce sera plus difficile. Vous n'avez pas envie de communiquer, de plaire, vous voulez d'abord faire le point. Bien que ce soit une période de réflexion, votre entourage pourrait souffrir de votre isolement, surtout du 22 au 30. Attention, à force de refuser les contacts et les invitations, vous risquez de vous retrouver seul.e pour de bon. Ne rejetez pas les sollicitations de votre *entourage proche,* ils ne comprendraient pas ce subit revirement. Accordez-leur quelques moments d'attention. C'est le meilleur moyen pour obtenir la paix et pour éviter les conflits de toutes sortes.

ARGENT – JEUX

– Rien de perturbant pour ce mois, car l'aspect matériel vous indiffère, (pour le moment !). Pensez toutefois à régler vos factures et à suivre votre gestion routinière. Même si votre esprit n'est pas aux affaires pécuniaires, elles n'en font pas moins partie de la vie quotidienne. Un contrôle régulier sur vos comptes s'impose afin de vous éviter de mauvaises surprises le mois prochain. N'investissez pas en septembre, et évitez également les spéculations et les opérations boursières, (désillusions ou pertes importantes sont à prévoir). Contentez-vous seulement de faire des projets, mais attendez la période propice !

– La chance *aux jeux* est présente ce mois, mais uniquement si elle n'est pas programmée.

– *Chiffres à jouer* : écoutez votre intuition ou essayez les grattages (entre autres).

SANTÉ – FORME

– Vous pouvez être sujet.te à des déprimes passagères mais ne vous inquiétez pas. Ce n'est pas la peine de vous jeter sur les antidépresseurs ni votre psy ! Soyez simplement objectif.ve dans l'analyse de la situation qui vous préoccupe et vous verrez que les solutions arrivent d'elles-mêmes. Des petits ennuis sont à prévoir. Comme vous avez « la tête en l'air », ménagez-vous et optez pour des activités calmes et des loisirs au grand air. Évitez les efforts ou les sports violents, il y a de gros risques de chutes avec entorses et fractures. Ne courez pas dans les escaliers, tenez-vous à la rampe et allumez la lumière. Un faux pas est si vite arrivé !

TOUS DOMAINES
☞ **Vos meilleurs JOURS**
(où vous serez d'humeur conciliante) : 3 – 12 – 21 – 30
☞ **Vos jours DIFFICILES**
(où il faudra contrôler votre agressivité) : 9 – 15 – 24

Vos **PRÉVISIONS** pour **OCTOBRE 2025**

☞ **Si votre chiffre clé est 07**

Votre QUOTIDIEN

AFFAIRES – PROFESSIONNEL – ACTIVITÉS – LOISIRS...

– La recommandation du mois : ne provoquez pas la jalousie d'autrui !

– *Si vous êtes en activité professionnelle,* une bonne période allant du 1 au 18 environ, pourrait vous permettre de récolter les fruits de vos efforts, mais votre réussite pourrait faire des envieux. Restez humble et ne prenez pas "la grosse tête". Tout rentrera dans l'ordre.

– *Si vous êtes en recherche d'emploi,* et si vous faites preuve de combativité et de ténacité, vous pourriez enfin voir l'aboutissement de vos projets, décrocher ce poste pour lequel vous vous êtes tant battu.e !

– *Dans vos affaires diverses, que vous soyez commercial.e, indépendant.e ou retraité.e...,* restez les pieds sur terre, maîtrisez votre impulsivité, surveillez vos propos qui pourraient vous causer des désagréments.

– Votre nervosité étant extrême, vous pourriez avoir des débordements de paroles injurieuses, voire des accès de violence ! Principalement entre le 19 et le 30.

– *Dans tous les cas,* ce mois vous demande une certaine vigilance. Même s'il est très propice à l'accomplissement de vos idées, de vos projets, il faut bien garder à l'esprit que les succès seront à la mesure du soin apporté à la structuration de vos ambitions. Attention, pas de précipitation, donc.

Pesez toujours le *pour* et le *contre* en toute circonstance.

– *Concernant des affaires judiciaires,* principalement après le 10, restez extrêmement prudent.e, surtout en ce qui concerne la signature d'un contrat ou des documents juridiques. Prenez conseil après d'un avocat, notaire... avant tout engagement.

– <u>Déplacements et voyages :</u>
Prudence tout le mois si vous devez faire de longs trajets !
(Préférez le train, le bus ou l'avion).

AMOURS – AMITIÉS – FAMILLE – RELATIONS…

– Vos activités extérieures vous monopoliseront tout ce mois, mais ce n'est pas une raison pour négliger *votre entourage* qui ne demande qu'à partager vos ambitions et à vous soutenir. Faites preuve de tolérance, de gentillesse et de patience et évitez au maximum les accès de colère, surtout envers vos enfants (si vous en avez), car votre réussite professionnelle ne doit pas se faire au détriment de votre vie privée. Vous devez gérer les deux. Contrôlez-vous, surtout après le 18 et jusqu'à la fin du mois.

– Le mois débute dans une ambiance détendue où vous pouvez profiter de quelques moments de liberté, voire de détente. Profitez-en pour engager le dialogue avec *votre conjoint* dès que l'occasion se présente, prenez surtout le temps d'écouter *un adolescent* qui traverse une crise et aurait bien besoin de tendresse.

– En particulier entre le 7 et 17. Ensembles, faites une activité extérieure (sport, cinéma, shopping, coiffeur…), ceci resserrera les liens.

– *Si vous êtes célibataire,* vous avez l'esprit de contradiction et personne ne vous attire, ou du moins, vous ne savez pas ce que vous voulez ! Construire une vie à deux ? Garder votre liberté ? À part quelques sorties «copains – copines », ne vous prenez pas la tête ! Patientez. Vous finirez bien par savoir ce que vous voulez. Ne mettez pas la charrue devant les bœufs, donnez-vous un temps de réflexion, ne prenez pas des décisions hâtives, vous pourriez le regretter ; dites-vous que le temps travaille pour vous !

ARGENT – JEUX

– Quelques soucis avec la banque possible suite à une erreur informatique. À moins que ce soit un manque de vigilance de votre part le mois dernier qui ait mis votre compte dans le rouge. Surveillez vos paroles tout comme vos actes (voire gestes !) l'impulsivité vous serait catastrophique. Maîtrisez-vous !

– Entre le 19 et le 30, ne prenez aucune décision financière. Donnez-vous le temps de réflexion nécessaire, surtout pas de réponse hâtive, que ce soit pour l'achat comme la vente d'un bien. Soyez tout particulièrement vigilant.e les 9, 18 et 27.

– En dehors de ces précautions, vos finances sont à la hausse grâce à une amélioration éventuelle de votre situation professionnelle ou une rentrée d'argent imprévue, ce qui pourrait vous permettre quelques dépenses, surtout pour améliorer le confort de votre habitation.

– La chance aux jeux n'est guère présente ce mois !
Toutefois, vos chiffres si vous êtes joueur.se :
3, 6, 9, 15, 21, 27 et 30.

SANTÉ – FORME

– La forme est excellente, le moral est d'acier pour ce mois d'octobre. N'en faites pas trop pour autant et sachez vous accorder des pauses détente.

– Cependant, votre nervosité étant importante, vous pourriez ressentir quelques tiraillements dorsaux. Quelques séances de natation vous seront bénéfiques.

– Un régime minceur entrepris ce mois, pourrait vous valoir la perte de quelques kilos rapidement.

TOUS DOMAINES
☞ **Vos meilleurs JOURS**
où vous serez d'humeur conciliante) : 2 – 11 – 20 – 29
☞ **Vos jours DIFFICILES**
(où il faudra <u>contrôler</u> votre agressivité) : 5 – 14 – 23

Vos PRÉVISIONS pour NOVEMBRE 2025
☞ Si votre chiffre clé est 07

Votre QUOTIDIEN

AFFAIRES – PROFESSIONNEL – ACTIVITÉS – LOISIRS...

– C'est le moment des conclusions, de terminer ce qui vous avez encore en route, mais inutile d'entreprendre quoi que ce soit de nouveau. Au contraire, concentrez tous vos efforts pour achever vos diverses tâches en cours.

– C'est une période ou les démarches et affaires commencées depuis parfois bien longtemps, peuvent enfin espérer une fin heureuse.

– *Si vous êtes en recherche d'emploi,* essayez tant que ce peut de repousser vos rendez-vous d'entretien pour le mois prochain.

– *Si vous êtes dans une activité professionnelle,* et si la période approche, c'est le moment de préparer votre dossier retraite. Pour les autres, ne vous éparpillez pas. Faites ce qui vous avez à faire, sans plus !

– *Si vous êtes à votre compte,* et qu'une association devient pesante, il est temps d'y mettre fin. Si votre activité est en relation avec l'étranger, ou avec un public, vous en retirerez de belles satisfactions.

– *Si vous êtes artiste, à la retraite ou actif.ve,* l'inspiration sera profonde, les contacts extérieurs nombreux et dans des milieux très différents. Ils vous feront vivre de nouvelles expériences (attrait pour la peinture, la musique, l'écriture, la sculpture...)

– *Les études et la recherche* seront également des secteurs mis en avant.

– Envie de vous lancer dans les sciences occultes : apprentissage du tarot, de l'astrologie, de la numérologie... pourquoi pas !

– Un voyage d'affaires, surtout vers le 3, 12 ou le 21 pourra être très constructif.

– _Envie de_ voyager _?_ Choisir les 5, 14, et 23…
Évitez les 4, 13, et 22.
– Partir à L'ÉTRANGER : Préférez les 9, 18 et 27 du mois.

AMOURS – AMITIÉS – FAMILLE – RELATIONS…

– C'est le moment de tourner la page, de vous libérer de relations pesantes, de prendre conscience, vers les 9, 18 et 27, que l'attitude de certains de vos « amis » était surtout de l'arriviste et de l'égoïste.

– Rapprochez-vous des personnes qui méritent votre attention et votre affection tout en restant totalement désintéressé.e, vous vous éviterez ainsi de grandes déceptions.

– Si vous venez de vivre une séparation difficile, il est temps également de regarder vers l'avenir. Tirez un trait sur le passé, faites table rase et prenez du temps pour vous retrouver face à vous-même.

– _Si vous vivez en couple,_ quelques tensions sont à craindre. Essayez de garder le contrôle de vos actes et paroles.

– N'allez pas trop loin, vous pourriez le regretter amèrement.

– Ne vous laissez pas tenter par une rencontre exotique ! Qu'auriez-vous à y gagner, si ce n'est que l'assouvissement d'un fantasme. Ne mettez pas votre ménage en péril pour une envie futile d'ailleurs !

– _Si vous êtes en recherche de l'âme sœur,_ des déceptions et des désillusions sont à craindre. Attendez le mois prochain pour vraiment tenter quelque chose.

– _Vos enfants_ et plus particulièrement des _adolescents_ (si vous en avez) ou vos _parents,_ seront souvent en demande et vous accapareront. Leur exigence vous fera sortir de vos gonds. Faites preuve de tolérance et de compréhension à leur égard principalement entre le 13.

– Après le 17, vous vous sentirez plus léger.e, mieux dans vos basquettes, vous retrouverez un rythme plus serein et vous serez davantage à l'écoute des autres.

ARGENT – JEUX

– Surveillez votre gestion de près, même si vos centres d'intérêts sont ailleurs, car en agissant à la légère vous risquez de vilaines surprises.

– Pour les affaires en cours depuis peu de temps, ne forcez rien. Laissez le temps faire son œuvre, car à vouloir aller trop vite, vous risqueriez de grosses pertes d'argent.

– Autrement, votre budget sera équilibré et vous pourrez vous permettre quelques achats « coup de cœur ». Profitez-en !

– *Une affaire* (immobilière par exemple) pourrait être conclue avec ou par l'intermédiaire d'une personne étrangère. À surveiller et à redoubler d'attention cependant, les 3, 12 et 21, ou vous pourriez facilement vous faire abuser.

– La chance aux jeux est présente +++ ce mois !
– Vos chiffres si vous êtes joueur.se : 7, 8, 16, 23, 30, 38 et 46.

SANTÉ – FORME

– Votre émotivité et la fatigue nerveuse seront vos points sensibles tout au long du mois. Un rien vous angoisse ou vous énerve ! Essayez donc de relativiser et de ne pas vous laisser emporter par vos émotions. Ne prenez pas trop à cœur les problèmes des autres.

– Couchez-vous tôt, et si le sommeil tarde, lisez, cela vous détendra et videra votre esprit des soucis de la journée. Si besoin est, prenez un tilleul double après votre repas. Évitez les excitants ou excès alimentaires tout comme les veilles prolongées.

– Pourquoi ne pas essayer quelques séances de sauna et de yoga pour vous relaxer au maximum.

TOUS DOMAINES
☞ **Vos meilleurs JOURS**
(où vous serez d'humeur conciliante) : **1 – 10 – 19 – 28**
☞ **Vos jours DIFFICILES**
(où il faudra contrôler votre agressivité) : **4 – 13 – 22**

Vos PRÉVISIONS pour DÉCEMBRE 2025
☞ Si votre chiffre clé est 07

Votre QUOTIDIEN

AFFAIRES – PROFESSIONNEL – ACTIVITÉS – LOISIRS...

– L'année se termine et vous avez envie de la clôturer en beauté !

– *Si vous êtes en activité professionnelle*, vous n'arrêtez pas ! Une véritable petite fourmi. Ce qui ne sera pas du goût de tout le monde. Vos collègues ne verront pas d'un très bon œil votre attitude, et se poseront des questions. Mais n'en tenez pas compte, et continuez dans la direction que vous vous êtes fixée. Toutefois, planifiez votre emploi du temps pour éviter le surmenage et les oublis dès la première semaine.

– Quelques embûches sont à prévoir entre le 7 et le 25, mais rien ne vous arrêtera.

– *Si vous êtes en quête d'un emploi,* votre acharnement pourrait se trouver récompensé les 4, 13 et 22, par une réponse favorable à une demande faite il y a quelque temps. Même si les retours se font attendre, gardez à l'esprit que vos actions du moment auront des répercussions importantes sur l'année à venir, alors accrochez-vous, ne baissez pas les bras et ne laissez rien au hasard. Faites preuve de volonté et de courage pour arriver à vous imposer. Un nouveau départ s'annonce prochainement.

– *Si vous êtes à votre compte ou commercial.e,* vous avez une grande confiance en vous et vous savez ce que vous voulez. Vous pouvez ainsi mettre tout en œuvre pour réaliser vos objectifs. La période de réflexion antérieure vous aura été profitable. Vous pourrez vous prouver comme prouver à votre entourage que vos capacités sont réelles et que vous savez en tirer le meilleur profit.

– *Pour vos affaires diverses,* vous ne devrez compter sur aucune aide extérieure. Vous et vous seul.e tenez les rênes. Même si vous rencontrez des difficultés, rien ne vous empêchera d'avancer !

– Envie de *voyager* ? Préférez les 4, 13 et 22 du mois.
Évitez les 3, 12 et 21.

AMOURS – AMITIÉS – FAMILLE – RELATIONS…

– Vous êtes tellement pris.e par votre désir de réussite professionnelle ou dans celui de solutionner vos affaires, que votre vie affective passe au second plan. Même les fêtes de fin d'année vous apparaîtront comme une corvée avec les *obligations familiales* qu'elles imposent, et dont vous vous passeriez actuellement.

– Faites quand même des efforts, surtout en ce moment que votre moral remonte, vos proches, et principalement *vos enfants,* (si vous en avez) ou neveux seront ravis de passer du bon temps en votre compagnie. Il faut savoir se détendre un peu, et Noël n'est qu'une fois par an.

– Se retrouver dans une ambiance chaleureuse de temps en temps ressoude les liens, pensez-y ! Ne laissez pas vos activités extérieures vous monopoliser.

– En faisant quelques efforts également avec *votre conjoint,* ce (cette) dernier.e saura apprécier votre comportement et l'harmonie régnera en cette fin d'année. Un peu de paix fait du bien à tout le monde, et il vaut mieux adopter la position de celui (celle) qui apaise les conflits plutôt que celui (celle) qui les attise !

– Profitez-en pour vous détendre à deux !

– *Si votre cœur est libre,* vu que vous avez l'esprit ailleurs, les rencontres sentimentales ne sont guère au rendez-vous. Cependant, sait-on, les 2, 11 et 20 pourraient vous réserver une surprise.

ARGENT – JEUX

– Une fin d'année sans trop de soucis. Vous pourrez vous permettre quelques dépenses, ce qui est bien agréable en cette période de fêtes, surtout du 7 au 16.

– Cependant, restez dans la limite du raisonnable, car les cadeaux amputeront dangereusement votre budget. Bien que vous ayez envie de gâter tout le monde, mais aussi vous acheter une tenue spéciale « réveillon »… Ne flambez pas vos cartes de crédits ! Réfrénez votre tendance au gaspillage... cette tenue resservira-t-elle ? Et ces jouets hors de prix ! Combien de temps les enfants joueront-ils avec ? Soyez avisé.e, et pensez que des mois maigres ne sont pas exclus. Sans oublier qu'une dépense imprévue pourrait bien alourdir votre budget : être obligé.e de changer de lave-linge par exemple, achat pas vraiment le bienvenu en cette fin d'année.

 – En ce qui concerne d'éventuelles négociations, vous avez le vent en poupe. Elles auront toutes les chances de réussir, alors n'hésitez pas à entreprendre ce qui vous tient à cœur.

 – La chance *aux jeux* est présente ce mois !

Vos chiffres si vous êtes joueur.se : 6, 7, 8, 13, 17, 25 et 42.

SANTÉ – FORME

 – Côté forme, vous finissez l'année en beauté. Un moral d'acier et un tonus à toute épreuve. Surveillez toutefois les coups de froid. Attention au risque d'angine ou de bronchite, couvrez-vous. Et profitez des fêtes, mais avec modération !

 – Reposez-vous ! Annulez tout ce qui vous épuise d'avance, c'est un mois « cocooning », profitez-en !

 – Essayez de vous sevrer des calmants et somnifères. Faites plutôt du sport pour entretenir votre forme et retrouver un équilibre, aussi bien physique que moral.

 – Et même si le temps n'est pas toujours entraînant, quelques journées ensoleillées rendront vos balades profitables, et pourquoi pas dans la neige ! Ça a aussi son charme et c'est bon pour le psychisme.

TOUS DOMAINES
☞ **Vos meilleurs JOURS**
(où vous serez d'humeur conciliante) : 9 – 18 – 27
☞ **Vos jours DIFFICILES**
(où il faudra contrôler votre agressivité) : 3 – 12 – 21 – 30

Si votre chiffre CLÉ est

Voici les prévisions <u>détaillées</u>

de votre année

PERSONNELLE 2025

de

JANVIER à DÉCEMBRE

ৡৡ

QUITTE ou DOUBLE !

➢ *Après une année 2024 au ralenti,
en 2025 tout s'accélère ! Il faudra trancher dans le vif,
prendre des décisions, parfois radicales...*

Vos MOTS CLÉS pour 2025 sont donc :
Aboutissement &...
Sanction (bonne ou mauvaise), c'est selon !

☞ *En GÉNÉRAL*

➢ L'envie de solitude, de détente, de farniente, c'est derrière vous, cette année vous tranchez dans le vif ! le matériel sera mis à l'honneur, les sentiments au second plan. Fini les problèmes en série, vous serez débordant.e d'énergie. Cependant, accordez-vous des périodes de repos, car ce surrégime pourrait vous valoir de longues nuits d'insomnies.

– Ce sera une année également favorable pour tout ce qui est en lien avec la justice et/ou l'administratif, mais à condition d'être dans votre bon droit ! Dans le cas contraire, les séquelles pourraient être lourdes.

☞ *Comment « vivrez-vous » 2025 ?*

– Envie de modifier des choses dans votre vie ? C'est la bonne année ! Ce peut être légaliser une situation amoureuse, ou la clore, changer de logement, de travail, arrêter de fumer, vous mettre au sport, lancer un projet qui vous tient à cœur depuis longtemps... C'est le moment, osez, foncez, DÉCIDEZ !

➢ *PLAN PROFESSIONNEL :*

– Cette année, vous êtes bien décidé.e à montrer de quel bois vous êtes fait.e ! Vous ne doutez de rien, vous avez confiance en vous et ça se voit, et gare à celui (celle) qui cherchera à vous barrer la route. Cependant évitez toute relation conflictuelle. Canalisez votre énergie pour gravir les échelons.

➤ *PLAN AFFECTIF :*

– Attention, dans ce domaine vous pouvez, soit à certains moments, vous montrer agressif.ve, hargneux.se, avoir des paroles blessantes qui risquent de mettre votre relation en danger, et à d'autres moments, vous montrer exalté.e et passionné.e ! Ce qui pourrait déboussoler votre conjoint.

– Pour les célibataires, vous n'hésitez pas à aller à la rencontre d'une personne d'un milieu différent du vôtre… bravo !

➤ *PLAN FAMILIAL :*

– Il se peut que des accros familiaux voient le jour suite à un partage de biens ou une succession parentale.

– Possible également le passage en justice pour régulariser une situation concernant un droit de visite pour les petits enfants par exemple…

– En cas de conflits, tentez avant tout la médiation, car tout rapport de force risque de vous desservir.

➤ *PLAN MATÉRIEL :*

– Année favorable aux placements, aux investissements… C'est le moment de voir votre banquier pour négocier à la baisse des taux d'intérêts par exemple, ou faire un emprunt dans le but d'acheter une maison…

– Idem pour demander une augmentation à votre patron. Attendez cependant le deuxième semestre, le temps de montrer vos valeurs et de les mettre en avant.

➤ *SANTÉ :*

– Même si une baisse de régime se fait sentir en février, conséquences d'un janvier sous tension, vous ferez preuve dans l'ensemble d'une belle énergie.

– Surveillez toutefois votre conduite en voiture, car les risques d'accidents en cette année 2025 sont multiples.

– S'il est également question d'une intervention chirurgicale, préférez ci possible, juin ou septembre.

☞ <u>QUELQUES CONSEILS :</u>

– Pour vous, cette année **2025** est placée sous l'influence de **PLUTON.** Sous son impact, on oublie les doutes et on avance, sûr.e de soi, prêt.e à relever tous les défis.

– Il convient donc de donner le maximum de soi, mais en même temps, ne pas chercher à empiéter sur le terrain d'autrui, ni à tirer profit de ses faiblesses. Il faut au contraire avoir une attitude juste, honnête et maintenir l'esprit d'équipe.

– Dans le cas contraire, la sanction sera sévère. Une trop grande assurance, un surcroît d'arrogance, et c'est l'échec !

– N'agissez pas en tête brûlée, sinon vous aurez des revers difficiles !

☞ *<u>LES MOIS IMPORTANTS</u>*

– *FÉVRIER* : nouveau cycle de neufs mois ! C'est le moment de prendre de nouvelles résolutions et... de les MAINTENIR !

– *AVRIL* : si vous êtes <u>célibataire,</u> ouvrez l'œil ! <u>Par contre en couple,</u> contrôlez votre côté agressif. Déployez votre trop plein d'énergie dans un autre domaine !

– *MAI* : un mois demandant persévérance et ténacité. Des oppositions ou des blocages sont à craindre. Du calme ! Ce n'est que provisoire !

– *JUILLET* : un mois réservé à la famille. Profitez-en si vous êtes en vacances !

– *SEPTEMBRE* : tempérez-vous ! Ce mois-ci, tout passe ou tout casse. Des opportunités, tant professionnelles que financières à saisir, mais à condition de maintenir une attitude juste, honnête et souple.

– *DÉCEMBRE* : **Dernière ligne droite avant d'entrer en 2025...**

Vos PRÉVISIONS pour JANVIER 2025
☞ Si votre chiffre clé est 08

Votre QUOTIDIEN

AFFAIRES – PROFESSIONNEL – ACTIVITÉS – LOISIRS...

– *Si vous êtes en activité professionnelle,* évitez les rapports de force avec les collègues ! Vous êtes ce mois, sur les charbons ardents et un rien ne vous énerve ! Il se pourrait que des discussions au sujet de remplacements, de tour de garde ou de changement d'horaires, surtout vers le 6, 15 ou 24, viennent déstabiliser vos projets. Évitez de vous emporter ! Peut-être qu'après réflexion, ces changements vous rendront service. Faites preuve de pacification, et tout le monde y trouvera son compte. Les 2, 4, 11, 13, 20 et 22 pourraient vous apporter quelques satisfactions dans votre travail.

– *Si vous êtes en recherche d'emploi,* un ras-le-bol s'installe, rien à l'horizon. Ne baissez pas les bras pour autant ! Tout vient à point à qui sait attendre et persévère…

– *Si vous avez des affaires diverses en cours (juridiques, administratives*…), votre patience sera mise à rude épreuve ! Rien n'évolue comme espéré. Blocages, contretemps, report d'audience… tout s'en mêle et cela crée en vous une tension nerveuse et une fatigue intenses. Néanmoins, ne vous laissez pas aller au découragement et ne restez pas chez vous à broyer du noir.

– Restez diplomate face à vos interlocuteurs, maîtrisez votre impulsivité ! Et si vous devez envoyer un courrier, écrivez-le, mais attendez un autre jour pour le poster. Relisez le, et ayez des propos moins virulents, car n'oubliez pas que les ÉCRITS peuvent souvent se retourner contre nous. Donc, agissez avec méthode et tempérance. En restant modéré.e et en faisant preuve de tact, vous finirez par résoudre vos problèmes en heure et en temps !

– Soyez très prudent.e lors de vos déplacements divers, même les petits trajets ne vous mettent pas à l'abri d'un accident ! Surtout si vous êtes fatigué.e !

– Si vous devez effectuer un voyage en rapport avec vos affaires, optez pour le 4, 13 et 22.

– *Déplacements et voyages :*
Prudence tout le mois si vous devez faire de longs trajets !
(Préférez le train, le bus ou l'avion).

AMOURS – AMITIÉS – FAMILLE – RELATIONS…

– Rien de bien stimulant en ce début d'année. Vous supportez mal *vos proches* (qu'ils soient *amis – parents – enfants*) qui se plaignent de leurs petits « bobos » ou qui boudent. Vous n'avez qu'une envie : les secouer comme un prunier, vous avez déjà vos propres problèmes à résoudre et ceux des autres ne vous intéressent pas !

– Mais vous aussi, vous avez vos moments de jérémiades où vous aimez que l'on vous écoute, alors faites preuve de tolérance, surtout avec les plus jeunes que vous, principalement les 5, 14 et 23.

– Essayez de maintenir le dialogue afin de trouver une solution et d'éviter une cassure, qui même provisoire, serait un souci supplémentaire. Vous avez eu leur âge, et tant que l'on n'a pas vécu de grande galère, la moindre petite broutille devient une montagne, vous le savez, vos enfants l'apprendront à leurs dépens. Mais pour l'instant, il faut faire avec !

– *Si vous êtes en couple,* ne faites pas subir à votre conjoint votre mauvaise humeur sous prétexte que vous avez des problèmes au travail ou que la voiture tombe en panne ! Faites le dos rond. Heureusement la dernière semaine devrait ramener le calme et la détente.

– *Si vous êtes seul.e,* rien de bien passionnant à l'horizon. Cependant ne refusez pas quelques invitations, surtout vers les 1, 10, 19 et 28.

– Sans vous apporter l'âme sœur, vous pourriez en retirer des moments agréables et complices qui vous laisseront de bons souvenirs.

<u>*ARGENT – JEUX*</u>

– La sonnette d'alarme est tirée en ce début d'année. La plus grande prudence sera de rigueur, car rien ne se déroule comme prévu. Les rentrées attendues sont reportées, mais les factures s'allongent et tous ces tracas risquent de se répercuter sur votre santé. Des moments difficiles donc sont à craindre, surtout du 10 au 19.

– Afin d'éviter la banqueroute, et puisque vous pouvez prévoir (grâce à ce manuel) les périodes douloureuses, dès le début du mois, limitez vos dépenses aux achats quotidiens et réglez les factures par ordre d'ancienneté ! si une petite rentrée s'annonce, soyez fourmi. Ainsi, vous vous éviterez bien des nuits blanches et des crises d'angoisses.

– Abstenez-vous d'investissements risqués, qui pourraient au contraire vous occasionner des pertes d'argent.

– La chance aux jeux n'est guère présente ce mois !

Toutefois, vos chiffres si vous êtes joueur.se :

3, 6, 9, 15, 21, 27 et 30.

<u>*SANTÉ – FORME*</u>

– Toutes ces contrariétés diverses ont mis votre moral en berne. Et vous voilà au bord de la déprime. Réagissez tout de suite en vous forçant au repos, plutôt que de dépenser votre énergie inutilement. Si besoin est, allez consulter. Entamez une cure de vitamines ou de magnésium/B6 (bon pour le moral) sans attendre, ainsi que quelques séances de relaxation. Et bien emmitouflé.e, allez-vous balader, cela vous fera un bien fou !

TOUS DOMAINES

☞ **Vos meilleurs JOURS**

(où vous serez d'humeur conciliante) : 2 – 11 – 20 – 29

☞ **Vos jours DIFFICILES**

(où il faudra <u>contrôler</u> votre agressivité) : 5 – 14 – 23

Vos PRÉVISIONS pour FÉVRIER 2025
☞ **Si votre chiffre clé est 08**

Votre QUOTIDIEN

AFFAIRES – PROFESSIONNEL – ACTIVITÉS – LOISIRS...

– Vous aurez l'impression de revivre le même scénario qu'en janvier ! Les mêmes problèmes (retards, blocages de toutes sortes, mésententes...), « la coupe » est pleine. Prenez votre mal en patience. Le mois de février est court et l'éclaircie est au bout de la route !

– *Si vous êtes en activité professionnelle, salarié.e ou à votre compte,* finissez l'ouvrage en cours sans en entamer de nouveau. Ne cherchez pas la petite bête avec vos collègues ou associés, et ne vous culpabilisez pas non plus si vous donnez l'impression de ne pas avoir d'ambition. Il y a des moments dans la vie où il faut se contenter d'attendre. Vouloir vous précipiter dans de nouveaux projets ne vous sera pas profitable et ce ne serait que du temps de perdu. Contentez-vous de clôturer toutes vos démarches et affaires en cours en essayant de les conclure de façon positive. Attention aux divergences d'opinions sur une affaire avec un.e associé.e ou à des accrochages explosifs avec certains collègues...

– À surveiller tout particulièrement les 8, 17 et 26.

– *Si vous êtes à la recherche d'un emploi,* jusqu'au 14 environ, rien en vue, d'ailleurs, c'est mieux ainsi, car pour vous, février étant sous l'influence de Saturne (planète de la lenteur), il ne faut rien entreprendre de nouveau ! attendez la fin du mois (à partir du 22) pour reprendre vos démarches.

– Par contre, *si vous êtes en stage, étudiant.e, retraité.e actif.ve ou dans la création* (surtout en rapport avec la décoration), vous serez tout particulièrement inspiré.e pour approfondir vos connaissances, pour apprendre. Vos idées seront originales, et elles plairont, mais il vous faudra encore être patient.e pour les mettre en application et obtenir les résultats attendus.

– _Pour vos affaires diverses,_ n'hésitez pas à y accorder du temps. Surtout si elles sont en rapport avec le domaine juridique ou fiscal. Vous devriez pouvoir en ressortir vainqueur et tout particulièrement les 8, 17 et 26.

– _Envie de_ voyager ? Choisir les 5, 14 et 23…
Évitez les 4, 13, et 22.
– _Partir à L'ÉTRANGER_ :
Préférez les 9, 18 et 27 du mois.

AMOURS – AMITIÉS – FAMILLE – RELATIONS…

– Essayez de garder le sourire à défaut du moral. Même si _votre entourage_ (surtout _belle-famille ou amis_) ne fait rien pour alléger vos soucis, ne refusez pas le dialogue, et en cas de malentendus, crevez l'abcès tout en restant diplomate et tempéré.e;

– La tranquillité, ce n'est pas pour ce mois ! Vous devez faire face à vos obligations _familiales_ que vous assumerez bon gré mal gré. Allez, ne soyez pas bougon.ne ! Apprenez à réagir avec sérénité et calme. Domptez votre agressivité, dédramatisez les soucis, vous verrez qu'ils se résoudront plus facilement.

– _En couple,_ l'ambiance ne sera pas au top. Vous aurez tendance à vous replier sur vous-même, et votre conjoint aura l'impression de parler à un mur.

– Attention que cette attitude ne soit pas mal interprétée, surtout du 1 au 5 et du 15 au 28, et si votre relation est déjà fragile, la prudence vous est vivement conseillée, car la séparation est possible si vous ne faites pas un effort, en particulier les 3, 5, 12, 14, 21 et 23.

– _Si vous êtes célibataire,_ il est fort probable que vous tombiez sous le charme d'une personne qui diffère de celles que vous fréquentez habituellement.

– Ne vous emballez pas ! Maintenez votre indépendance, chacun son logement, car même si dans un premier temps, vous êtes attirés l'un vers l'autre, il y a peu de chance pour que cette relation perdure.

– Ne prenez aucun engagement, vous risqueriez de le regretter. Attendez sagement que le feu s'éteigne… Vous y verrez plus clair et éviterez ainsi bien des souffrances inutiles.

– Vos *amis* subiront vos sautes d'humeurs. Si vous ne souhaitez pas vous retrouver seul.e pour de bon, mettez-y du vôtre et acceptez les éventuelles invitations les 3, 11 et 21. Vous n'en retirez que du bonheur !

ARGENT – JEUX

– Toujours un contexte budgétaire bien fragile. Les rentrées se font attendre encore et encore. Même si c'est toujours la période des soldes, ne vous laissez pas tenter par la bonne affaire. Il vous faut aller jusqu'à la prochaine paye.

– Ne prenez aucune décision importante, ni n'envisagez aucun investissement. Vous pourriez vous en mordre les doigts.

– La chance aux jeux est présente +++ ce mois !

– Vos chiffres si vous êtes joueur.se :

7, 8, 16, 23, 30, 38 et 46.

SANTÉ – FORME

– Toujours une santé défaillante. Forme physique et morale fragilisée.

– Cessez de ressasser vos problèmes, efforcez-vous plutôt de méditer, de trouver un sens à ce qui vous arrive, cherchez le côté positif à toute chose (*vous verrez qu'il y en a toujours un*).

– Et au bout du compte, vous vous apercevrez que vous vous êtes inquiété.e sans raison valable. Que chaque problème a toujours sa solution.

– Si vous avez la possibilité de prendre quelques jours de vacances, n'hésitez surtout pas. Cela vous permettra de recharger vos batteries.

TOUS DOMAINES
☞ **Vos meilleurs JOURS**
(où vous serez d'humeur conciliante) : 1 – 10 – 19 – 28
☞ **Vos jours DIFFICILES**
(où il faudra **contrôler** *votre agressivité)* : 4 – 13 – 22

Vos PRÉVISIONS pour MARS 2025
☞ Si votre chiffre clé est 08

Votre QUOTIDIEN

AFFAIRES – PROFESSIONNEL – ACTIVITÉS – LOISIRS...

– Enfin, tout arrive à point à qui sait attendre ! Avec le printemps qui s'annonce, votre énergie et votre dynamisme seront décuplés après cette période de calme qui vous a empêché de concrétiser vos projets. Cette période d'attente plutôt difficile, il faut bien le dire, vous aura permis toutefois de réfléchir sur vos possibilités, et à présent, c'est parti ! Vous reprenez confiance en vous en mettant en pratique votre savoir-faire. Mais ne vous éparpillez pas pour autant, et sachez vous ménager.

– *Si vous êtes à la retraite active, ou dans le domaine artistique/créatif,* vous déborderez d'idées nouvelles que vous pourrez mettre en pratique sans hésiter et qui seront accueillies favorablement surtout du 24 au 30.

– *Si vous êtes en activité professionnelle,* certaines opportunités sont à saisir. Vous pouvez mettre en avant vos capacités et essayer de percer.

– Si vous êtes en contact *direct avec la clientèle,* vous aurez encore plus de chance de réussir. Vous serez suffisamment « culotté.e » pour vous imposer et décrocher la vente. Et si vous travaillez en rapport avec l'étranger, vous pouvez espérer un aboutissement positif de vos affaires.

– *Si vous êtes à la recherche d'un emploi,* votre esprit est vif et vous saurez flairer les bons plans. N'attendez pas trop longtemps pour prendre votre décision et ayez confiance en vous. Votre jugement est sûr. Vous et vous seul.e devez prendre la décision qui s'impose. Ne vous laissez pas influencer !

– *Pour vos affaires diverses* (démarches en tous genres), n'hésitez pas à prendre des contacts avec l'extérieur, vous en retirez de réelles satisfactions. En ce moment vous débordez d'enthousiasme et vous avez l'esprit conquérant. Lancez-vous dans la bataille. Faites preuve de ténacité et d'acharnement ; vous tenez la solution de vos problèmes !

– Pour vos voyages d'affaires, préférez les 2, 11 et 20.
– Envie de _voyager_ ? Préférez les 4, 13, 22 et 26 du mois.
Évitez les 3, 12 et 22.

AMOURS – AMITIÉS – FAMILLE – RELATIONS…

– Votre vie professionnelle prend une place importante ce mois-ci dans votre existence. Si sur le plan professionnel, il vous est conseillé de décider seul.e. À l'inverse, côté affectif (_famille ou conjoint_), les avis ne doivent pas être négligés. Attention de ne pas délaisser votre partenaire ou vos enfants, tout comme faire cavalier.e seul.e lors des décisions importantes qui concernent _le foyer, la famille, le couple,_ ou un éventuel déménagement, surtout le 3, 11 et le 21. À vouloir tout régenter, vous risquez de créer des conflits et de vives oppositions peuvent s'imposer alors que tout commençait à rentrer dans l'ordre. Même si votre choix est fait, il vous faudra peut-être faire des compromis et revoir votre position. Vos jours les plus favorables à une discussion sereine sont les 5, 14 et le 23.

– _Si vous êtes célibataire,_ la solitude vous pèse, et vous êtes enfin prêt.e à vous investir affectivement. Ça tombe bien, quelques rencontres sont possibles, voire dénicher la perle rare ! Vous pourriez ainsi évoluer en douceur vers un engagement de vie commune.

– _Des amis ou des cousins_ perdus de vue depuis un certains temps, pourraient se rappeler à votre bon souvenir, et ces retrouvailles seront des moments forts.

ARGENT – JEUX

– Ne faites aucune transaction importante et n'envisagez aucun investissement ce mois de février. Les risques sont toujours trop grands.

– Même si votre situation financière s'améliore, rien n'est encore gagné. Attendez un peu avant de vous engager.

– Par contre, si l'envie vous prend, une sortie restaurant ou un achat plaisir (dans la limite de vos possibilités), cela ne devrait pas mettre le budget en péril.

– Si vous envisagez investir dans l'immobilier, rien ne vous empêche de vous renseigner et de visiter, car des occasions sont peut-être à saisir. Mais attention aux coups de tête, pas de précipitation. Même si on vous donne un délai très court, ne faites pas n'importe quoi. La soi-disant affaire du siècle n'est peut-être que celle de l'agent immobilier qui a un challenge à gagner. Et vous dans l'histoire ? Prudence donc !

– Les 7, 16 et 25, quelques soucis pécuniaires possibles, mais vous les surmonterez grâce à une aide extérieure (dépannage par un proche sans doute).

– La chance aux jeux est présente ce mois !
– Vos chiffres si vous êtes joueur.se :
6, 7, 8, 13, 17, 25 et 42.

SANTÉ – FORME
– Le tonus et le moral retrouvent leur régime de croisière. Bien que tout semble être pour le mieux, continuez la pratique de vos activités physiques et surveillez toutefois votre tension nerveuse, car le stress des mois passés n'est pas totalement dissipé, et peut ressurgir à tout moment.

– Apprenez à faire le vide dans votre esprit et si vous êtes sous traitement, même si vous vous sentez mieux, continuez jusqu'à la fin de la prescription. Ce serait dommage de perdre tout ce profit !

TOUS DOMAINES
☞ **Vos meilleurs JOURS**
(où vous serez d'humeur conciliante) : 9 – 18 – 27
☞ **Vos jours DIFFICILES**
(où il faudra <u>contrôler</u> votre agressivité) : 3 – 12 – 21 – 30

Vos PRÉVISIONS pour AVRIL 2025
☞

Votre QUOTIDIEN

AFFAIRES – PROFESSIONNEL – ACTIVITÉS – LOISIRS...

– *Si vous êtes en activité professionnelle,* il vous faut adopter une attitude calme et plus conciliante envers autrui, car vous aurez besoin de leur appui pour atteindre vos buts. Besoin par exemple de vous faire remplacer ? De finir la journée plus tôt ? Même s'il vous en coûte de demander, faites un effort ! Ne laissez pas les autres en plan sans les en avoir avertis. Par ailleurs, et à l'inverse, vous devrez peut-être faire face à des contraintes suite à des événements extérieurs ou en rapport avec vos supérieurs ou collègues. Remplacement de dernières minutes, un travail urgent à finir… La collaboration et la patience vous seront demandées.

– *Si vous êtes dans le commerce ou à votre compte*, attendez-vous à un certain ralentissement, surtout la première quinzaine. Les rentrées d'argent étant en dents de scie, la clientèle lunatique, les livraisons retardées… ne vous laissez pas emporter avec des réflexions désobligeantes. Il vous faudra parer à des contretemps, et maîtriser votre impulsivité, car elle pourrait vous faire commettre des écarts de langage ou des actes irréfléchis.

– *Si vous travaillez en équipe ou en association,* vous aurez plus de difficultés dans le domaine relationnel. Essayez de vous adapter aux circonstances actuelles et faire contre mauvaise fortune bon cœur. Passé le 15, vous serez moins tendu.e et votre attitude redeviendra plus conciliante.

– *Si vous êtes en recherche d'emploi,* pas de décision hâtive, au contraire donnez-vous un temps de réflexion suffisant, en particulier les 5, 14 et 23.

– Pour les déplacements choisissez les 1, 10, 19.
– Envie de *voyager* ? Préférez les 3, 7, 12, 21 et 25 du mois.
Évitez les 2,11 et 20.

<u>*AMOURS – AMITIÉS – FAMILLE – RELATIONS...*</u>

– Attention à vos propos ! Jusqu'au 15, les heurts et les discussions seront fréquents et vos nerfs seront mis à rude épreuve. Contrôlez-vous et faites des efforts. Même si vous ne rêvez que de détente, rester seul.e à cogiter dans votre coin ne vous sera d'aucun secours, bien au contraire ! Essayez d'être plus attentif.ve aux autres et plus tolérant.e envers eux.

– *<u>En famille ou entre amis,</u>* l'instabilité dans vos rapports se fera sentir et une incompréhension des deux côtés, suite à un « non-dit » ou à des bavardages vous entraînera dans de mauvais choix, surtout les 2, 11 et 20. Essayez de rétablir un climat de confiance et de compréhension avec les vôtres, soyez plus positif.ve dans vos débats et tout rentrera dans l'ordre.

– *<u>Si vous êtes en couple,</u>* et que la situation se dégrade, remettez-vous en question et ne vous laissez pas aller au découragement. Au contraire, profitez de ce mois pour vous rapprocher du conjoint, surtout à partir du 16… essayez de mettre à plat les divergences, et instaurez un nouveau climat de confiance mutuelle, Adaptez-vous ! C'est à deux que l'on construit son nid. Demander à l'autre de faire des efforts, certes, mais montrez l'exemple !

– *<u>Célibataire, vous aimeriez enfin rencontrer votre moitié ?</u>* Pourquoi pas ! Sortez de votre réserve, regardez autour de vous, osez ouvrir la discussion et laissez parler votre cœur. Développez vos antennes qui sauront reconnaître l'âme sœur. Écoutez votre petite voix intérieure qui vous dictera la marche à suivre. Ne doutez pas de vos capacités de séduction et de discussion. Vous aussi avez des choses intéressantes à dire. Hasardez-vous ! Vous n'en retirerez que des satisfactions.

– Vos jours favorables sont les 1, 10 et 19.

<u>*ARGENT – JEUX*</u>

– En avril, vous voici une vraie petite fourmi ! Tout est planifié au jour le jour, rentrées/dépenses. Tout est calculé dès les premiers jours, bravo ! Vous vous éviterez ainsi bien des désagréments et ceci vous permettra d'avoir un budget équilibré tout au long du mois. Entre le 20 et le 30, vous pourriez toucher une somme d'argent que vous n'espériez plus (un trop-perçu ou un remboursement d'argent prêté depuis fort longtemps).

– N'envisagez cependant, aucun achat important en cette période qui nécessiterait la demande d'un prêt. Prenez votre mal en patience, attendez une phase plus faste, car même si ce mois, vous redressez la barre, vos démarches n'aboutiront pas, et cela risquerait de vous contrarier et de fragiliser à nouveau votre moral sans compter les crampes d'estomac.

– Tentez la chance aux jeux, mais en groupe ou au moins à deux ! Vos chiffres si vous êtes joueur.se :
2, 7, 9, 18, 27, 36 et 45.

SANTÉ – FORME

– Faites surveiller votre tension nerveuse, car vous avez les nerfs à fleur de peau, un rien vous perturbe et ce trop plein de nervosité a des répercussions sur votre appareil digestif (maux d'estomac entre autres).

– Ne vous jetez pas sur la nourriture pour calmer vos nerfs, votre silhouette en subirait les conséquences. Je vous conseille de vous entourer de gens qui savent garder leur calme en toutes circonstances, qui vous feront voir la vie sous des aspects positifs en vous apprenant à visualiser *« le verre à moitié plein plutôt qu'à moitié vide ! »*.

– En adoptant la philosophie de la « pensée positive », cela vous permettra de surmonter vos problèmes sans avoir recours aux antidépresseurs !

TOUS DOMAINES
☞ **Vos meilleurs JOURS**
(où vous serez d'humeur conciliante) : **8 – 17 – 26**
☞ **Vos jours DIFFICILES**
(où il faudra <u>contrôler</u> votre agressivité) : **2 – 11 – 20 – 29**

Vos PRÉVISIONS pour MAI 2025
☞ Si votre chiffre clé est 08

Votre QUOTIDIEN

AFFAIRES – PROFESSIONNEL – ACTIVITÉS – LOISIRS...

– Enfin un mois CONSTRUCTIF ! Voici une phase plus clémente ou vous pourrez entreprendre démarches et projets avec l'espoir de les voir se réaliser prochainement. Les blocages du trimestre passé diminuent et votre moral remonte en flèche. Profitez de cette période dynamique pour aller de l'avant, prendre des contacts et saisir les opportunités diverses.

– *Si vous recherchez un emploi,* des portes pourraient enfin s'ouvrir. À vous de frapper à la bonne et mettre tous les atouts de votre côté !

– *Si vous êtes en activité professionnelle,* les nouvelles responsabilités ne vous font pas peur, au contraire ! vous êtes prêt.e à abattre toutes les embûches éventuelles et prouver que la confiance accordée sera méritée.

– Une promotion donc, n'est pas exclue en particulier les 7, 16 et 25.

– *Si vous êtes commercial.e,* n'hésitez pas à prendre des initiatives et faire part de vos idées. Elles seront bien perçues et vous vaudront des primes supplémentaires. Surtout entre le 9, 18 et le 27.

– Vous possédez l'ardeur et la confiance en vous pour mener à bien vos diverses tâches et récolter les lauriers qui vous sont dus.

– *Si vous êtes un.e retraité.e activf.ve ou dans le domaine artistique/créatif,* vous pourriez vous surprendre de vous découvrir des dons cachés qui pourraient même vous faire connaître un certain succès auprès du public.

– *Si vous évoluez dans un travail intellectuel* (auteur.e de nouvelles, roman...), la période vous est extrêmement bénéfique ! De même, si vous préparez un concours ou poursuivez des études. C'est une année ou l'intellect domine !

– Pour vos déplacements professionnels, préférez les 9, 18 et 27.
– Envie de *voyager* ? Préférez les 2, 11, et 20 du mois.
Évitez les 1, 10, 19 et 28.

AMOURS – AMITIÉS – FAMILLE – RELATIONS...

– Profitez au maximum de ce beau mois de MAI pour mettre à profit toute occasion de s'amuser et de faire la fête qui ne manquera pas de se présenter, car de belles satisfactions affectives vous attendent ce mois-ci, bien que, jusqu'au 15, vous semblez plus préoccupé.e par le matériel que l'affectif.

– *En famille ou entre amis,* vous retrouvez avec plaisir ces soirées animées où l'on profite des moments privilégiés autour d'une table sur sa terrasse. Vous pourrez même élargir votre cercle d'amis.

– *Si vous vivez en couple non officialisé,* c'est peut-être le moment de vous décider.

– *Si vous vivez en couple confirmé,* c'est le bon mois pour solutionner un problème qui vous oppose depuis quelque temps. Osez montrer votre attachement, laissez s'exprimer vos sentiments, vous n'en retirerez que bien-être.

– Et si un peu de lassitude ou de tension vous donne l'envie d'une petite aventure, contrôlez-vous… ne remettez pas en cause une relation sérieuse pour un moment de folie que vous pourriez regretter amèrement. Inversez plutôt la situation ! « Réveillez » votre couple ! Montrez vos sentiments, impliquez-vous davantage… Un câlin, des mots tendres de temps en temps n'ont jamais tué personne et ça fait du bien !

– *En quête de l'âme sœur ?* Vous pourriez avoir de fortes chances de faire une rencontre inattendue les 9, 18 et 27 tout spécialement. Votre charme pourrait faire des ravages. Profitez donc au maximum de cette période où tout semble vous réussir, mettez à profit la moindre occasion qui se présentera.

ARGENT – JEUX

– Vos finances semblent bien se porter ce mois de mai, certes, mais ne commettez pas d'imprudence que vous pourriez regretter amèrement. Votre jugement n'est pas toujours sûr en matière d'argent.

– Vous faire plaisir en vous offrant cette petite robe ou ce blouson qui vous attire dans la vitrine depuis quelque temps, OUI, mais vous lancer dans des achats superflus (pour suivre la mode et être au dernier cri), est-ce bien nécessaire ?

– Pour éviter les mois restrictifs, modérez vos dépenses dès maintenant, vous vous éviterez bien des tracasseries inutiles.

– La chance aux jeux est présente ce mois !
– Vos chiffres si vous êtes joueur.se :
2, 11, 10, 13, 15, 37 et 47.

SANTÉ – FORME

– Le moral est au beau fixe, et une forme physique à faire pâlir vos voisins !

– Maintenez vos activités diverses, pensez à vous oxygéner en faisant des ballades en montagne ou à la campagne et songez à vous garder des « plages détente », car bien que vous débordiez de vitalité tout ce mois, ne laissez pas le surmenage anéantir toutes vos chances de poursuivre votre but.

– Apprenez à gérer votre stress – libérez-vous de cette fatigue nerveuse qui vous noue l'estomac. Prenez soin de vous, car personne ne le fera à votre place.

TOUS DOMAINES
☞ **Vos meilleurs JOURS**
(où vous serez d'humeur conciliante) : 7 – 16 – 25
☞ **Vos jours DIFFICILES**
(où il faudra contrôler votre agressivité) : 1 – 10 – 19 – 28

Votre QUOTIDIEN

AFFAIRES – PROFESSIONNEL – ACTIVITÉS – LOISIRS...

– JUIN sera basé sur la discipline et la ténacité. Il vous faut tout au long du mois, travailler avec ordre et méthode. Les difficultés seront nombreuses, mais votre acharnement sera payant à long terme.

– Vous avez envie d'aller vite, de foncer... alors qu'il est plutôt conseiller ce mois de s'accorder un temps de réflexion, sinon vous risquez quelques mésaventures, donc il vous faudra plutôt prendre votre mal en patience, car l'ambiance du moment est à la lenteur et malgré votre bonne volonté, vous ne parviendrez pas à accélérer le mouvement.

– La prudence vous est recommandée dans tous les domaines.

– *Si vous êtes en activité professionnelle,* un surcroît de travail n'est pas exclu, absence imprévue d'un.e collègue, un départ définitif (retraite) non remplacé... Tout est possible ! assumez les tâches qui vous incombent en restant calme et méthodique. Vous vous acquitterez bien plus facilement de vos corvées en restant tempéré.e et en maintenant vos efforts. Même s'ils ne sont pas reconnus dans l'immédiat, ils ne resteront pas inaperçus. Pensez à votre avenir. Tenez bon !

– *Si vous êtes commercial.e ou à votre compte,* vous connaîtrez des moments de doute qui remettront en question vos capacités professionnelles et votre motivation. Faites preuve de ténacité, soyez organisé.e afin de ne pas perdre un temps précieux, restez confiant.e en vos possibilités, et vous finirez par réaliser vos ambitions et vos projets pourront trouver leur aboutissement. Il se peut également que vous deviez vous adapter à un nouveau matériel informatique, bien que cette « mise en marche » empiète sur votre emploi du temps, vous arriverez à clôturer vos dossiers en cours et plus tard, vous vous féliciterez de votre assiduité.

– *Si vous recherchez un emploi*, montrez-vous tel.le que vous êtes ! N'essayez pas de baratiner vos interlocuteurs. Ne vous donnez pas des compétences que vous n'avez pas ! Vos contacts doivent être basés sur la rigueur et l'honnêteté pour qu'ils soient payants.

– Petits déplacements pour affaires et en voiture :
à préférer les 8, 17 et 26.
Déplacements en train ou avion **à éviter**
(retards, grèves…)
Ou faire de **_longues routes_** (bouchons)
surtout les 9, 18, 22 et 27.

AMOURS – AMITIÉS – FAMILLE – RELATIONS…

– Ne négligez pas *votre vie de famille*, même si vous vous donnez corps et âme à votre travail. Essayez plutôt de maintenir l'harmonie, et évitez d'être trop rigide ou de provoquer des conflits sans raison. Visez à vous rapprocher des personnes qui vous sont chères !

– *Si vous êtes seul.e*, peu de rencontres à espérer ! D'ailleurs, vous voilà fatigué.e, plutôt morose et rien (à part votre travail) ni personne ne semble vous intéresser. Les distractions et les loisirs seront donc pour le mois prochain.

– *En couple*, soyez plus tolérant.e ! Vous n'avez pas envie de sortir, vous vous repliez sur vous-même, vous bougonnez pour un oui ou un non… Attention ! À force de se sentir délaissé.e, votre moitié risque de rechercher une compensation ailleurs, vous voilà prévenu.e ! Heureusement qu'à partir du 18, vous sortez de votre réserve, et vous redevenez la personne que l'on a envie de fréquenter, vous prendrez même plaisir à envisager quelques sorties entre *amis*.

– De bons moments de détente donc les 7, 16 et 25.

ARGENT – JEUX

– Les rentrées d'argent, à part les habituelles (retraite, salaires, pensions…) sont minimes. Si vous attendez des remboursements de frais médicaux par exemple, une panne informatique pourrait bien être à l'origine de cette longue attente. N'hésitez pas à vous renseignez si besoin est.

– Ne tentez aucune demande de prêt ce mois-ci, vous risquez un refus. Tant qu'aux placements, attendez une période plus propice.

– *Mon conseil :* soyez très circonspect.e tout au long de ce mois, car de nombreuses dépenses imprévues sont à craindre alors que les rentrées se font attendre. « *Prudence est mère de Sûreté !* »

– La chance aux jeux est possible ce mois !
Vos chiffres si vous êtes joueur.se : 4, 7, 11, 13, 24, 37 et 47.

SANTÉ – FORME

– Attention au surmenage qui vous guette en ce mois de juin. Ce serait dommage d'arriver en vacances en dépression. Finissez votre travail en cours, planifiez vos tâches et surtout, accordez-vous des moments détente.

– Les journées ne font que 24 heures, et vous n'êtes pas un robot, n'hésitez pas à consulter votre médecin pour enrayer toute maladie ou toute fatigue persistante. À trop tirer sur la corde elle finit par craquer !

– Entamez (ou reprenez) une cure de vitamines ou d'oligo-éléments pour préserver votre potentiel énergétique. Sans oublier les expositions au soleil après 16H, source de vitamine D. Très bon pour les os comme pour le moral et… l'énergie !

TOUS DOMAINES
☞ **Vos meilleurs JOURS**
(où vous serez d'humeur conciliante) : 6 – 15 – 24
☞ **Vos jours DIFFICILES**
(où il faudra contrôler votre agressivité) : 9 – 18 – 27

Vos PRÉVISIONS pour JUILLET 2025
☞ Si votre chiffre clé est 08

Votre QUOTIDIEN

AFFAIRES – PROFESSIONNEL – ACTIVITÉS – LOISIRS...

– Si vous avez choisi juillet pour vos vacances : BON CHOIX ! Que vous restiez à la maison pour transformer votre intérieur ou effectuer des travaux de rénovation… ou si vous avez envie de voyager, de prendre le large, vous n'aurez pas le temps de vous ennuyer.

– *Si vous êtes en activité professionnelle,* (les vacances pour plus tard ou déjà passées), vous mènerez à bien vos diverses obligations tout en bénéficiant d'un contexte très favorable sans avoir à fournir d'effort particulier.

– Ce mois dynamique vous fera oublier les contraintes de juin. Profitez-en pour demander une augmentation de salaire ou une modification de votre emploi du temps et de vos horaires. Des possibilités de promotion ou d'avancement sont possibles les 9 et 18.

– *Si vous êtes en recherche d'emploi,* vos démarches pourraient enfin aboutir. N'hésitez pas à aller à la découverte, à vous orienter dans un secteur totalement différent que celui jusqu'à présent sur lequel portaient vos recherches.

– *Si vous êtes dans le commerce ou en libérale,* de nouveaux contacts pourraient booster votre carrière. N'hésitez pas à diversifier vos activités (si vous avez du temps libre). Toutefois, ne vous engagez pas si votre emploi du temps est déjà surchargé.

– Plutôt que courir plusieurs lièvres à la fois, menez à bien vos entreprises principales. Inutile de tout entreprendre et de ne rien terminer.

– *Si vous travaillez dans l'immobilier,* vos négociations seront tout particulièrement profitables jusqu'au 19.

– *Pour vos autres activités (hobby ou de loisirs),* évitez la trop grande dispersion. Tout vous tente, aussi bien dans le domaine intellectuel, qu'artistique, sportif ou des loisirs. Vous rêvez de nouvelles expériences. Cependant, maîtrisez votre trop plein d'énergie, surtout entre le 20 et le 30, car il y a une forte tendance à l'instabilité et vous risqueriez de commettre quelques fautes ou quelques accidents en particulier le 4, 13 et le 22.

– *Pour vos démarches juridiques ou administratives,* bien que le contexte soit positif, et qu'elles devraient connaître une issue favorable, je vous conseille toutefois de prendre le temps de réfléchir et de ne pas vous laisser aller à l'impulsivité. Avant, préparez bien votre dossier, prenez des notes, faites attention à vos propos, principalement dans vos écrits.

– Ne vous emballez pas et restez courtois.e, car étant sûr.e de vous et de votre bon droit, votre exaltation excessive pourrait vous pousser à commettre des erreurs irréparables. Prenez votre temps, soyez posé.e et restez prudent.e.

– Pour les déplacements ou voyages d'affaires, vos dates favorables sont les 7, 16 et 25.
– Envie de *voyager* ? Préférez les 9, 18 et 27 du mois.
Évitez les 8, 17 et 26.

AMOURS – AMITIÉS – FAMILLE – RELATIONS...

– Ce mois de JUILLET est très bénéfique pour resserrer les liens *affectifs et familiaux*.

– Des moments agréables à passer avec les enfants ou petits-enfants. Journée au parc, à la plage, ou à la maison avec les jeux de plein air au jardin... vous serez comblé.e, car la joie et la tendresse seront du lot.

– *Si vous êtes marié.e ou en couple*, et si ce dernier est solide, des plages de détente et d'harmonie s'annoncent. Par contre, si vous venez de vivre une séparation, c'est le moment idéal pour tirer un trait sur votre passé et prendre un nouveau départ dans votre vie.

– *Si vous êtes célibataire,* vous pourriez vivre une belle aventure aux environ des 9, 18 et 27.

– *Côté amis,* ceux-ci seront présents et leur compagnie vous sera très agréable. Vous passez de bons moments de loisirs et des soirées mémorables, surtout entre le 1 et le 10.

<u>*ARGENT – JEUX*</u>

– De ce côté, faites attention ! Surtout si vous êtes en vacances. Vous avez l'esprit jouissif, et guère à la restriction. Restez tout de même dans la limite du raisonnable.

– N'oubliez pas de régler vos factures en attente et limitez vos achats aux dépenses quotidiennes. Surveillez vos extras, sinon ce sera ceinture très serrée le mois prochain.

– Même si entre le 6 – 15 et le 24, des rentrées d'argent non négligeables sont possibles… en profiter, OUI ! Mais penser aux lendemains moins chanceux.

– Tentez votre chance aux jeux, car vous pourriez gagner dans une tombola ou un tirage au sort imprévu.

– Mais toujours le même conseil : dans la limite du raisonnable.

– La chance aux jeux est excellente ce mois !
Vos chiffres si vous êtes joueur.se : 5, 7, 8, 12, 17, 35 et 43.

<u>*SANTÉ – FORME*</u>

– Bonne forme physique dans l'ensemble. Votre moral est au beau fixe. Que demander de plus !

TOUS DOMAINES
☞ **Vos meilleurs JOURS**
(où vous serez d'humeur conciliante) : 5 – 14 – 23
☞ **Vos jours DIFFICILES**
(où il faudra <u>contrôler</u> votre agressivité) : 8 – 17 – 26

Vos PRÉVISIONS pour AOÛT 2025
☞

Votre QUOTIDIEN

AFFAIRES – PROFESSIONNEL – ACTIVITÉS – LOISIRS...

– *Si vous êtes en activité professionnelle* et que les vacances sont derrière vous, la reprise se fait difficile. À peine revenu.e de vos congés, que vous voilà assailli.e de demandes de la part des uns et des autres, tout particulièrement de vos supérieurs hiérarchiques, surtout à partir du 16 et jusqu'à la fin du mois. Mais vous saurez faire face, et il se pourrait même qu'une promotion ou une augmentation soit envisagée. À vous de vous imposer.

– *Si vous êtes commercial.e ou à votre compte,* il ne faudra compter que sur vous-même pour atteindre vos objectifs. On attend beaucoup de vous, mais aucune assistance extérieure ne vous sera apportée. D'ailleurs, vous préférez diriger votre travail comme vous l'entendez, avec discipline et constance, plutôt que d'attendre une aide possible qui vous obligerait à tout contrôler, voire à refaire l'ouvrage vous-même. Ainsi, les résultats obtenus ne seront dus qu'à votre organisation et votre savoir-faire. Vos bons jours sont les 7, 16 et 25.

– *Vos loisirs* passeront en second, vous n'aurez pas une minute à vous.

– *Pour vos démarches : recherche d'emploi comme administratives ou juridiques,* reportez-les ultérieurement. Attendez passé le 23 août. Ne dépensez pas votre énergie pour rien.

– Seuls les déplacements liés aux affaires peuvent être envisagés les 6, 15 et 24.

– Évitez de voyager ou faire de *grands déplacements...*
– Si activité oblige : **ABSTENEZ-VOUS** les 2, 4, 13, 20 et 22.

<u>*AMOURS – AMITIÉS – FAMILLE – RELATIONS...*</u>

– Voici un mois d'AOÛT ou je vous conseille de garder votre calme et faire preuve de compréhension, car l'équilibre de votre foyer repose entièrement sur vous, courage !

– Beaucoup de charges <u>*familiales*</u> ce mois-ci. La présence inattendue de personnes séjournant chez vous par exemple, mettra vos nerfs à rude épreuve. Vous serez confronté.e malgré vous, à de nombreuses sollicitations des uns et des autres, et votre équilibre psychologique sera fragilisé. Ne pouvant agir à votre guise, ne vous sentant plus chez vous, vous n'aurez qu'une envie : faire vos valises ! Des risques de disputes sont à craindre entre le 4, 13 et le 22. Essayez de voir l'autre côté de la situation. Si l'on vient vous voir, c'est que l'on vous apprécie. Les vacances se terminent, vous retrouverez bientôt votre petite tranquillité.

– En cas de petits conflits familiaux, vous trouvez l'issue favorable pour rétablir l'harmonie.

– <u>*Si vous vivez en couple,*</u> au contraire, vous subirez des contraintes sans doute liées à la belle-famille, et vous devrez vous plier aux décisions des autres. Prenez sur vous, adaptez-vous ! C'est en respectant l'autre que l'on est en retour respecté.e;

– Restez conciliant.e et évitez les conflits perpétuels. Profitez de quelques moments agréables surtout le 5, 14 et le 23, pour faire une petite soirée intime avec votre moitié, ou partir en week-end tous les deux en laissant les enfants à leurs grands-parents. Vous pourrez profiter ainsi d'une pause détente pour penser à vous, tout en pratiquant vos activités préférées.

– <u>*Si vous êtes en quête de l'amour,*</u> hélas, peu de rencontres en vue. De toute façon elles seraient décevantes.

<u>*ARGENT – JEUX*</u>

– Même si vos comptes bancaires sont dans le positif, vous devrez faire preuve de beaucoup de prudence, car de grosses dépenses liées à la maison (transformation, réparation, travaux d'assainissement...), à moins que ce soit un membre de la famille qui vous sollicite pour un « dépannage » assez conséquent.

– Utilisez votre carte bleue avec modération ! même si vous avez un débit différé, l'échéance arrivera ou il faudra bien débiter le compte. Gâter sa famille, c'est une chose, mais mettre son budget en danger en est une autre !

– Ne vous engagez pas à la légère, surtout concernant la maison. Demandez conseils à des personnes compétentes avant toute décision définitive.

– Par ailleurs, ne laissez pas votre chéquier ou CB traîner. Le risque de perte ou de vol est présent. Méfiance !

– La chance aux jeux est possible ce mois !

Vos chiffres si vous êtes joueur.se : 4, 5, 13, 14, 17, 21 et 38.

SANTÉ – FORME

– Votre tonus physique est en baisse sensible. Et si vous faisiez une petite cure détox ? Résistez ce mois-ci à tout ce qui est charcuterie, plat en sauce, fromage, dessert.

– Évitez également les excitants (cigarette, alcool, café), votre corps réclame une pause, et en l'écoutant, vous en retirez un réel bienfait !

– Profitez-en aussi pour vous oxygéner en faisant des ballades, vous verrez que votre forme physique reviendra et que votre esprit sera plus clair. Et bien que les tâches quotidiennes soient toujours présentes, accorderez-vous du temps pour vous. Ce qui n'est pas fait aujourd'hui le sera demain ! Ne soyez pas victime de votre maniaquerie du rangement ou du ménage.

– Quelques réactions cutanées ne sont pas exclues. Liées au stress mais aussi gare aux AOÛTATS !

TOUS DOMAINES
☞ **Vos meilleurs JOURS**
(où vous serez d'humeur conciliante) : **4 – 13 – 22 – 31**
☞ **Vos jours DIFFICILES**
(où il faudra <u>contrôler</u> votre agressivité) : **7 – 16 – 25**

Vos PRÉVISIONS pour SEPTEMBRE 2025

☞ Si votre chiffre clé est 08

Votre QUOTIDIEN

AFFAIRES – PROFESSIONNEL – ACTIVITÉS – LOISIRS...

– Septembre est réservé à la réflexion et à l'analyse. Profitez-en pour faire un petit bilan des 6 mois passés.

– *Si vous êtes en activité professionnelle,* et surtout à partir du 20, c'est plutôt routinier ce mois-ci. Ne brusquez rien ! Faites le travail qui vous incombe, un point c'est tout. Toutefois, un changement pour un autre service peut vous être proposé, à moins que ce soit une mutation géographique. À vous de voir ! Et si vous envisagez changer d'entreprise ou de poste, ne prenez pas encore de décision.

– *Si vous êtes commercial.e ou à votre compte,* du 1 au 20, de nombreux contacts très intéressants vous seront offerts. Gardez-les sous le coude, ils vous seront utiles sous peu, mais ne démarrez rien de nouveau, ce sera pour le mois prochain. Au contraire, analysez, peaufinez vos idées, vos projets.

– *Si vous êtes en recherche d'emploi,* pas de précipitation ! Surtout si l'offre impose un déménagement.

– N'hésitez pas si le cœur vous en dit, à demander une formation pour apprendre une langue étrangère ou suivre des cours de perfectionnement qui pourront faire évoluer votre vie professionnelle.

– *Si vous êtes retraité.e actif.ve ou que vous évoluez dans le domaine artistique, littéraire...,* vous pourriez connaître un succès inespéré face au public, votre talent sera enfin reconnu.

– *Si vous êtes dans les études* ou étudiez un art, quel que soit votre âge, ce mois est pour vous. Tout comme l'année ! Vous avez toutes les aptitudes requises pour améliorer vos connaissances. Et si vous devez prochainement remettre votre mémoire ou votre rapport de stage, c'est le moment de le peaufiner.

– *Pour vos affaires diverses (juridiques entre autres),* des erreurs de jugement sont probables. Pour des réclamations, attention de ne pas vous tromper de cible. Ne brusquez rien ni personne. Contentez-vous de revoir et d'améliorer vos requêtes et d'envisager les meilleurs moyens pour les solutionner.

– *En ce mois d'analyse et de réflexion,* mais également en cette année **2025,** ou l'influence de Neptune est à son maximum, vos « antennes » sont dirigées vers tout ce qui est d'ordre spirituel et intellectuel.

– *Au positif :* vous pourriez vous découvrir un don jusqu'alors endormi qu'il vous faudra travailler pour le mettre au service d'autrui. Les sciences occultes (tarot, astrologie, carto-mancie…) peuvent être un domaine à exploiter tout comme le dessin, l'écriture, la musique, le chant…

– *Au négatif :* Vous pourriez vous retrouver attiré.e par des expériences occultes dangereuses, (faire tourner les tables, ouï-ja…). Votre psychisme étant en éveil, les dangers sont grands ! PRUDENCE donc !

– *Un voyage* (sous forme de pèlerinage)* vous apportera beaucoup de satisfactions et vous en retirerez une nouvelle philosophie tout en modifiant votre façon de vivre et de penser. Vous accorderez plus d'importance aux valeurs humaines.

– *Préférez les 2, 5, 11, 20 et 23 du mois. Évitez les 1, 10, et 19.

AMOURS – AMITIÉS – FAMILLE – RELATIONS…

– *Sur le plan sentimental,* c'est aussi une phase de repli sur soi, d'examen intérieur. Vous avez presque envie de faire une « retraite ». Rien ne vous en empêche si vous *êtes célibataire* ! D'ailleurs, en ce mois de septembre, les liaisons ou rencontres sont éphémères vous n'avez pas trop envie de vous attacher pour le moment. Pas contre si vous êtes en *couple ou en famille,* ce sera plus difficile. Vous n'avez pas envie de communiquer, de plaire, vous voulez d'abord faire le point. Bien que ce soit une période de réflexion, votre entourage pourrait souffrir de votre isolement, surtout du 22 au 30. Attention, à force de refuser les contacts et les invitations, vous risquez de vous retrouver seul.e pour de bon. Ne rejetez pas les sollicitations de votre *entourage proche,* ils ne comprendraient pas ce subit revirement. Accordez-leur quelques moments d'attention. C'est le meilleur moyen pour obtenir la paix et pour éviter les conflits de toutes sortes.

ARGENT – JEUX

– Rien de perturbant pour ce mois, car l'aspect matériel vous indiffère, (pour le moment !). Pensez toutefois à régler vos factures et à suivre votre gestion routinière. Même si votre esprit n'est pas aux affaires pécuniaires, elles n'en font pas moins partie de la vie quotidienne. Un contrôle régulier sur vos comptes s'impose afin de vous éviter de mauvaises surprises en octobre. N'investissez pas en septembre, et évitez également les spéculations et les opérations boursières, (désillusions ou pertes importantes sont à prévoir). Contentez-vous seulement de faire des projets, mais attendez la période propice !

– La chance *aux jeux* est présente ce mois, mais uniquement si elle n'est pas programmée.

– *Chiffres à jouer* : écoutez votre intuition ou essayez les grattages (entre autres).

SANTÉ – FORME

– Vous pouvez être sujet.te à des déprimes passagères mais ne vous inquiétez pas. Ce n'est pas la peine de vous jeter sur les antidépresseurs ni votre psy ! Soyez simplement objectif.ve dans l'analyse de la situation qui vous préoccupe et vous verrez que les solutions arrivent d'elles-mêmes. Des petits ennuis sont à prévoir. Comme vous avez « la tête en l'air », ménagez-vous et optez pour des activités calmes et des loisirs au grand air. Évitez les efforts ou les sports violents, il y a de gros risques de chutes avec entorses et fractures. Ne courez pas dans les escaliers, tenez-vous à la rampe et allumez la lumière. Un faux pas est si vite arrivé !

TOUS DOMAINES
☞ **Vos meilleurs JOURS**
(où vous serez d'humeur conciliante) : 3 – 12 – 21 – 30
☞ **Vos jours DIFFICILES**
(où il faudra contrôler votre agressivité) : 9 – 15 – 24

Vos **PRÉVISIONS** pour **OCTOBRE 2025**
☞ Si votre chiffre clé est 08

Votre QUOTIDIEN

AFFAIRES – PROFESSIONNEL – ACTIVITÉS – LOISIRS...

– La recommandation du mois : ne provoquez pas la jalousie d'autrui !

– *Si vous êtes en activité professionnelle,* une bonne période allant du 1 au 18 environ, pourrait vous permettre de récolter les fruits de vos efforts, mais votre réussite pourrait faire des envieux. Restez humble et ne prenez pas "la grosse tête". Tout rentrera dans l'ordre.

– *Si vous êtes en recherche d'emploi,* et si vous faites preuve de combativité et de ténacité, vous pourriez enfin voir l'aboutissement de vos projets, décrocher ce poste pour lequel vous vous êtes tant battu.e !

– *Dans vos affaire diverses, que vous soyez commercial.e, indépendant.e ou retraité(e)...,* restez les pieds sur terre, maîtrisez votre impulsivité, surveillez vos propos qui pourraient vous causer des désagréments.

– Votre nervosité étant extrême, vous pourriez avoir des débordements de paroles injurieuses, voire des accès de violence ! principalement entre le 19 et le 30.

– *Dans tous les cas,* ce mois vous demande une certaine vigilance. Même s'il est très propice à l'accomplissement de vos idées, de vos projets, il faut bien garder à l'esprit que les succès seront à la mesure du soin apporté à la structuration de vos ambitions. Attention, pas de précipitation, donc.

Pesez toujours le *pour* et le *contre* en toute circonstance.

– *Concernant des affaires judiciaires,* principalement après le 10, restez extrêmement prudent.e, surtout en ce qui concerne la signature d'un contrat ou des documents juridiques. Prenez conseil après d'un avocat, notaire... avant tout engagement.

– *<u>Déplacements et voyages</u> :*
Prudence tout le mois si vous devez faire de longs trajets !
(Préférez le train, le bus ou l'avion).

<u>AMOURS – AMITIÉS – FAMILLE – RELATIONS…</u>

– Vos activités extérieures vous monopoliseront tout ce mois, mais ce n'est pas une raison pour négliger *<u>votre entourage</u>* qui ne demande qu'à partager vos ambitions et à vous soutenir. Faites preuve de tolérance, de gentillesse et de patience et évitez au maximum les accès de colère, surtout envers vos enfants (si vous en avez), car votre réussite professionnelle ne doit pas se faire au détriment de votre vie privée. Vous devez gérer les deux. Contrôlez-vous, surtout après le 18 et jusqu'à la fin du mois.

– Le mois débute dans une ambiance détendue où vous pouvez profiter de quelques moments de liberté, voire de détente. Profitez-en pour engager le dialogue avec *<u>votre conjoint</u>* dès que l'occasion se présente, prenez surtout le temps d'écouter *<u>un adolescent</u>* qui traverse une crise et aurait bien besoin de tendresse.

– En particulier entre le 7 et 17. Ensembles, faites une activité extérieure (sport, cinéma, shopping, coiffeur…), ceci resserrera les liens.

– *<u>Si vous êtes célibataire,</u>* vous avez l'esprit de contradiction et personne ne vous attire, ou du moins, vous ne savez pas ce que vous voulez ! Construire une vie à deux ? Garder votre liberté ? À part quelques sorties «copains – copines », ne vous prenez pas la tête ! Patientez. Vous finirez bien par savoir ce que vous voulez. Ne mettez pas la charrue devant les bœufs, donnez-vous un temps de réflexion, ne prenez pas des décisions hâtives, vous pourriez le regretter ; dites-vous que le temps travaille pour vous !

<u>ARGENT – JEUX</u>

– Quelques soucis avec la banque possible suite à une erreur informatique. À moins que ce soit un manque de vigilance de votre part le mois dernier qui aura mis votre compte dans le rouge. Surveillez vos paroles tout comme vos actes (voire gestes !) l'impulsivité vous serait catastrophique. Maîtrisez-vous !

– Entre le 19 et le 30, ne prenez aucune décision financière. Donnez-vous le temps de réflexion nécessaire, surtout pas de réponse hâtive, que ce soit pour l'achat comme la vente d'un bien. Soyez tout particulièrement vigilant.e les 9, 18 et 27.

– En dehors de ces précautions, vos finances sont à la hausse grâce à une amélioration éventuelle de votre situation professionnelle ou une rentrée d'argent imprévue, ce qui pourrait vous permettre quelques dépenses, surtout pour améliorer le confort de votre habitation.

– La chance aux jeux n'est guère présente ce mois !
Toutefois, vos chiffres si vous êtes joueur.se :
3, 6, 9, 15, 21, 27 et 30.

SANTÉ – FORME

– La forme est excellente, le moral est d'acier pour ce mois d'octobre. N'en faites pas trop pour autant et sachez vous accorder des pauses détente.

– Cependant, votre nervosité étant importante, vous pourriez ressentir quelques tiraillements dorsaux. Quelques séances de natation vous seront bénéfiques.

– Un régime minceur entrepris ce mois, pourrait vous valoir la perte de quelques kilos rapidement.

TOUS DOMAINES
☞ **Vos meilleurs JOURS**
où vous serez d'humeur conciliante) : 2 – 11 – 20 – 29
☞ **Vos jours DIFFICILES**
(où il faudra contrôler votre agressivité) : 5 – 14 – 23

Vos PRÉVISIONS pour NOVEMBRE 2025
☞ Si votre chiffre clé est 08

Votre QUOTIDIEN

AFFAIRES – PROFESSIONNEL – ACTIVITÉS – LOISIRS...

– C'est le moment des conclusions, de terminer ce qui vous avez encore en route, mais inutile d'entreprendre quoi que ce soit de nouveau. Au contraire, concentrez tous vos efforts pour achever vos diverses tâches en cours.

– C'est une période ou les démarches et affaires commencées depuis parfois bien longtemps, peuvent enfin espérer une fin heureuse.

– *Si vous êtes en recherche d'emploi,* essayez tant que ce peut de repousser vos rendez-vous d'entretien pour le mois prochain.

– *Si vous êtes dans une activité professionnelle,* et si la période approche, c'est le moment de préparer votre dossier retraite. Pour les autres, ne vous éparpillez pas. Faites ce qui vous avez à faire, sans plus !

– *Si vous êtes à votre compte,* et qu'une association devient pesante, il est temps d'y mettre fin. Si votre activité est en relation avec l'étranger, ou avec un public, vous en retirerez de belles satisfactions.

– *Si vous êtes artiste, à la retraite ou actif.ve,* l'inspiration sera profonde, les contacts extérieurs nombreux et dans des milieux très différents. Ils vous feront vivre de nouvelles expériences (attrait pour la peinture, la musique, l'écriture, la sculpture…)

– *Les études et la recherche* seront également des secteurs mis en avant.

– Envie de vous lancer dans les sciences occultes : apprentissage du tarot, de l'astrologie, de la numérologie… pourquoi pas !

– Un voyage d'affaires, surtout vers le 3, 12 ou le 21 pourra être très constructif.

– Envie de voyager *?* Choisir les 5, 14, et 23…
Évitez les 4, 13, et 22.
*– **Partir à L'ÉTRANGER : Préférez les 9, 18 et 27 du mois.***

AMOURS – AMITIÉS – FAMILLE – RELATIONS…

– C'est le moment de tourner la page, de vous libérer de relations pesantes, de prendre conscience, vers les 9, 18 et 27, que l'attitude de certains de vos « amis » était surtout de l'arriviste et de l'égoïste.

– Rapprochez-vous des personnes qui méritent votre attention et votre affection tout en restant totalement désinté-ressé.e, vous vous éviterez ainsi de grandes déceptions.

– Si vous venez de vivre une séparation difficile, il est temps également de regarder vers l'avenir. Tirez un trait sur le passé, faites table rase et prenez du temps pour vous retrouver face à vous-même.

– *Si vous vivez en couple*, quelques tensions sont à craindre. Essayez de garder le contrôle de vos actes et paroles.

– N'allez pas trop loin, vous pourriez le regretter amèrement.

– Ne vous laissez pas tenter par une rencontre exotique ! Qu'auriez-vous à y gagner si ce n'est que l'assouvissement d'un fantasme. Ne mettez pas votre ménage en péril pour une envie futile d'ailleurs !

– *Si vous êtes en recherche de l'âme sœur*, des déceptions et des désillusions sont à craindre. Attendez le mois prochain pour vraiment tenter quelque chose.

– *Vos enfants* et plus particulièrement des *adolescents* (si vous en avez) ou vos *parents*, seront souvent en demande et vous accapareront. Leur exigence vous fera sortir de vos gonds. Faites preuve de tolérance et de compréhension à leur égard principalement entre le 13.

– Après le 17, vous vous sentirez plus léger.e, mieux dans vos basquettes, vous retrouverez un rythme plus serein et vous serez davantage à l'écoute des autres.

<u>*ARGENT – JEUX*</u>

– Surveillez votre gestion de près, même si vos centres d'intérêts sont ailleurs, car en agissant à la légère vous risquez de vilaines surprises.

– Pour les affaires en cours depuis peu de temps, ne forcez rien. Laissez le temps faire son œuvre, car à vouloir aller trop vite, vous risqueriez de grosses pertes d'argent.

– Autrement, votre budget sera équilibré et vous pourrez vous permettre quelques achats "coup de cœur". Profitez-en !

– <u>*Une affaire*</u> (immobilière par exemple) pourrait être conclue avec ou par l'intermédiaire d'une personne étrangère. À surveiller et à redoubler d'attention cependant, les 3, 12 et 21, ou vous pourriez facilement vous faire abuser.

– La chance aux jeux est présente +++ ce mois !
– Vos chiffres si vous êtes joueur.se : 7, 8, 16, 23, 30, 38 et 46.

<u>*SANTÉ – FORME*</u>

– Votre émotivité et la fatigue nerveuse seront vos points sensibles tout au long du mois. Un rien vous angoisse ou vous énerve ! Essayez donc de relativiser et de ne pas vous laisser emporter par vos émotions. Ne prenez pas trop à cœur les problèmes des autres.

– Couchez-vous tôt, et si le sommeil tarde, lisez, cela vous détendra et videra votre esprit des soucis de la journée. Si besoin est, prenez un tilleul double après votre repas. Évitez les excitants ou excès alimentaires tout comme les veilles prolongées.

– Pourquoi ne pas essayer quelques séances de sauna et de yoga pour vous relaxer au maximum.

TOUS DOMAINES
☞ **Vos meilleurs JOURS**
(où vous serez d'humeur conciliante) **: 1 – 10 – 19 – 28**
☞ **Vos jours DIFFICILES**
(où il faudra <u>contrôler</u> votre agressivité) **: 4 – 13 – 22**

Vos PRÉVISIONS pour DÉCEMBRE 2025
☞ Si votre chiffre clé est 08

Votre QUOTIDIEN

AFFAIRES – PROFESSIONNEL – ACTIVITÉS – LOISIRS...

– L'année se termine et vous avez envie de la clôturer en beauté !

– *Si vous êtes en activité professionnelle*, vous n'arrêtez pas ! Une véritable petite fourmi. Ce qui ne sera pas du goût de tout le monde. Vos collègues ne verront pas d'un très bon œil votre attitude, et se poseront des questions. Mais n'en tenez pas compte et continuez dans la direction que vous vous êtes fixée. Toutefois, planifiez votre emploi du temps pour éviter le surmenage et les oublis dès la première semaine.

– Quelques embûches sont à prévoir entre le 7 et le 25, mais rien ne vous arrêtera.

– *Si vous êtes en quête d'un emploi,* votre acharnement pourrait se trouver récompensé les 4, 13 et 22, par une réponse favorable à une demande faite il y a quelque temps. Même si les retours se font attendre, gardez à l'esprit que vos actions du moment auront des répercussions importantes sur l'année à venir, alors accrochez-vous, ne baissez pas les bras et ne laissez rien au hasard. Faites preuve de volonté et de courage pour arriver à vous imposer. Un nouveau départ s'annonce prochainement.

– *Si vous êtes à votre compte ou commercial.e,* vous avez une grande confiance en vous et vous savez ce que vous voulez. Vous pouvez ainsi mettre tout en œuvre pour réaliser vos objectifs. La période de réflexion antérieure vous aura été profitable. Vous pourrez vous prouver comme prouver à votre entourage que vos capacités sont réelles et que vous savez en tirer le meilleur profit.

– *Pour vos affaires diverses,* vous ne devrez compter sur aucune aide extérieure. Vous et vous seul.e tenez les rênes. Même si vous rencontrez des difficultés, rien ne vous empêchera d'avancer !

– Envie de _voyager_ ? Préférez les 4, 13 et 22 du mois.
Évitez les 3, 12 et 21.

AMOURS – AMITIÉS – FAMILLE – RELATIONS...

– Vous êtes tellement pris.e par votre désir de réussite professionnelle ou dans celui de solutionner vos affaires, que votre vie affective passe au second plan. Même les fêtes de fin d'année vous apparaîtront comme une corvée avec les _obligations familiales_ qu'elles imposent, et dont vous vous passeriez actuellement.

– Faites quand même des efforts, surtout en ce moment que votre moral remonte, vos proches, et principalement _vos enfants,_ seront ravis de passer du bon temps en votre compagnie. Il faut savoir se détendre un peu, et Noël n'est qu'une fois par an.

– Se retrouver dans une ambiance chaleureuse de temps en temps ressoude les liens, pensez-y ! ne laissez pas vos activités extérieures vous monopoliser.

– En faisant quelques efforts également avec _votre conjoint,_ ce (cette) dernier.e saura apprécier votre comportement et l'harmonie régnera en cette fin d'année. Un peu de paix fait du bien à tout le monde, et il vaut mieux adopter la position de celui (celle) qui apaise les conflits plutôt que celui (celle) qui les attise !

– Profitez-en pour vous détendre à deux !

– _Si votre cœur est libre,_ vu que vous avez l'esprit ailleurs, les rencontres sentimentales ne sont guère au rendez-vous. Cependant, sait-on, les 2, 11 et 20 pourraient vous réserver une surprise.

ARGENT – JEUX

– Une fin d'année sans trop de soucis. Vous pourrez vous permettre quelques dépenses, ce qui est bien agréable en cette période de fêtes, surtout du 7 au 16.

– Cependant, restez dans la limite du raisonnable, car les cadeaux amputeront dangereusement votre budget. Bien que vous ayez envie de gâter tout le monde, mais aussi vous acheter une tenue spéciale « réveillon... » Ne flambez pas vos cartes de crédits ! Réfrénez votre tendance au gaspillage... cette tenue resservira-t-elle ? Et ces jouets hors de prix ! Combien de temps les enfants joueront-ils avec ? Soyez avisé.e ! Et pensez que des mois maigres ne sont pas exclus. Sans oublier qu'une dépense imprévue pourrait bien alourdir votre budget : être obligé.e de changer de lave-linge par exemple, achat pas vraiment le bienvenu en cette fin d'année.

– En ce qui concerne d'éventuelles négociations, vous avez le vent en poupe. Elles auront toutes les chances de réussir, alors n' hésitez pas à entreprendre ce qui vous tient à cœur.

– La chance *aux jeux* est présente ce mois !

Vos chiffres si vous êtes joueur.se : 6, 7, 8, 13, 17, 25 et 42.

SANTÉ – FORME

– Côté forme, vous finissez l'année en beauté. Un moral d'acier et un tonus à toute épreuve. Surveillez toutefois les coups de froid. Attention au risque d'angine ou de bronchite, couvrez-vous. Et profitez des fêtes mais avec modération !

– Reposez-vous ! Annulez tout ce qui vous épuise d'avance, c'est un mois « cocooning » profitez-en !

– Essayez de vous sevrer des calmants et somnifères. Faites plutôt du sport pour entretenir votre forme et retrouver un équilibre, aussi bien physique que moral.

– Et même si le temps n'est pas toujours entraînant, quelques journées ensoleillées rendront vos balades profitables, et pourquoi pas dans la neige ! Ça a aussi son charme et c'est bon pour le psychisme.

TOUS DOMAINES
☞ **Vos meilleurs JOURS**
(où vous serez d'humeur conciliante) : 9 – 18 – 27
☞ **Vos jours DIFFICILES**
(où il faudra contrôler votre agressivité) : 3 – 12 – 21 – 30

Si votre chiffre CLÉ est

Voici les prévisions <u>détaillées</u>

de votre année

PERSONNELLE 2025

de

JANVIER à DÉCEMBRE

ॐ

...L'ACHÈVEMENT D'UNE PÉRIODE !

> ➤ *L'année du grand ménage !*
C'est le moment de se libérer de tout ce qui ne vous convient plus,
afin de repartir sur des bases saines en 2025 !
Vos MOTS CLÉS <u>pour 2025</u> sont donc :
bilan & conclusions.

☞ *En <u>GÉNÉRAL</u>*

➤ Pour VOUS, **2025** impose de faire le point. De vous libérer de ce qui encombre encore votre vie. Une relation qui ne vous apporte plus rien, une activité qui n'a plus de panache, changer de région... Préparez le terrain, commencez vos démarches, informez-vous sur diverses possibilités, mais ne prenez aucun engament définitif avant **octobre !**

– Le **premier semestre,** donnez un bon coup de balai dans tout ce qui ne vous convient plus ! Une relation sans avenir par exemple...

– Prenez des initiatives, formez-vous, étudiez... Préparez 2025 ! Vous pourrez également vous découvrir des talents cachés (pour l'écriture, la peinture, le dessin...)

– Ces différentes perspectives se révéleront extrêmement avantageuses pour entamer l'an prochain, un nouveau cycle !

☞ *Comment « vivrez-vous » 2025 ?*

– Vous aurez sans doute la sensation que rien ne bouge, que tout fonctionne au ralenti... Ce ne sera qu'une impression, car c'est à vous de faire bouger les choses ! Profitez de l'influence de SATURNE, planète de la rigueur et de la justice pour mettre de l'ordre dans vos affaires. Des assurances en doubles ? Des comptes inactifs ? Faites le point sur les divers domaines de votre existence et mettez un terme à tout ce qui ne vous convient plus.

– Par ailleurs, remettez-vous en question. Certes cela ne sera pas facile, mais parfois s'enlever les œillères, reconnaître nos faiblesses permet de modifier son trajet de vie et de repartir sur de nouvelles bases.

➤ *PLAN PROFESSIONNEL* :
– *Cette année 2025* vous met à un tournant majeur, et c'est une bonne nouvelle ! Même si un certain ras-le-bol vous gagne, si vous avez envie d'aller voit ailleurs si les conditions de travail sont plus favorables, tentez votre chance ! Préparez le terrain, refaites un bilan de compétences pour sauter le pas dès OCTOBRE. Les projets dans l'enseignement vous seront tout particulièrement indiqués.

– Elle peut aussi être l'année d'un départ à la retraite.

➤ *PLAN AFFECTIF* :
– **A partir d'octobre**, vous enclencherez un nouveau cycle avec des projets pleins la tête. Un bébé pour certains, un déménagement pour d'autres, un mariage…

– *Pour les célibataires,* une rencontre au cours d'un déplacement hors région, voire un voyage à l'étranger, à moins que ce soit d'une personne venant « d'ailleurs », tout est possible.

➤ *PLAN FAMILIAL - AMICAL* :
– L'ambiance connaîtra des périodes de tensions. Faites le tri dans vos relations. Libérez-vous de ceux et celles qui prennent sans jamais donner en retour ! En famille, remettez les pendules à l'heure, crevez l'abcès, mettez fin aux secrets qui pourrissent la vie. Ayez également le courage de reconnaître vos torts, libérez votre conscience, vous vous sentirez tellement mieux après.

➢ *PLAN MATÉRIEL* :

– En cette année **2025**, restez très prudent.e en matière de placements, d'investissements. Surveillez vos comptes de près, car en cas de dérapage, le banquier ne vous fera pas de cadeau ! Si vous êtes à votre compte et que les affaires déclinent à vitesse **grand V**, plutôt que d'attendre le redressement judiciaire ou la mise en faillite, prenez les devants et déposez le bilan ! Les conséquences seront moins lourdes. Faire l'autruche ne vous apportera rien ! **2025** vous offrira de nouvelles opportunités, à condition que vous ayez fait le ménage en **2025** !

➢ *SANTÉ :*

– Attendez-vous à des périodes de déprime, et des problèmes de santé récurrents dus à une somatisation. La relaxation vous aidera à travers ce passage difficile. Apprenez à faire le vide en vous-même, libérez votre esprit de toutes ses entraves, faites confiance à votre guide intérieur et vous retrouvez votre sérénité.

– Faites des cures de magnésium et de multi vitamines. Vous en avez besoin !

☞ *QUELQUES CONSEILS* :

– Faites le bilan des années passées, fermez définitivement la porte sur le passé, pour pouvoir en ouvrir une nouvelle dès janvier de la prochaine année. Tirez les leçons des épreuves vécues, ne regrettez rien. Et n'oubliez pas que tout échec est un tremplin vers le succès.

☞ *LES MOIS IMPORTANTS*

– *FÉVRIER et MAI* : certains devront faire face à quelques tensions dans le couple ou au travail.

– SEPTEMBRE : Pour les couples qui sont en crise depuis **2021**, la séparation semble inévitable !

– *OCTOBRE* : des projets pleins la tête : mettre un bébé en route, déménager, faire un voyage… allez-y, préparez **2025** !

– *DÉCEMBRE* : dernière ligne droite avant d'entamer **un nouveau cycle.**

Vos PRÉVISIONS pour JANVIER 2025
☞

Votre QUOTIDIEN

AFFAIRES – PROFESSIONNEL – ACTIVITÉS – LOISIRS...

     – **2025** sera important pour vous, car il clôture une période ! Pour bien démarrer le prochain cycle (en 2025), vous avez un an pour finir tout ce que vous auriez encore à la traîne, vous libérer de tout ce qui ne vous convient plus, faire le tri et le ménage (dans votre vie) à fond en quelque sorte !

     – Donc, commencez cette année en faisant un bilan dans les divers domaines de votre existence (*travail, santé, sentiments, famille, argent*) et fixez-vous des objectifs précis. Améliorez ce qui doit l'être et vous verrez qu'il ne faut que peu de chose pour que la vie soit plus agréable et que les événements soient moins lourds à gérer. Il suffit parfois d'être plus conciliant.e, d'être moins ronchon.ne pour un oui ou un non, savoir sourire et dire ce que l'on a à dire sans ambiguïté, être franc.he tout en restant diplomate. Vous serez aidé.e dans ces bonnes résolutions par un JANVIER dynamique, mais il faudra maintenir ces intentions et cette énergie les 11 mois suivants ! Celui-ci, sous l'influence de MARS, vous ne devrez compter que sur vous-même pour mener à bien vos tâches et situations.

     – *Si vous êtes en activité professionnelle, salarié.e ou à votre compte,* vous devrez faire face à de nombreuses obligations, mais vous y arriverez sans trop de mal, même si parfois vous êtes envahi.e par un sentiment de solitude devant des choix ou des décisions imprévues à prendre (d'ordre professionnel comme financiers). Ne vous découragez pas, si un jour vous vous sentez débordé.e, mettez-vous sur « pause ». Le lendemain, bien souvent, vous aurez trouvé la solution. Ne vous laissez pas aller au négativisme, ne vous repliez pas sur vous-même et restez dans l'action, des opportunités intéressantes vous attendent. Continuez à aller de l'avant, le contexte vous est profitable ! Ayez confiance en vous et foncez. Par ailleurs, tenez-vous prêt.e à toute éventualité de transformations possibles au sein de votre entreprise, et n'hésitez pas même à proposer vos services, surtout les 4, 13, 22.

– *Si vous êtes à la recherche d'un emploi*, seul votre acharnement et votre volonté pourront vous faire atteindre vos objectifs, même si une aide extérieure vous est proposée, n'oubliez pas que personne ne devra prendre la décision à votre place, car de toute façon, les engagements et les promesses ne seront pas tenus et vous devrez vous débrouiller seul.e; Quelques difficultés sont possibles les 8, 17 et 26.

– Si *l'heure de la retraite approche*, c'est le moment d'effectuer toutes démarches nécessaires.

– Pour vos *autres affaires*, seules celles qui traînent depuis longtemps devront être traitées. N'envisagez rien de nouveau, ni création d'entreprise, ni embauche, ni entamer une procédure juridique… Il est préférable d'attendre **au plus tôt**, le mois de septembre, sinon, rien n'aboutira comme souhaité, tout traînera en longueur (sur des années), voire abandon en cette année **2025** !

– Vos déplacements professionnels seront mieux aspectés
le 2, 11, 20 et le 29.

– Envie de *voyager* ? Préférez les 4, 13, 22 et 26 du mois.
Évitez les 3, 12, 21 et 30.

AMOURS – AMITIÉS – FAMILLE – RELATIONS…

– Vous prenez conscience que certaines relations deviennent pesantes, que « l'amitié » ne fonctionne que dans un sens ! n'hésitez pas à rompre ces mauvaises habitudes. Ce mois vous pousse à changer votre rythme de vie et à vous entourer que de personnes sans arrière-pensées. Vous avez compris que les *véritables amis* se comptent sur les doigts d'une seule main.

– *Si vous êtes en recherche de l'âme sœur*, vous pourriez faire une rencontre sentimentale importante, apte à modifier votre style de vie les 2, 11, 20 et le 29.

– *En couple,* si votre relation est morte depuis suffisamment longtemps pour ne plus pouvoir revenir en arrière, c'est le moment d'y mettre un terme final ! Jusqu'à présent, vous n'aviez peut-être pas le courage de franchir le pas. Ce mois de janvier vous y aidera. Par contre, si votre relation a des chances d'être sauvée, c'est le moment de vous remettre en question et de peut-être reconnaître vos torts, car 2025 ayant été contraignant, sans doute que votre agressivité vous aura éloigné.e de l'être aimé. Mais l'amour peut triompher, si vous faites les efforts nécessaires, vous pourrez vous donner une seconde chance.

– *En famille,* et jusqu'au 10, quelques tourments liés à des problèmes de santé concernant des personnes âgées (*parents ou grands-parents*). Montrez-vous disponible, même si votre emploi du temps est chargé, car vous aussi aurez leur âge !

– Avec *vos enfants* (si vous en avez) les 3, 9, 13 et 27 seront tendus. Essayez de ne pas trop vous emporter, au contraire, partagez des moments de loisirs et maintenez le dialogue, vous aurez aussi de bons moments à vivre, ce qui resserrera les liens.

ARGENT – JEUX

– Si des investissements sont prévus, ils seront bien aspectés, cependant évitez les placements à long terme, vous risqueriez de le regretter dans quelque temps. Et si vous savez gérer votre budget, vous pourrez vous faire quelques plaisirs tout en restant dans la limite du raisonnable. ATTENTION aux risques de perte ou de vol ce mois-ci !

– La chance *aux jeux* est présente ce mois !

– *Vos chiffres* si vous êtes joueur.se : 1, 9, 10, 11, 19, 29 et 38.

SANTÉ – FORME

– Veillez à ce que les bonnes résolutions prises le jour de l'an perdurent toute l'année ! (Limiter la cigarette, l'alcool...). Vous avez de l'énergie à revendre, profitez-en !

TOUS DOMAINES
☞ **Vos meilleurs JOURS**
(où vous serez d'humeur conciliante) : 9 – 18 – 27
☞ **Vos jours DIFFICILES**
(où il faudra contrôler votre agressivité) : 3 – 12 – 21 – 30

Vos PRÉVISIONS pour FÉVRIER 2025
☞ Si votre chiffre clé est 09

Votre QUOTIDIEN

AFFAIRES – PROFESSIONNEL – ACTIVITÉS – LOISIRS...

– *Si vous êtes en activité professionnelle,* ne prenez aucune initiative personnelle ce mois-ci. Au contraire du mois dernier, vous ne pourrez avancer que si vous demandez de l'aide ou si vous travaillez en équipe !

– *Si vous êtes à la recherche d'un emploi,* les démarches entreprises les 1, 10, 19 et 28 pourraient vous réserver quelques satisfactions.

– Vous pouvez, en cette période, envisager prendre des cours pour vous initier à une langue étrangère par exemple, ou d'informatique, ou encore, entamer un stage de perfectionnement qui vous sera fort utile d'ici peu.

– *Si vous êtes libéral.e ou commercial.e,* voici un mois sous le signe des oppositions. Rien ne se déroulera selon vos prévisions. Contentez-vous de suivre le cours des choses sans pour cela baisser les bras.

– *Si vous travaillez en association,* des problèmes d'organisation vous seront posés du 11 au 28. Avant de prendre des décisions, tenez compte de l'avis de votre partenaire. En fin de mois, des changements décisifs sont à prévoir.

– *Pour vos démarches diverses,* des retards et même des blocages vous perturberont sérieusement. Rien n'avance comme vous l'espérez. Vous avez l'impression que tout s'en mêle ! Restez calme, ne vous emportez pas à tout va. L'énervement ne fera qu'empirer un stress existant et ne solutionnera pas la lenteur des événements.

– Votre seule période favorable, se situera du 2 au 10.

– Vos jours négatifs sont les 7, 15 et 24.

– Les voyages d'affaires sont favorisés les 1, 10, 19 et 28.

– Envie de *voyager* ? Préférez les 3, 12, 21 et 25 du mois.

– Évitez les 2, 11, 20 et 29.

– Vous aurez besoin de beaucoup de patience en ce mois de février, car votre entourage proche, surtout les enfants (si vous en avez et en fonction de leur âge), vous inquiéteront : par leurs nouvelles fréquentations pour les uns ou les bulletins scolaires pour les autres ! Trouvez le juste milieu dans votre attitude face à ces problèmes, ne soyez pas trop permissif.ve, instaurez le dialogue mais imposez cependant quelques limites. Il se peut que leur comportement soit une façon de vous faire réagir !

– *Dans l'entourage familial (frères et sœurs entre autres),* des problèmes de jalousie vous guettent ! Surveillez vos propos afin de ne pas envenimer une situation délicate. Des non-dits, des rancunes de vieilles dates refont surface, surtout du 11 au 28. Évitez de vous replier sur vous-même et essayez plutôt de rétablir le dialogue en essayant de comprendre ce que l'on vous reproche, afin de pouvoir éclaircir les malentendus éventuels. Et osez dire clairement le fond de votre pensée au risque de choquer (surtout la belle-famille !)

– En revanche, avec *des personnes plus âgées,* n'hésitez pas à leur demander des conseils pour résoudre vos problèmes. Leur vécu vous sera certainement utile.

– Des *amis* perdus de vue depuis fort longtemps pourraient vous rendre visite et les moments passés dans les souvenirs vous remonteront le moral.

– *Si vous êtes en couple,* profitez du week-end pour ressouder les liens qui vous unissent en faisant une petite escapade à deux. Ne laissez pas la monotonie s'installer. Le dialogue est primordial pour qu'une relation dure dans le temps !

– Par contre, si votre couple est « mort », c'est peut-être le moment de partir chacun de son côté, sans faire de vagues. Préférez une séparation amiable en souvenir du bon vieux temps, plutôt que de vous quitter en laissant derrière vous des rancœurs et des querelles à n'en plus finir. Gare aux risques de dispute les 3, 11, 12, 20 et 21. Restez courtois.e.

– Si vous n'êtes *pas encore en couple* mais que vous avez une relation suivie, il sera temps de faire un choix : soit chacun continue sa route de son côté, soit envisager une vie commune sous le même toit ! Ce mois et cette année vous demandent de clôturer ce qui est commencé. Donc c'est le moment de vous décider, même si cela apporte des chamboulements et modifie totalement votre façon de vivre.

    – *Si vous êtes en quête de l'âme sœur*, et que vous venez de faire une rencontre, celle-ci pourrait bien évoluer de façon positive et durable et se concrétiser dans les prochaines années par un mariage !

ARGENT – JEUX

    – Un budget en déséquilibre qui vous imposera une gestion stricte et vous obligera à jongler entre vos factures et vos rentrées d'argent. Restez ferme envers votre entourage qui aura tendance à un peu trop vous solliciter. Des restrictions seront nécessaires pour arriver à la fin du mois. Le moindre faux pas pourrait être fatal, alors, pas d'achats superflus, ce n'est pas le moment de courir les soldes ! En revanche, la période est favorable pour demander un prêt si des conditions avantageuses vous sont proposées. Mais prenez le temps de bien vous renseigner avant toute décision définitive.

    – Tentez votre chance *aux jeux* mais **en groupe
ou au moins à deux** ! Vos *chiffres* si vous êtes joueur.se :
2, 4, 6, 7, 11, 29 et 40

SANTÉ – FORME

    – Ne vous laissez pas submerger par vos soucis ni l'instabilité du moment. Les crises d'angoisses vous guettent ! Pensez à vous détendre et allez marcher au grand air, même s'il fait froid, cela vous ravigotera.

    – Un rendez-vous chez l'ophtalmo pourrait être nécessaire.

TOUS DOMAINES
☞ **Vos meilleurs JOURS**
(où vous serez d'humeur conciliante) : **8 – 17 – 26**
☞ **Vos jours DIFFICILES**
(où il faudra contrôler votre agressivité) : **2 – 11 – 20 – (29)**

Vos PRÉVISIONS pour MARS 2025
☞ **Si votre chiffre clé est 09**

Votre QUOTIDIEN

AFFAIRES – PROFESSIONNEL – ACTIVITÉS – LOISIRS...

– Voici un mois de mars ou les initiatives et les projets pourront se concrétiser.

– *Si vous êtes en activité professionnelle,* de nouvelles responsabilités pourraient vous être proposées les 2, 11, 20 et 29 avec une augmentation de salaire… Si ce n'est pas le cas, soyez patient.e, car vous récolterez bientôt le fruit de vos efforts. Adoptez une attitude positive en toute circonstance, c'est le meilleur moyen pour réussir.

– *Si vous êtes en recherche d'un emploi,* multipliez-les, mettez-vous en valeur, ayez confiance en vos possibilités, car une excellente période s'ouvre à vous, et jusqu'au 20, sachez prendre des initiatives, elles seront bien accueillies.

– *Si vous êtes à votre compte ou commercial.e,* les décisions prises en cette période seront d'une importance capitale pour toute l'année à venir, aussi soyez vigilant.e et ne ménagez pas vos efforts. Mais ne cherchez pas faire cavalier.e seul.e, car vous risquez de ne pas pouvoir tout assumer ou de passer à côté de choses fort intéressantes…

– *Pour vos affaires diverses, que vous soyez retraité.e ou actif.ve,* vous mènerez vos projets avec une énergie décuplée, car vous voulez absolument arriver à vos fins. Persévérez et n'hésitez pas à prévoir à long terme. Cependant quelques difficultés vous attendent les 8, 15 et 24, soyez vigilant.e quant aux décisions à prendre.

– *Si vous évoluez dans le domaine créatif,* vous aurez l'occasion de rencontrer des gens nouveaux, qui vous amèneront à découvrir des domaines variés et méconnus jusqu'ici.

– Si vous envisagez de vous perfectionner ou d'apprendre une langue étrangère, le contexte est favorable. En ce moment, votre curiosité vous ouvre des portes, profitez-en, car votre évolution est positive, même si vous avez tendance à vous éparpiller un peu trop. Vos jours importants sont les 9, 18 et 27.

– Vous découvrirez de nouveaux loisirs (voile, photo, peinture, sculpture...) et aurez bien du mal à effectuer un choix. Tout semble vous intéresser.

– Tout ce qui est en rapport avec l'étranger vous est favorable. Tout particulièrement les 6, 15 et 26 du mois qui vous apporteront de grandes satisfactions.

Envie de <u>*voyager*</u> ? Préférez les 2, 11, 20 et 29 du mois.
Évitez les 1, 10, 19 et 28.

AMOURS – AMITIÉS – FAMILLE – RELATIONS...

– En mars, vous être très sollicité.e; C'est sans doute votre joie de vivre et votre enthousiasme qui font que vous croulerez sous les invitations et les sorties jusqu'au 20 du mois. Tant mieux, votre esprit est à la fête. Profitez-en !

– *Si vous vivez en couple,* rien ne viendra troubler cette belle harmonie. C'est le moment de faire des projets pour les années à venir.

– *Si vous êtes célibataire*, une rencontre particulièrement plaisante (parmi tant d'autres) pourrait bien se révéler prometteuse pour l'avenir. Surveillez de près les 9, 18 et 27.

– *En famille*, les 3, 12 et du 22 au 31, les relations restent harmonieuses, même si quelques problèmes se posent, vous en viendrez vite à bout et ils deviendront très vite plus que de mauvais souvenirs, car votre moral étant au beau fixe, rien ne troublera ce beau mois de mars, surtout si vous êtes en vacances ! Vous aurez l'esprit à faire des concessions et aimerez partager ces rares moments où tout va bien !

ARGENT – JEUX

– Dans ce domaine également, pas de mauvaises surprises ! Tout semble équilibré et même quelques rentrées d'argent inattendues sont possibles. Gain au jeu, don d'un parent, vente d'un bien (voiture ou autre…), à moins que ce soit de l'argent prêté depuis longtemps qui vous sera remboursé.

    – Si c'est le cas, renflouez votre budget vacances ou lancez-vous dans un achat important (auto, travaux pour améliorer votre intérieur…), mais pensez cependant à mettre quelques deniers de côté pour parer aux difficultés et dépenses imprévues qui sauront se faire jour à un moment ou un autre. Soyez FOURMI !

    – La chance aux jeux est présente ce mois !
– Vos chiffres si vous êtes joueur.se : 3, 6, 9, 12, 15, 24 et 39.

SANTÉ – FORME

    – Surveillez ce mois-ci, votre tension nerveuse, car ce surplus d'énergie pourrait vous rendre imprudent.e; Pratiquez une activité physique, un peu de marche suffira si vous n'êtes pas vraiment sportif.ve.

    – Votre foie et/ou estomac seront fragilisés, évitez les excès alimentaires et surtout l'alcool. Préférez des produits frais riches en vitamines.

    – Avec le changement de saison, c'est le moment de refaire une cure d'oligo-éléments.

    – Même si vous vous sentez en forme, n'attendez pas d'être complètement à plat, pour l'envisager. Mieux vaut prévenir que guérir, et si vous avez un traitement en cours, continuez-le. Ne l'arrêtez pas sous prétexte que vous vous sentez mieux. Tout ce que vous aurez gagné, vous le reperdriez aussi vite !

TOUS DOMAINES
☞ **Vos meilleurs JOURS**
(où vous serez d'humeur conciliante) : 7 – 16 – 25
☞ **Vos jours DIFFICILES**
(où il faudra <u>contrôler</u> votre agressivité) : 1 – 10 – 19 – 28

Vos PRÉVISIONS pour AVRIL 2025
☞ Si votre chiffre clé est 09

Votre QUOTIDIEN

AFFAIRES – PROFESSIONNEL – ACTIVITÉS – LOISIRS...

– Tout au long d'avril, mois de réflexion… attendez-vous à diverses difficultés ! Vos journées seront bien remplies, ce qui entraînera une grande nervosité. Faites attention à votre comportement et surtout à vos paroles.

– Méfiez-vous de votre impulsivité qui pourrait vous faire commettre des erreurs irréparables !

– *Côté professionnel (si vous êtes en activité),* attendez-vous, la première semaine, à devoir faire face à divers obstacles. Pour les éviter, ne négligez aucun détail et limitez-vous à travailler avec régularité, sans trop en faire, ni trop peu ! Restez organisé.e… c'est cette bonne attitude et habitude qui vous permettront de reprendre le dessus.

– Soyez particulièrement vigilant.e les 1, 10, 19 et 28, car les risques d'erreurs sont augmentés.

– Si une possibilité de changement de poste vous est proposée, étudiez-la, elle pourrait se révéler intéressante. Mais ne vous décidez pas à la va-vite ! Réfléchissez et négociez éventuelle ment le salaire.

– *Si vous êtes à votre compte ou commercial.e,* vous devrez assumer vos charges diverses, et surtout avoir une bonne gestion du temps comme des affaires, car arriver en retard à un rendez-vous par exemple, risque de vous faire perdre votre crédibilité. Pour vos projets en cours, ne les délaissez pas pour autant. Au contraire, peaufinez-les, et le mois prochain vous pour-rez les mettre en route !

– *Si vous êtes en recherche d'emploi,* seule votre persévérance vous permettra de décrocher des rendez-vous ! Attention à l'image que vous voulez donner, tant physique que dans vos propos. Restez zen.

– Vos jours favorables pour prendre des initiatives ou préférer vos rendez-vous sont les 7, 16 et 25.

– *Pour vos affaires diverses (administratives ou juridiques),* ce mois est favorable pour les régler, mais étant en année sous influence de SATURNE (rigueur et lenteur), évitez d'en entreprendre de nouvelles !

– Pour voyager (petits trajets), choisissez plutôt les 8, 17 et 26.

– **Déplacements** en train ou avion **à éviter** (retards, grèves…)
Tout comme faire de **longues routes** (bouchons)
surtout les 4, 9, 13, 18, 22 et 27.

AMOURS – AMITIÉS – FAMILLE – RELATIONS…

– En ce mois d'avril, vous ne pourrez compter que sur vous-même pour solutionner vos problèmes, mais par compte, vous serez trop souvent à votre goût, sollicité.e par votre *entourage*, et la plupart du temps, pour des futilités, ce qui mettra votre patience à rude épreuve !

– Je vous conseille cependant de vous montrer coopératif.ve et compréhensif.ve, car il se peut que ce soient des *jeunes* qui auront besoin de vos conseils et de votre soutien, à moins que ce soient des *personnes âgées,* touchées par des ennuis de santé qui demandent votre aide ou encore, votre *conjoint* qui rencontre des problèmes professionnels et qui aura besoin de réconfort.

– *Si vous êtes en couple,* restez présent.e, et accordez du temps et de l'affection à votre moitié qui pourrait traverser une mauvaise passe et souhaiterait se reposer sur vous.

– Même si vous avez envie de rester seul.e dans votre coin à fignoler vos projets, soyez à son écoute. Aujourd'hui c'est pour « l'autre », demain ce sera pour vous, ne l'oubliez pas ! et ne cherchez pas des noises pour des motifs sans gravité.

– *En famille,* osez dévoiler vos sentiments. Dire aux siens combien on les aime ne fait que renforcer les liens.

– *Si vous êtes célibataire,* l'amour fou ne sera pas à l'ordre du jour en ce mois influencé par SATURNE (repli sur soi et solitude) ! Les chances de rencontres, seront minimes.

ARGENT – JEUX

– Des problèmes financiers seront soulevés et vous devrez vous imposer des restrictions, ce qui risque de provoquer quelques heurts avec votre conjoint, surtout les 1, 8, 10, 17, 19, 26 et 28. Après le 16 et jusqu'au 30, vous pourrez de nouveau faire des projets concertant l'achat d'un appartement ou d'une voiture. Mais n'envisagez encore pour l'instant aucune demande de financement. Réfléchissez avant de décider. Préparez votre dossier, il sera prêt pour le mois de JUIN.

– Vos jours favorables sont les 9, 18 et 27. Mais avant de vous engager, soyez sûr.e de vos possibilités financières.

– La chance aux jeux est possible ce mois !
– Vos chiffres si vous êtes joueur.se : 4, 11, 13, 17, 21, 38 et 49.

SANTÉ – FORME

– Ce mois difficile aura mis vos nerfs en pelote ! Essayez tant que ce peut, de vous oxygéner en faisant des ballades en montagne, au bord de la mer ou à la campagne. Et relaxez-vous le plus souvent possible. Pensez également à faire un contrôle chez votre dentiste.

– Votre corps vous envoie des signaux d'alerte ! Apprenez à l'écouter et imposez-vous du repos.

– Si votre dos vous cause des douleurs, vos lombaires vous causent quelques soucis, optez pour les huiles essentielles, les plantes, voire l'ostéopathie. Mais ne restez pas à souffrir.

TOUS DOMAINES
☞ **Vos meilleurs JOURS**
(où vous serez d'humeur conciliante) : 6 – 15 – 24
☞ **Vos jours DIFFICILES**
(où il faudra <u>contrôler</u> votre agressivité) : 9 – 18 – 27

Vos PRÉVISIONS pour MAI 2025
☞ Si votre chiffre clé est 09

Votre QUOTIDIEN

AFFAIRES – PROFESSIONNEL – ACTIVITÉS – LOISIRS...

– Voici l'occasion de repartir d'un bon pied. Vous aurez envie de changement en ce mois de mai et votre curiosité sera sans limite.

– *Dans votre vie professionnelle, si vous êtes toujours en activité,* évitez de trop vous éparpiller, car vous pourriez bien commettre certaines négligences, surtout les 7, 16 et 25, et les risques d'erreurs sont présents. Préférez le travail en équipe, car certains travaux qui vous seront confiés vous seront totalement inconnus ! Ce qui vous permettra de vous faire aider si besoin est.

– *Si vous êtes dans les affaires, commercial.e* entre autres, les déplacements et petits voyages vous apporteront de nouvelles occasions qu'il vous faudra saisir très vite. Agissez avec finesse en évitant la badinerie, car tout le monde n'apprécie pas la légèreté et cela manque de sérieux. Ce mois de mai, vous avez de belles chances de réussite, ne les ratez pas !

– *Si vous êtres en recherche d'emploi,* vos jours favorables sont les 5, 14 et 23. Profitez-en pour provoquer des rencontres, allez au-devant d'un éventuel chef d'entreprise, car en ce moment, vous avez l'esprit ouvert et communicatif, votre culot pourrait vous rapporter gros. Toutefois, être audacieux.se et avoir de l'assurance et une chose, être sans-gêne et éhonté.e en est une autre. Trouvez votre juste milieu !

– *Si vous êtes à la retraite, ou évoluant dans un domaine créatif...* des rencontres intéressantes de personnes d'autres milieux pourraient vous faire découvrir des activités nouvelles. Mais vous aurez tendance à vouloir tout essayer et survoler tout ce qui vous entoure, prenez garde, car à faire trop de choses en même temps, vous n'en maîtriserez aucune et risquez d'être déçu.e;

– Si l'occasion se présente, n'hésitez pas à faire des déplacements pour visiter des expositions, des salons d'antiquaires, ou assister à des concerts.

– *Pour vos affaires diverses, juridiques et/ou administratives,* commencez par mettre de l'ordre dans vos papiers avant d'entamer une requête, car en ce moment, vous avez plutôt la tête en l'air, et vous pourriez arriver à votre rendez-vous en ayant oublié le pourquoi vous êtes venu.e ! Avec une certaine discipline et de la concentration, vous pourrez aisément recevoir des réponses favorables à vos attentes. Vos jours importants sont les 3, 12, 21 et 30.

– *Pour vos projets divers,* misez sur ceux à court terme qui auront plus de chance d'aboutir. Votre esprit, déjà attiré par les horizons nouveaux, vous poussera à penser à vos vacances et vous prospecterez dans les diverses agences de voyages.

Envie de voyager ? Préférez les 9, 13, 18 et 23 du mois.
Évitez les 8, 17 et 26.

AMOURS – AMITIÉS – FAMILLE – RELATIONS...

– Mai est bénéfique pour les menues tâches dans *la maison* ! Tapisserie, peintures, transformation de quelques pièces... cependant, ne faites pas ces changements sans l'avis des intéressés ! Ils ont peut-être leur mot à dire sur la couleur et les motifs du papier peint de leur chambre par exemple. Pratiquez ces petits travaux ensemble, vous en retirerez du plaisir et cela vous permettra un rapprochement. *Les enfants* (si vous en avez) ou ceux des autres... vous procureront d'énormes satisfactions et de grandes joies en ce mois. Votre esprit « bon enfant » du moment vous rendra complices.

– *Vos amis* seront également très présents, et vous passerez quelques soirées bien sympathiques, surtout les 1, 10, 19 et 28. Par contre, *si vous êtes célibataire,* rien de bien spécial en vue, juste quelques sorties «copain - copine» fort agréables cependant, surtout la première semaine.

– *Si vous êtes en couple,* proposez à votre moitié de partager votre envie de changement en la faisant participer activement à vos découvertes et à vos loisirs. Rien de mieux pour resserrer des liens qui se distendent peu à peu.

ARGENT – JEUX

– Si vous souhaitez investir dans l'achat d'un nouveau matériel plus perfectionné (ordinateur, machine agricole…) ou effectuer des travaux d'aménagement de votre habitation, c'est le moment ! Même si la somme engagée vous semble considérable au départ, dites-vous que vous y gagnerez en temps et en argent à long terme, car les réparations demandent, à longue échéance, un vrai budget, pour au final, envisager le neuf !

– Si vos revenus vous le permettent, vous pourriez, si le cœur vous en dit, vous autoriser une fantaisie (billet d'avion ou une croisière) à moindres frais.

– Les opérations boursières sont également envisageables et même opportunes.

– La chance *aux jeux* est excellente ce mois !

– *Vos chiffres* si vous êtes joueur.se : 1, 5, 7, 14, 19, 24 et 43.

SANTÉ – FORME

– Ne vous laissez pas atteindre par quelques crises d'angoisses passagères et une tendance au pessimisme. Ces inquiétudes, la plupart du temps ne seront pas fondées ! C'est juste que vous agissez souvent dans la précipitation, sans réfléchir et qu'ensuite, vos imprudences vous rattrapent.

– Pour éviter ces moments de stress, donnez-vous un temps de réflexion avant toute action, et tout ira bien. Je vous déconseille de prendre le volant si vous êtes très fatigué.e, car le manque de vigilance peut être à l'origine d'un accident.

TOUS DOMAINES
☞ **Vos meilleurs JOURS**
(où vous serez d'humeur conciliante) : **5 – 14 – 23**
☞ **Vos jours DIFFICILES**
(où il faudra contrôler votre agressivité) : **8 – 17 – 26**

Votre QUOTIDIEN

AFFAIRES – PROFESSIONNEL – ACTIVITÉS – LOISIRS...

– Voici encore un mois bien agréable dans l'ensemble. Votre entourage, tant professionnel que familial, sera très présent pendant tout cette période. Vous pourrez toujours compter sur quelqu'un en cas de besoin.

– *Si vous êtes en activité professionnelle,* le contact avec vos collègues sera tempéré et harmonieux. Vous saurez faire preuve de complaisance et l'on vous le rendra. Avec la hiérarchie, vous saurez vous mettre en valeur et assumer toutes les responsabilités qui vous seront attribuées sans difficulté. Vous pouvez vous attendre à une amélioration sensible dans votre travail.

– *Si vous êtes dans l'immobilier,* votre activité aura le vent en poupe ! C'est le moment de faire vos preuves. Vos jours importants sont les 6, 15 et 24.

– À partir du 21 et jusqu'au 30, un ralentissement s'effectuera dans votre travail, alors restez prudent.e dans toutes vos nouvelles entreprises.

– *Si vous recherchez un emploi,* jusqu'au 20, ne lésinez pas sur les démarches à effectuer, car de nombreuses opportunités vous permettront d'aller de l'avant, et ainsi, entrer dans la vie active. Si vous êtes suffisamment décidé.e à faire changer votre statut, votre évolution personnelle sera importante (les 4, 13, et 22) car vous serez soutenu.e par votre entourage. N'hésitez pas non plus, à accepter des propositions de stages ou des cours de perfectionnement qui vous seront très utiles d'ici peu.

– *Si vous êtes à la retraite,* vous aurez sans doute envie de vous tourner vers des associations bénévoles. Visiter des personnes hospitalisées, soutenir un enfant en cas de difficulté scolaire... à moins que ce soit, vous lancer dans une activité de création ou d'art, ou encore, prendre la décision d'aller aux thés dansants, ou au club du 3ème âge ! N'hésitez pas, ainsi vous rencontrez du monde, ce qui vous évitera le repli sur soi.

    – Vos <u>petits</u> voyages ou déplacements seront bien aspectés les 6, 15 et 24, mais <u>évitez les longs</u> trajets.

    – Évitez de voyager ou faire de *grands déplacements*…

    – Si <u>activité oblige</u> : **ABSTENEZ-VOUS** les 7, 13, 16, 22, 25 et 27.

<u>*AMOURS – AMITIÉS – FAMILLE – RELATIONS…*</u>

    – Vous serez très sollicité.e par votre entourage (*surtout les enfants ou petits-enfants*), n'hésitez pas à répondre présent.e, car vous serez récompensé.e en retour par l'amour qu'ils vous témoigneront.

    – Du 20 et jusqu'en fin de mois, des personnes âgées (*parents ou grands-parents*) pourraient vous causer quelques soucis en rapport avec leur santé. Sachez les réconforter, votre disponibilité et gentillesse à leur égard vous vaudra leur témoignage d'affection sincère, ce qui pour vous, sera une belle récompense.

    – *En couple,* vous aurez encore tendance à vouloir tout faire et entreprendre plusieurs choses à la fois. N'oubliez pas que vous êtes deux, et que les décisions comme les corvées doivent être partagées. Vouloir tout faire, certes, mais ne craignez-vous pas que votre conjoint se sente mis à l'écart, et que vous lui donniez l'impression qu'il (elle) n'est pas à la hauteur des tâches à effectuer ?

    – Attention, les 4, 13 et 22 vous exposent à des contrariétés imprévues, sans doute que votre moitié se révoltera de votre attitude étouffante !

    – *Si votre cœur est libre,* votre charme et votre magné-tisme puissant feront que vous pourriez faire des rencontres très intéressantes… Très bonnes journées les 6, 14 et 23.

– Attention ! Budget réduit ce mois-ci. Même si les rentrées sont identiques aux mois précédents, les sorties tant qu'à elles peuvent se multiplier !

– Problèmes avec tout ce qui touche la maison : équipement ménager qui fait faux bond (votre ordinateur ou votre télévision pourrait bien rendre l'âme), à moins que ce soient le chauffe-eau qui aura besoin d'être changé ou la toiture qui sera envolée après un violent orage... tout peut arriver !

– En revanche, si cela était dans vos projets de longues dates, c'est le moment de finaliser l'achat de votre maison ou appartement.

– Si vos économies vous le permettent, achetez un beau meuble chez un antiquaire, un tableau... ceci sera un bon placement en vue de votre retraite, par exemple !

– La chance *aux jeux* est possible ce mois !
– *Vos chiffres* si vous êtes joueur.se : 3, 6, 12, 15, 21, 27 et 48.

SANTÉ – FORME

– Un mois idéal pour entamer un régime minceur et surveiller de près votre alimentation. Préférez les fruits et les légumes frais.

– Vos articulations pourraient devenir douloureuses, et vos vertèbres vous rappelleront à l'ordre.

– Si vous devez forcer (jardinage par exemple) ou porter des charges lourdes (déménagement), quel que soit votre âge, portez une ceinture lombaire. Vous éviterez ainsi un lumbago qui pourrait vous obliger à rester alité.e quelques jours ou semaines ! ce serait dommage en cette période.

TOUS DOMAINES

☞ **Vos meilleurs JOURS**
(où vous serez d'humeur conciliante) : **4 – 13 – 22**
☞ **Vos jours DIFFICILES**
(où il faudra contrôler votre agressivité) : **7 – 16 – 25**

Vos PRÉVISIONS pour JUILLET 2025
☞ Si votre chiffre clé est 09

Votre QUOTIDIEN

AFFAIRES – PROFESSIONNEL – ACTIVITÉS – LOISIRS...

– La patience sera de rigueur tout au long du mois, car des contretemps et des retards se succéderont qui mettront vos nerfs à rude épreuve.

– *Si vous êtes en activité professionnelle,* vous vivrez au ralenti et vous aurez bien du mal à réfréner votre besoin de bouger, surtout du 21 au 30. Profitez de cette lenteur pour vous reposer et si vous vous « ennuyez », envisagez des cours du soir ou une formation (informatique, étude d'une langue étrangère...) qui seront, non seulement un passe-temps, mais un plus non négligeable pour votre expérience personnelle. Avec vos collègues vous devrez vous débrouiller tout.e seul.e, car ils ne seront guère coopératifs. Même, sont à craindre quelques risques de frictions les 2, 11, 20 et 29. Armez-vous de patience !

– *Si vous êtes en recherche d'emploi,* malgré toute votre bonne volonté, les démarches restent décevantes. Ne vous angoissez pas et ne vous laissez pas aller à la déprime. La période JUILLET/AOÛT n'est guère propice à l'embauche. Profitez-en plutôt pour réfléchir à ce que vous voulez vraiment faire. Faites vos recherches, prenez des rendez-vous…

– *Si vous êtes en retraite* (surtout *jeune* retraité.e, tout semble vous contrarier et, vous avez l'impression d'avoir perdu vos repaires, vous ne savez plus que faire du temps qui vous est accordé. Partez en vacances et oubliez tous vos soucis. Et si vous restez chez-vous, occupez-vous l'esprit (lecture, cinéma, sport...), mais évitez la solitude, et partez du principe que c'est une période de répit qui vous est accordée, mettez-la à profit pour vous distraire davantage. En revanche, en ces temps troubles ou vous ne savez plus trop ou vous en êtes, ou vous éprouvez le besoin de faire le point sur votre situation actuelle, vous pourriez être tenté.e par des envies de changement dans votre façon de vivre… Je vous conseille cependant de ne pas vous laisser mener par le bout du nez, par certains « groupes communautaires». Méfiez-vous des nouvelles relations faites dans des circonstances de sorties collectives et qui chercheraient à vous entraîner dans des réunions spirituelles. Sachez garder votre libre arbitre et votre choix de pensée ! Soyez tout particulièrement sur vos gardes les 1, 10, 19 et 29, votre vulnérabilité est à son sommet !

Envie de voyager ? Préférez les 7, 11, 16, 20 et 29
du mois. Évitez les 6, 15 et 26.

<u>*AMOURS – AMITIÉS – FAMILLE – RELATIONS…*</u>

– Jusqu'au 9, vous aurez tendance à vous isoler mais en même temps, vous vivrez très mal cette solitude, ce qui vous occasionnera quelques moments de stress et il faudra vous forcer à réagir. Vous pourrez compter sur votre *entourage* qui ne demande qu'à vous aider, à vous sortir de votre abattement. Alors prévoyez quelques loisirs et sorties en *famille* ou entre *amis*. Même si l'enthousiasme n'y est pas, faîtes un effort, vous constaterez en fin de compte que ces promenades vous auront fait un bien fou ! Vous pourriez également vous inscrire dans un club (sportif ou littéraire…), ce qui vous permettra de bons moments, ainsi que de vous créer de nouvelles relations. La période la plus propice se situe du 7 au 21. Organisez quelques soirées chez vous avec quelques *amis* et détendez-vous.

– *En couple,* ne vous repliez pas trop sur vous ! vous n'avez guère envie de communiquer, vous voulez faire le point sur votre relation, c'est une bonne chose, mais faites aussi votre examen intérieur, car si votre liaison va à la dérive, peut-être que votre attitude présente et passée y est pour quelque chose. Il est toujours plus facile d'incriminer l'autre. Mais dans une relation, c'est 50/50 ! Pourquoi ne pas envisager un voyage ou quelques jours de repos et réfléchir ensemble à votre devenir. Très bonnes journées les 4, 13 et 22.

– Si *vous êtes célibataire,* les affinités qui peuvent s'établir seront le plus souvent éphémères, car vous n'avez pas trop envie de vous attacher pour le moment. D'ailleurs votre désir de plaire ou de communiquer n'est pas votre priorité.

ARGENT – JEUX

– Vous n'avez guère l'esprit à la gestion ce mois de juillet ! Contrôlez cependant vos dépenses par rapport à vos rentrées. Ne vous créez pas du stress inutile.

– Même si une légère amélioration du 7 au 21 se fait sentir, évitez les dépenses inconsidérées et limitez-vous aux achats quotidiens.

– Soyez également ferme avec votre entourage. Céder pour que l'on vous fiche la paix ne sera pas la solution ! Tout le monde devra se contraindre à quelques restrictions.

– La chance aux jeux est présente ce mois, mais uniquement si elle n'est pas programmée !

– Chiffres à jouer : écoutez votre intuition ou essayez les grattages (entre autres).

SANTÉ – FORME

– Voici un mois propice à la déprime. Ne vous laissez pas envahir par des sentiments de solitude et de mal-être ! Faire de longues balades seul.e à pied comme à vélo… prenez un livre et une chaise longue. C'est l'été, profitez-en ! Et si vous vous sentez avec le moral en berne, commencez une cure de vitamines ou un traitement homéopathique qui vous permettra de rétablir votre équilibre rapidement et de manière douce.

– Relaxez-vous par des exercices respiratoires et favorisez les activités en plein air.

TOUS DOMAINES

☞ **Vos meilleurs JOURS**
(où vous serez d'humeur conciliante) : 3 – 12 – 21 – 30
☞ **Vos jours DIFFICILES**
(où il faudra contrôler votre agressivité) : 6 – 15 – 24

Vos **PRÉVISIONS** pour **AOÛT 2025**

☞ Si votre chiffre clé est 09

Votre QUOTIDIEN

AFFAIRES – PROFESSIONNEL – ACTIVITÉS – LOISIRS...

– *Si vous êtes en vacances,* elles risquent de se passer dans un climat électrique, car vous ne pensez qu'à votre travail. La rêverie sera de trop. Ce qui risque de gâcher cette période de repos pour votre entourage.

– *Si vous êtes en activité professionnelle* et que vous travaillez, ce mois sera très agité. Les 15 premiers jours, vous devrez très certainement exécuter des tâches doubles, vos collègues étant partis en vacances et non remplacés, ce qui vous obligera à bûcher avec acharnement à des postes très différents.

– Il vous faudra cependant faire preuve de vigilance et éviter toute agressivité, car votre comportement sera surveillé. Donnez le maximum de vous-même sans ronchonner et vous aurez ainsi de fortes chances d'être remarqué.e et d'obtenir une promotion bien méritée le 9, 19 ou le 27.

– Du 16 au 20, la fatigue aidant, quelques jours de découragement sont à craindre, tout comme des tensions possibles avec les collègues les 4, 13, 16 et 19. N'en tenez pas compte et poursuivez votre travail.

– En revanche votre désir d'indépendance pourrait vous jouer de mauvais tours, pour l'instant, il vous faut au contraire compter sur les autres et travailler avec ardeur.

– *Si vous êtes à votre compte ou commercial.e,* vous pourriez conclure des affaires intéressantes les 5, 14 et 23. Vous saurez prendre de bonnes initiatives et votre hardiesse vous permettra d'acquérir un succès bien mérité.

– *Si vous êtes en quête d'un emploi,* passé le 20, vous pourriez enfin voir les portes s'ouvrir et la chance vous sourire de nouveau.

– *Pour vos démarches juridiques ou administratives,* finalement tout semble se débloquer. Vous pourriez recevoir les réponses tant attendues et voir vos requêtes porter enfin leurs fruits. Vos dates importantes sont les 5, 14 et 23.

– Une période moins harmonieuse du 1 au 5 et du 25 au 30, cependant, sans grosses contrariétés.

– <u>Déplacements et voyages :</u>
Prudence tout le mois si vous devez faire de longs trajets !
(Préférez le train, le bus ou l'avion).

AMOURS – AMITIÉS – FAMILLE – RELATIONS…

– *<u>Si vous êtes en couple</u>* depuis déjà un certain temps, mais non légalisé, il est peut-être temps de passer à l'acte et de vous investir pleinement dans vos sentiments.

– Vous êtes cette **année** sous l'influence de SATURNE, ou l'on termine ce qui est commencé depuis longtemps, et en ce **mois** PLUTONIEN, on légalise !

– En agissant au bon moment, vous mettez de votre côté toutes les chances d'une pérennité !

– *<u>Si vous êtes marié.e ou avez une liaison suivie</u>*, vous serez confronté.e à quelques conflits, surtout jusqu'au 19.

– Mais la sérénité sera retrouvée et vous pourrez envisager des projets communs (achat d'une maison, d'un appartement…, mettre un B.B en route si l'âge le permet)…

– *<u>Si vous êtes célibataire</u>*, vous pourriez bien vous enflammer pour une personne qui transformera très certainement votre vie durablement. Ce qui réjouira votre entourage.

– En ce qui concerne les *<u>amis proches</u>*, certains pourraient intervenir favorablement en votre faveur, soit dans une démarche de recherche d'emploi, comme pour vous faire une attestation sur l'honneur en cas de besoin pour une affaire juridique.

– *<u>Avec votre entourage</u>* (en particulier des adolescents) vous aurez confiance en vous et saurez rassurer comme conseiller de façon judicieuse un jeune qui cherche sa voie !

– Avec des *<u>personnes plus âgées,</u>* (parents entre autres), agissez avec tact et diplomatie, car vous pourriez avoir besoin, dans quelque temps, de leurs précieux conseils.

ARGENT – JEUX

– Enfin un mois où les finances ne vous donnent guère de soucis. Vous pourrez ainsi concrétiser quelques projets.

– Cependant, réfrénez votre boulimie d'achat dès la première semaine, résistez aux achats impulsifs ! Préférez planifier votre budget de façon à pouvoir investir efficacement.

– Toutes les transactions sont favorisées, essayez des placements en bourse ou dans l'immobilier (achat d'un appartement ou un terrain), mais prenez de solides garanties.

– La chance *aux jeux* n'est guère présente ce mois ! Toutefois, vos chiffres si vous êtes joueur.se :
6, 7, 8, 17, 25, 33 et 42.

SANTÉ – FORME

– Attention ! le surmenage tant physique qu'intellectuel vous guette, essayez de maintenir votre équilibre.

– Surveillez votre alimentation et évitez les excès d'alcool et de café, car votre grande nervosité affectera plus particulièrement votre appareil digestif (estomac, foie, intestins). Préférez les viandes grillées, les légumes frais et la citronnade plutôt qu'une bière !

– Ne commettez pas d'imprudence ! Aussi bien dans vos activités sportives que dans la vie de tous les jours. Ne montez pas sur un toit pour remettre quelques tuiles, sans sécurité, par exemple !

TOUS DOMAINES
☞ **Vos meilleurs JOURS**
(où vous serez d'humeur conciliante) : 2 – 11 – 20 – 29
☞ **Vos jours DIFFICILES**
(où il faudra contrôler votre agressivité) : 5 – 14 – 23

Vos **PRÉVISIONS** pour **SEPTEMBRE 2025**
☞ *Si votre chiffre clé est 09*

Votre QUOTIDIEN

AFFAIRES – PROFESSIONNEL – ACTIVITÉS – LOISIRS...

– En septembre, attendez-vous à quelques difficultés, mais que vous saurez résoudre pour repartir sur de bonnes bases le mois prochain.

– *Si vous êtes en activité professionnelle*, à part les premiers jours du mois où quelques agacements seront omniprésents, vos capacités seront mises en avant, ce qui vous permettra malgré tout d'évoluer.

– Cependant, ne négligez pas vos rapports avec vos collègues et acceptez leur aide si besoin est, car vous serez moins efficace en travaillant seul.e et vos initiatives auront plus de mal à se concrétiser. Faites preuve de tact et de diplomatie dans vos altercations qui seront multiples et orageuses.

– *Si vous êtes commercial.e ou libéral.e* et que votre bizness est en lien avec l'étranger, la chance sera de votre côté. Les déplacements d'affaires les 3, 12 et 21 sont profitables à votre promotion personnelle. Vous serez débordé.e, car très sollicité.e, mais ce n'est pas pour vous déplaire.

– La période vous est très bénéfique pour prendre de nouveaux contacts (surtout en rapport avec l'étranger) les 9, 18 et 27, mais restez vigilant.e les 3, 21 et 28.

– *Si vous êtes demandeur d'emploi,* évitez si possible de signer tout contrat ce mois, sauf s'il s'agit d'un stage ou d'un CDD.

– *Pour vos activités diverses, (que vous soyez actif.ve ou retraité.e,* vous serez submergé.e dans tous les domaines, mais vous aurez assez d'énergie pour liquider toutes vos tâches avec entrain, même si certains désaccords sont à prévoir qui vous feront jongler entre joie et doute.

– Il vous suffit, pour surmonter ces petits inconvénients, de rester dans la réalité, de vous imposer une discipline stricte et ne rien entamer de nouveau. Contentez-vous de clôturer tout ce que vous avez en cours. Pas de place à la fantaisie et très peu aux loisirs ce mois-ci !

– Envie de voyager ? Choisir les 5, 14, 23, et 27…
Évitez les 4, 13 et 23.
– Partir à L'ÉTRANGER : préférez les 9, 18 et 27 du mois.

AMOURS – AMITIÉS – FAMILLE – RELATIONS…
– Envie de faire une escapade en amoureux ou en *famille,* à moins que ce soit avec des *amis* ?

– Jusqu'au 19 plus particulièrement, vous vous sentirez d'humeur à exprimer vos sentiments, et comme preuve du plaisir d'être en compagnie de vos proches, vous pourriez bien (si vos moyens vous le permettent), établir comme projet un voyage qui pourrait se réaliser sous peu !

– Des *amis* perdus de vue depuis longtemps, pourraient se rappeler à votre bon souvenir, et ainsi, les occasions de passer quelques soirées sympathiques, surtout le 6, 15 et le 24, vous permettront de vous faire de nouvelles connaissances et d'élargir le cercle de vos relations.

– Passé le 19, votre comportement deviendra instable et *votre conjoint* ou *entourage familial* aura bien du mal à vous comprendre et vos réactions étant imprévisibles, il ne saura comment évoquer avec vous des sujets sensibles. Si vous <u>êtes</u> *parent ou grand-parent de jeunes adolescents,* ceux-ci occuperont une place importante dans votre quotidien, et vous devrez mettre en parenthèses vos propres désirs pour vous consacrer à leurs nombreuses sollicitations, surtout les 8, 17 et 26. Dans les conversations *familiales* diverses, évitez de vous laisser aller aux bavardages insignifiants car, dans la foulée vos propos pourraient bien dépasser votre pensée et être mal interprétés. Et vous risqueriez ainsi de vous retrouver dans des situations très malaisées. Contentez-vous de donner votre avis si on vous le demande tout en restant sans mettre en cause qui que ce soit.

– Ce n'est pas un mois pour rechercher *l'âme sœur,* attendez octobre !

<u>*ARGENT – JEUX*</u>

– Des rentrées d'argent que vous n'espériez pas arrivent ! Profitez-en pour renflouer votre compte en banque, car de nombreuses dépenses hélas, sont à prévoir.

– Quelques soucis en perspective les 8, 17 et 26.

– Si vous envisagez prochainement des achats importants (maison, voiture…), demandez conseil à des personnes compétentes avant de vous engager fermement.

– La chance aux jeux est présente +++ ce mois !
– Vos chiffres si vous êtes joueur.se : 8, 9, 18, 27, 35, 36 et 43.

<u>*SANTÉ – FORME*</u>

– Vous cumulerez une fatigue aussi bien physique que morale, ce qui rend votre tension nerveuse excessive.

– Efforcez-vous à la détente, et continuez vos activités sportives (marche entre autres…), ce qui vous défoulera et vous évitera le surmenage.

– Si vous courez, gare aux entorses et fractures.

– Surveillez également votre alimentation, les risques d'intoxication sont accrus (surtout si vous mangez hors de chez vous). Si vous achetez des coquillages, préférez-les crus et vivants afin de les cuire chez vous ! Les acheter cuits… vous ignorez depuis quand !

TOUS DOMAINES
☞ **Vos meilleurs JOURS**
(où vous serez d'humeur conciliante) : 1 – 10 – 19 – 28
☞ **Vos jours DIFFICILES**
(où il faudra <u>contrôler</u> votre agressivité) : 4 – 13 – 22

Vos PRÉVISIONS pour OCTOBRE 2025
☞ Si votre chiffre clé est 09

Votre QUOTIDIEN

AFFAIRES – PROFESSIONNEL – ACTIVITÉS – LOISIRS...

– Voici un mois décisif (sous l'influence de MARS : énergie – combat), tant pour *votre vie professionnelle que privée*. Toutes les chances de réussite sont présentes à condition de tout mettre en œuvre pour finir ce cycle et repartir sur de nouvelles bases en 2025 !

– *Si vous êtes en activité professionnelle*, ce mois est excellent pour renégocier votre salaire par exemple, ou demander un changement de poste pour l'année prochaine.

– Ce mois-ci, ne comptez pas sur vos collègues qui, au contraire, pourraient vous mettre des bâtons dans les roues. Vous devez coûte que coûte vous débrouiller seul.e; Méfiance les 1, 10, 19 et 28 ou on cherchera à vous détourner de vos objectifs ! Restez concentré.e et maintenez vos efforts, même si vous êtes surchargé.e de travail. Le courage, vous n'en manquerez pas et vous atteindrez votre but.

– *Si vous êtes libéral.e* et qu'une association devient trop pesante, c'est le moment d'y mettre un terme. La période est également propice pour faire aboutir une action entamée depuis longue date.

– Si votre activité demande régulièrement la *signature de contrats*, sachez lire entre les lignes, car bien que vous soyez dans un mois dynamique (avec MARS, l'énergie), cette **année** étant sous l'influence de SATURNE (rigueur), est aussi l'année des faillites et des dépôts de bilan. La prudence vous est donc recommandée.

– *Si vous êtes en recherche d'emploi*, c'est le moment de multiplier les rendez-vous !

– Les activités en rapport avec une clientèle seront tout particulièrement favorisées, cependant, ne vous engagez pas à la légère, donnez-vous 3 mois d'essais avant toute signature définitive.

– *Pour vos affaires ou démarches diverses, que vous soyez retraité.e ou actif.ve,* vous surmonterez aisément les obstacles qui se présenteront, et même si au départ vous avez « vu grand », sûr.e de vous et de vos capacités, vous mènerez à bonne fin vos projets. Il se peut que vous ayez à faire face à une tâche inhabituelle, telle que l'organisation d'une cérémonie ou d'une fête par exemple, à moins que l'on vous demande pour un « extra », tel que : servir un repas pour grand nombre de personnes, ou si vous avez des talents de cuisinier.e, de préparer un buffet pour plusieurs convives… Soyez audacieux.se, même si votre entourage doute de vos capacités, ne vous laissez pas influencer par leur jalousie et surprenez-les ! Toutefois, faites preuve de finesse et de tact envers les autres, l'arrogance n'attire rien de bon.

Envie de *voyager* ? Préférez les 8, 13, 17 et 26 du mois.
Évitez les 3, 12, 21 et 30.

AMOURS – AMITIÉS – FAMILLE – RELATIONS…

– Ce mois d'octobre, bien que votre désir d'indépendance et d'action en solitaire se fassent sentir, ne rejetez pas les bonnes volontés de votre *entourage* qui saura se montrer particulièrement coopératif et vous soutiendra dans vos projets jusqu'au 28. Au contraire, faites-les participer à vos préoccupations et à vos ambitions, ceci favorisera un rapprochement tant avec *le conjoint* qu'avec *des jeunes*.

– En revanche, ne vous encombrez pas de détails insignifiants, limitez-vous aux actions principales pour l'instant. Si vous savez vous y prendre, vous finirez par obtenir satisfaction dans vos projets, alors foncez !

– En fin de mois, des risques de conflits sont possibles en particulier le 1, 10, 19, 28.

– *Votre partenaire* (s'il y a) aura du mal à admettre votre nouvelle façon de voir les choses. Essayez d'être conciliant.e. N'exagérez pas en le délaissant totalement et ne le (la) rejetez pas. Même si votre mode de vie risque d'être modifié en cette fin d'année, réorganisez votre emploi du temps afin de planifier quelques moments de loisirs avec vos proches.

– *Si vous êtes célibataire,* une rencontre, surtout les 4, 13 et 22, considérée dans un premier temps comme amicale, pourrait bien évoluer vers une relation plus suivie dans les prochains mois.

ARGENT – JEUX

– Ce mois-ci, après une longue phase de restriction, votre envie d'investir sera très forte, même si votre budget est tout juste équilibré. Vous pourriez bien vous décider à vous lancer dans un achat important, envisager un prêt. Même si la période vous est favorable, je vous conseille de tenir compte de l'avis de personnes compétentes en la matière et de ne pas prendre un engagement définitif sans les avoir consultées plusieurs fois avant !

– La chance *aux jeux* est présente ce mois !
– *Vos chiffres* si vous êtes joueur.se : 1, 9, 10, 11, 19, 29 et 38.

SANTÉ – FORME

– Avec le changement de saison, attendez-vous au réveil de quelques anciennes douleurs, surtout articulaires. Évitez les mouvements brusques. Si vous devez forcer un peu, jardinage par exemple, protégez vos lombaires avec une ceinture ! Et si vous êtes « au bois », ne commettez aucune imprudence ! Soyez toujours accompagné.e; Un accident est si vite arrivé !

– Votre tension nerveuse sera également excessive, ce qui occasionnera quelques migraines persistantes. Si besoin est, consultez votre médecin !

TOUS DOMAINES
☞ **Vos meilleurs JOURS**
(où vous serez d'humeur conciliante) : **9 – 18 – 27**
☞ **Vos jours DIFFICILES**
(où il faudra contrôler votre agressivité) : **3 – 12 – 21 – 30**

Vos PRÉVISIONS pour NOVEMBRE 2025
☞ Si votre chiffre clé est 09

Votre QUOTIDIEN

AFFAIRES – PROFESSIONNEL – ACTIVITÉS – LOISIRS...

– Armez-vous de courage, car ce mois de novembre sera le plus difficile de l'année, mais vous n'en manquerez pas ! Cependant, contrôlez votre impulsivité, ne faites rien dans la précipitation, tous vos acquis depuis le début de l'année, seraient remis en question.

– *Côté vie professionnelle, si vous êtes en activité*, attendez-vous à un surplus de travail, surtout jusqu'au 9 ou vous serez très sollicité.e; Il se pourrait même que vous ayez des heures supplémentaires à accomplir. Et comme vous n'aurez guère l'esprit à la communication, un rien vous contrariera et vous prendrez la mouche. Du calme ! N'aggravez pas l'ambiance déjà plombée, surtout les 7, 16 et le 25. Ne vous emportez pas pour des futilités, essayez plutôt de tempérer vos propos. Passé le 10, les choses finiront par s'arranger et vous pourriez même voir votre situation évoluer de façon positive.

– *Si vous êtes dans le commerce*, même si le début du mois est ralenti, profitez-en pour vous mettre à jour dans votre comptabilité par exemple, vous serez ainsi fin prêt.e pour le début de l'année qui approche. Toutefois, entre le 4 et le 13, de nouvelles opportunités, de nouveaux marchés peuvent s'offrir à vous, sachez les saisir !

– Si vous *êtes à votre compte* et que vous travaillez *en association,* la période vous est tout particulièrement bénéfique, des contacts avec l'étranger sont envisageables. Ensembles, réfléchissez à tout ce qui pourrait donner un coup de pouce à votre affaire, afin de mettre à profit ces bonnes idées dès janvier prochain !

– *Si vous êtes à la recherche d'un emploi*, surtout du 10 au 20, de belles occasions pourraient se présenter, essentiellement en ce qui concerne l'aspect commercial. Peut-être n'y aviez-vous pas songé, mais ce peut être une branche qui vous aille bien, après tout !

    – *Pour vos activités ou démarches diverses, que vous soyez retraité.e ou actif.ve,* n'entamez aucune action nouvelle maintenant ! Contentez-vous de clore ce qui est en cours, ne laissez pas l'impatience et le doute vous envahir. Essayez tant que ce peut de trouver des arrangements à l'amiable, si vos conflits sont mineurs. Si vous devez au contraire entamer une procédure juridique, attendez le début de l'année.

    – Vos jours importants sont les 6, 15 et 24.

    – Pour vos déplacements d'affaires, préférez les 1, 10, 19 et 28.

    – Envie de *voyager* ? Préférez les 3, 12, 21 et 25 du mois. Évitez les 2, 11, 20 et 29.

AMOURS – AMITIÉS – FAMILLE – RELATIONS…

    – Les deux premières semaines risquent d'être particulièrement critiques avec votre *entourage,* et des risques d'accrochages et de bouderie sont à craindre les 8, 17 et 26. Soyez plus tolérant.e et patient.e, et au lieu de cogiter dans votre coin, soyez ouvert.e au dialogue, et même s'il vous en coûte, ne refusez pas votre aide, n'envoyez pas balader les personnes qui sont souvent en demande de conseils, surtout s'il s'agit *d'enfants ou d'adolescents.* Faites plutôt preuve de compréhension à leur égard, car vous aussi, à leur âge, vous aviez besoin de réponses et d'avis. Et vous verrez que, dans la deuxième partie du mois, vous pourriez même retirer quelques satisfactions, car vos suggestions avisées auront été utiles.

    – *Si vous êtes célibataire,* vous devrez encore attendre l'âme sœur, même si certaines rencontres se profilent les 3, 12 et 21, rien de bien marquant cependant.

    – Avec *votre conjoint* (s'il y a), faites preuve de psychologie. Il est possible que votre moitié traverse une passe difficile au travail, à moins qu'il (elle) soit sans emploi… Vous aurez l'impression qu'il (elle) s'apitoie sur son sort ou ne fait rien pour changer la situation ! Armez-vous de patience, ne vous laissez pas emporter par votre nature impulsive, et ensemble, essayez de vous réconforter.

ARGENT – JEUX

– Comme si vous n'aviez pas assez de tracas ce mois de novembre, le budget vient en ajouter ! Quelques mauvaises surprises sont à craindre : garagiste, rappel d'impôts... Essayez dès le début du mois de planifier vos dépenses et de vous limiter à celles qui ne peuvent pas attendre. Ne vous lancez pas dans des achats superflus, car vous pourriez, d'ici la fin de l'année, être obligé.e de solliciter une aide de votre famille ou envisager un prêt.

– Les investissements sont également déconseillés, ainsi que les contrats ou compromis de vente, même si des propositions intéressantes vous sont faites, renseignez-vous et prenez un maximum de garanties.

– Tentez la chance aux jeux mais en groupe ou au moins à deux !
Vos chiffres si vous êtes joueur.se :
2, 4, 6, 7, 11, 29 et 40.

SANTÉ – FORME

– Votre nervosité étant à son maximum ce mois-ci, des répercussions sur votre état de santé général sont à craindre. Relaxez-vous, détendez-vous au maximum dès que vous êtes sous pression ! Mettez-vous sur « pause ». Faites faire un contrôle ophtalmique, car votre tension pourrait avoir des conséquences sur votre vue. (Glaucome entre autres…) de même si vous roulez beaucoup de nuit, protégez vos yeux avec des lunettes anti-éblouissement. Les articulations sont aussi à protéger ! Pas d'efforts inutiles… Et si vous le pouvez, prenez quelques jours de vacances, cela vous requinquera pour la fin de l'année.

TOUS DOMAINES
☞ **Vos meilleurs JOURS**
(où vous serez d'humeur conciliante) : 8 – 17 – 26
☞ **Vos jours DIFFICILES**
(où il faudra <u>contrôler</u> votre agressivité) : 2 -11 – 20 – 29

Vos PRÉVISIONS pour DÉCEMBRE 2025
☞ Si votre chiffre clé est 09

Votre QUOTIDIEN

AFFAIRES – PROFESSIONNEL – ACTIVITÉS – LOISIRS...

– Si vous avez suivi tous les conseils donnés tout au long de l'année, vous la finirez de façon sereine, et serez fin prêt.e à entamer la nouvelle période qui se prépare dès le 1er janvier prochain ! Les derniers jours du mois seront cependant plus difficiles, mais il est vrai que vous serez plutôt dans les nuages, fuyant la réalité.

– Méfiance, ne gâchez pas tout sous prétexte que ce sont les fêtes, et que vous êtes à l'aube d'un nouveau cycle numérologique. Ce serait dommage, si près du but, de perdre tous les acquis.

– *Si vous êtes en activité professionnelle ou à la recherche d'un emploi,* jusqu'au 28, la conjoncture vous est profitable. La chance est de votre côté, et des contacts pourraient se révéler très intéressants ! Gardez précieusement leurs adresses, numéros de téléphone, et mails, car ils vous seront utiles d'ici peu. Même si dans un premier temps, les informations que l'on vous transmet vous semblent banales !

– *Si vous êtes dans les affaires,* des signatures de contrat vous amèneront de belles perspectives sans avoir à fournir d'efforts particuliers. Vos idées seront originales et fort bien accueillies, et vos relations professionnelles seront détendues.

– Ce que vous avez construit petit à petit avec patience et ténacité commence à prendre forme.

– Cependant, dans cette période ou vous aurez l'esprit très communicatif, ne vous laissez pas aller aux bavardages et surveillez vos propos, car ils ne seront peut-être pas du goût de tout le monde. Votre côté «badin» pourrait être mal interprété surtout les 9, 18 et 27.

– Concernant l'éventualité *d'une affaire juridique* en cours depuis déjà longtemps, vous devriez avoir l'agréable surprise d'en voir la fin, et qui plus est, en votre faveur !

– Vos jours importants sont les 5, 14 et 23.

– Envie de *voyager* ? Préférez les 2, 6, 11 et 20 du mois. Évitez les 1, 10, 19 et 28.

AMOURS – AMITIÉS – FAMILLE – RELATIONS…

– Ce mois-ci et en cette fin d'année, vous aurez l'esprit à la fête et fuirez la solitude ! Cela tombe bien, car beaucoup de sorties et de rencontres en perspective, vous n'aurez que l'embarras du choix.

– Cependant, si vous êtes *en couple,* quelques incompréhensions surgissent, et votre envie « d'ailleurs » est grande, mais si vous ne voulez pas vous brûler les ailes, arrêtez donc de papillonner, réfléchissez ! Surtout si celui-ci est en situation de crise, essayez de ne pas vous tromper et plutôt que chercher ailleurs ce que vous avez à la maison, ne serait-il pas préférable en cette fin d'année de redonner une chance à votre union, d'établir un dialogue sincère et tendre, afin de repartir sur de bonnes bases.

– Envie d'agrandir *la famille* ou de *changer de logement* ? C'est le moment !

– *En famille ou avec les amis,* vous connaîtrez des moments de grande joie. Vous serez très entouré.e, invité.e ou invitant à tour de rôle, vous saurez vous montrer très généreux.se ! Restez cependant dans la limite du raisonnable ! Pensez que même si c'est la période des fêtes, les factures resteront toujours présentes !

– Si vous êtes en *recherche de l'âme sœur,* mettez-vous sur votre trente et un, et regardez autour de vous, car il se peut que la perle rare soit dans les parages !

ARGENT – JEUX

– Votre générosité en cadeaux et les frais d'organisation des fêtes de fin d'année, vous mèneront tout droit à la banqueroute ! Revoyez vos dépenses avant de le regretter. Est-il nécessaire de faire des présents onéreux ? Qu'importe-t-il plus : le prix que l'on y met ou le geste en lui-même ? Bien souvent, un petit rien fait un grand plaisir !

— Vous « oublierez » le règlement de diverses factures, mais attention ! Il faudra bien un moment ou un autre, vous en acquitter, sinon, le rappel à l'ordre vous ramènera dans la réalité et les dépenses onéreuses de la fin de l'année vous laisseront un goût amer. Pour éviter ces contrariétés, restez dans le raisonnable et **2025** se terminera en beauté !

— Si vous avez des projets d'investissements en rapport avec l'étranger, et que vos moyens le permettent, ils peuvent être rentables.

— La chance aux jeux est présente ce mois !
— Vos chiffres si vous êtes joueur.se : 3, 6, 9, 12, 15, 24 et 39.

SANTÉ – FORME

— Vous êtes un peu las.se, le moral n'est pas au beau fixe, et vous ressentez un manque d'énergie, ce qui est pénible. Sans compter quelques douleurs dorsales à ne pas négliger. Consultez votre médecin au plus tôt, et évitez les sports qui pourraient vous faire courir des risques.

— Attention aux excès alimentaires en cette période de fêtes (crise de foie possible, surtout si vous êtes sensible au niveau digestif !)

— Entre les réveillons, mettez-vous au vert, ou même, une journée bouillon ! Cela vous permettra de ne pas trop vous priver.

TOUS DOMAINES
☞ **Vos meilleurs JOURS**
(où vous serez d'humeur conciliante) : 7 – 16 – 25
☞ **Vos jours DIFFICILES**
(où il faudra <u>contrôler</u> votre agressivité) : 1 – 10 – 19 – 28

Satisfait.e de vos prévisions ?
Alors rendez-vous pour **2026**
Avec
votre nouveau manuel mensuel
Disponible dès
<u>JUILLET 2025</u> !

& découvrez ci-après…
les tendances MONDIALES 2026 !

TENDANCES DE L'ANNÉE 2026
L'influence COLLECTIVE.

Un nouveau cycle commence !

> **2026 marque le début d'un nouveau cycle qui se prolongera sur une période de neuf ans.**

☞ *En GÉNÉRAL*

> Le NOMBRE 1 lié à MERCURE, les initiatives, la nouveauté, le désir d'entreprendre…n'indique pas forcement une année sereine ! Même si elle annonce la reprise, les nouvelles idées à mettre en place, il ne sera pas facile pour nos dirigeants de trouver un terrain d'entente, surtout avec les prochaines présidentielles qui se préparent.

– L'économie devrait être relancée, mais en opposition, de grandes dépenses sur tous les secteurs.

– La capacité d'innovation se renforce dans le secteur de l'automobile et des transports.

– En ce qui concerne le commerce de proximité, la culture maraîchère, les circuits cours, les « seconde main » seront en plein essor…

– En **2026** une prise de conscience accrue du respect envers la nature.

☞ *LES MOIS IMPORTANTS*

– *FÉVRIER* : recherches et découvertes pour économiser eau et électricité, ainsi que innovations écologiques.

– *AVRIL* : Changement dans notre vision du monde, plus enclins a vivre en harmonie avec la nature et nous rapprocher les uns des autres.

– *JUILLET* : nous reprenons confiance en l'avenir.

– de *SEPTEMBRE à NOVEMBRE* : nous entrerons dans une nouvelle phase pleine de promesses.

– DÉCEMBRE : dernière ligne droite avant **2027.**

**Et pour vous, sur le plan personnel
et en fonction de
votre NOMBRE CLÉ…
Dès *JUILLET 2025*,
vous pourrez découvrir
ce que vous réserve
2026.**

**sera en vente sur
maison d'édition : B.O.D
en librairie et sur les sites
déjà cités.**

ဆဝ

☞ En CONCLUSION

೫೦ಡಿ

➢ N'oubliez pas que la NUMÉROLOGIE n'est par irrévocable.

➢ Elle nous démontre au contraire que chacun de nous peut agir sur sa destinée.

➢ Elle nous éclaire et nous permet de choisir le bon moment.

➢ De saisir la chance quand elle se présente !

➢ *Les prévisions ne sont pas des prédictions*. Au contraire de la voyance, il s'agit là d'une **science précise** basée sur le calcul de vos **chiffres clés** en NUMÉROLOGIE, *(comme celles en ASTROLOGIE seront basées sur la position des planètes, le jour et à l'heure EXACTE de votre naissance...)*

➢ C'est pourquoi, les faits énoncés, bons ou mauvais, ne doivent pas être source d'angoisse ou d'inquiétude !

➢ Il ne s'agit que de TENDANCES…

...ou « D'AVERTISSEMENTS » !

➢ À vous de faire en sorte que les bons événements cités arrivent, et d'éviter les plus fâcheux.

➢ À vous de décider si vous devez suivre les conseils que vous proposent vos chiffres ou les ignorer. *(À vos risques et périls !)*

La numérologie vous laisse votre « *libre arbitre.* »

➢ Ceci étant signalé, je suis certaine que si vous suivez régulièrement vos PRÉVISIONS, elles s'avéreront un GUIDE PRÉCIEUX tout au long des 12 prochains mois, ainsi que des années futures…

➢ Vous serez surpris.e également de constater que la NUMÉROLOGIE est une science tout aussi exacte et fiable que L'ASTROLOGIE.

Je vous en souhaite bonne lecture.

Martine.

Autres ouvrages

de la

même auteure...

(Déjà parus)

**a) LA NUMÉROLOGIE FACILE ! *Tome 1*
AMÉLIOREZ et RÉUSSISSEZ votre vie grâce
à votre nombre CLÉ, dévoilé !**

– Comment êtes-vous perçu.e par votre entourage ? Quelle image a-t-on de vous ? Mettez-vous suffisamment vos qualités en avant ? – comment corriger vos faiblesses ?...
– vous pourrez vous servir de ce manuel pour AMÉLIORER *VOTRE EXISTENCE, devenir la personne que l'on à envie d'avoir pour ami(e)...* <u>ainsi que</u> : mieux connaître vos proches…

Vous y trouverez :

1/ Comment **calculer VOUS-MÊME votre nombre CLÉ***
correspondant à votre chiffre **du DESTIN…**
*(*À ne pas confondre avec le nombre CLÉ
de vos prévisions ANNUELLES – MENSUELLES)*

2/ Comment **calculer L'ESSENCE** de votre chemin de vie
+ L'interprétation qui lui correspond
(dans son aspect **POSITIF & NÉGATIF)**

3/ Comment **calculer** les **DÉFIS** de votre chemin de vie
+ L'interprétation qui leur correspond.

4/ l'interprétation de votre **JOUR** de naissance
ainsi que son **DÉFI.**

➢ Dans cette méthode sont détaillés : les **caractéristiques,** les **points forts** et les **points faibles** de <u>chaque nombre,</u> ainsi que : les **tendances** et **possibilités,** dans les <u>domaines :</u>
AFFECTIF – FAMILIAL – PROFESSIONNEL
– FINANCIER – SANTÉ.
– Et ce, concernant **CHACUN** des **9** nombres **DESTINÉE** + les **2** *nombres MAÎTRES* **(11-22)**
➢ En prenant ainsi en considération les **conseils** que nous proposent nos chiffres de vie, en relevant les **défis** suggérés, en ayant conscience de nos **qualités et dons** à développer, ainsi que de nos **défauts** à corriger (ou ignorer)…

– Nous avons un avantage considérable par rapport à ceux et celles qui restent dans le « *brouillard* » et il n'y aura plus l'excuse du : « *si j'avais su.*»

➢ Ainsi guidé.e, avec une meilleure compréhension et connaissance de vous-même, vous pourrez mieux faire face aux épreuves du temps et vous pourrez, en tant que parent, si vous avez encore des petits à la maison, (voire des adolescents), agir et réagir en leur inculquant les valeurs suggérées par leurs nombres de vie.

– Ce manuel sera pour vous le potentiel de réussite pour tous les domaines de votre existence !

Bien sûr, il ne vous empêchera pas de vivre des épreuves, de commettre des erreurs…
Mais il vous apportera une <u>aide précieuse</u> dans votre évolution personnelle…

Voici le BUT de cet ouvrage (de 184 pages).

****

b) LA CARTOMANCIE FACILE !
Ou PRÉDIRE LE QUOTIDIEN
AVEC <u>LE TAROT à JOUER</u>

PAPIER : 19 X 27 et EBOOK (téléchargement)

➢ De plus en plus de personnes sont attirées par les arts divinatoires, mais il n'est pas toujours aisé de se retrouver dans les multiples ouvrages proposés. Les uns contredisent les autres. C'est pourquoi, j'ai décidé d'écrire sur la CARTOMANCIE (le TAROT à JOUER) d'après mes expériences professionnelles…

➢ Une méthode facile, mais TRÈS complète. *(Avec exercices pratiques et corrigés en fin de volume !)*

➢ Si vous aussi, vous avez envie d'apprendre l'interprétation des CARTES, du TAROT à jouer... Vous serez étonné.e par la facilité et la simplicité de sa méthode. Vous pourrez dès la réception* de votre livre, commencer vos tirages de cartes pour vos besoins personnels ou pour un tiers. Il vous suffira d'un jeu de TAROT à JOUER. Votre tirage effectué en fonction du choix du moment, il vous suffira de lire les réponses proposées pour avoir un aperçu du futur proche. Ou d'avoir la réponse aux questions que vous vous posez !

*****

c) LE TAROT DE MARSEILLE FACILE !
Tirez 4 lames…
& lisez la réponse à votre question !

PAPIER : 19 X 27 et EBOOK (téléchargement)

…Cette fois, c'est avec un jeu des 22 lames majeures TAROT de MARSEILLE…

➢ Ce livre n'est pas comme les autres. Vous posez une question, vous y trouverez sa réponse DÉTAILLÉE, claire et précise.

Que ce soit sur : AFFECTIF – TRAVAIL – FINANCES – SANTÉ… Mais vous pourrez également interpréter des questions d'ordres secondaires : tel que sur des problèmes : de justice – juridique – déménagement – examens – etc.

➢ Il vous suffit de suivre les instructions dans cette méthode ultra complète, faire votre tirage, et vous reporter à l'interprétation de chaque lame. Chaque carte comporte son interprétation en position : FAVORABLE – DÉFAVORABLE – RÉPONSE finale… Mais vous y trouverez également des conseils (que vous transmettent les cartes appelées aussi lames)… Ce qu'il faut faire pour mettre toutes les chances de votre côté, ce qu'il faudra éviter, les défis à relever…

<u>Ainsi que :</u>

➢ a) Des exemples de questions posées pour les 2 positions principales : POUR & CONTRE et ce, pour CHAQUE lame.

➢ Cette méthode révolutionnaire est basée sur mes 30 années d'expérience quotidienne.

➢ b) à chaque chapitre, une série d'exercices pratiques, correspondant aux lames étudiées pour vous permettre de bien maîtriser cette méthode, avec en fin de livre tous les corrigés.

➢ Cette méthode du TAROT DE MARSEILLE est comme la précédente (sur le TAROT à JOUER) d'une simplicité telle qu'un enfant pourrait s'en servir. Car il suffit de savoir lire. Et si vous y ajoutez un peu d'imagination et que vous faites fonctionner votre intuition, vous pourrez, vous aussi, faire vos propres voyances et celles de votre entourage !

*****

Pour aller plus loin dans votre apprentissage
avec le TAROT de MARSEILLE,

Un autre livre est disponible… Il vous permet de faire des tirages pour *1 mois ou 1 an*… *Période anniversaire*… dans le même principe de simplicité pour l'utilisateur tout en étant très complet !

☞ LE TAROT DE MARSEILLE,
Façon ASTROLOGIE
ou *Chemin de l'évolution !*
(Un tirage TOUT EN 1 !)

PAPIER : 19 X 27 et EBOOK (téléchargement)

➢Avec <u>**1 seul tirage de 12 lames**</u>, plusieurs possibilités
s'offriront à vous, comme :
– *Prédire les 12 prochains mois à venir…*
-*Établir une Révolution Solaire (période anniversaire)*
➢ <u>Mais aussi :</u>
Utilisation des **12 Maisons Astrologiques**
(Correspondant *aux <u>12 principaux domaines de l'existence</u>*)
*Avec comme **définition PRINCIPALE** Pour :*
➢ *La MAISON 1 : L'ASCENDANT (le caractère du consultant, ses possibilités, son tempérament...)*

➢ *LA MAISON 2 : L'ARGENT (l'argent au quotidien – les acquis – les gains...)*

➢ *LA MAISON 3 : L'INTELLECT & LES RELATIONS : (les frères et sœurs – les voisins ... les écrits – les déplacements...)*

➢ *LA MAISON 4 : LES RACINES : (le foyer – le patrimoine – la famille – l'hérédité...)*

➢ *LA MAISON 5 : LE DYNAMISME : (la création (enfants – arts) – les liaisons...)*

➢ *LA MAISON 6 : LE QUOTIDIEN : (travail – maladies aiguës – petits animaux domestiques ...)*

➢ *LA MAISON 7 : la TRANSFORMATION : (les contrats : mariage – association, l'autre...)*

➢ *LA MAISON 8 : LA VIE & LA MORT : (les pertes – la mort – les héritages – la sexualité – les secrets...)*

➢ *LA MAISON 9 : LA PENSÉE – LA FOI : (les grands voyages – la spiritualité – les grandes études...)*

➢ *LA MAISON 10 : MONTÉE SOCIALE : (le pouvoir – la carrière – l'évolution professionnelle...)*

➢ *LA MAISON 11 : LES ESPOIRS : (les amis – les désirs – les projets – les protections...)*

➢ *LA MAISON 12 : LES ENNEMIS CACHÉS – LES ÉPREUVES : (la tristesse – les longues maladies – les limitations – la force morale...)*

➢ <u>Vous pourrez également</u> effectuer un tirage pour une tierce personne : (enfant – conjoint – parent…) et ainsi connaître son évolution pour les 12 prochains mois !

<u>Par exemple :</u>
– La MAISON 7 pour : le conjoint – le grand-père…
– La MAISON 4   //   : le père
– La MAISON 10 //   : la mère
– La MAISON 5   //   : l'enfant
– La MAISON 6   //   : l'oncle – le chat – le chien…

➢ D'une simplicité enfantine. Même si vous êtes néophyte en la matière, sans connaissances particulières, vous pourrez vous aussi « *lire* » votre avenir ou celui d'un proche avec cette méthode COMPLÈTE.

➢ Il vous suffira de faire votre tirage – de placer les cartes, comme indiqué dans la méthode… **et de lire les réponses.** *(Chaque domaine de l'existence aura son interprétation et ce pour chaque LAME en CHAQUE MAISON. Sans oublier son association avec la lame qui lui fait face pour le devenir de la situation en cours !)*

➢ Et si un doute subsiste **dans un domaine précis,** il vous suffira de refaire un tirage *en croix concernant 1 question bien précise* et vous aurez réponses à toutes celles que vous vous posez !

Alors n'hésitez pas à faire cet investissement !
➢ Le coût de la méthode vous reviendra à **moins cher**
Qu'une consultation de 1 heure en cabinet !
et vous pourrez renouvellement autant que vous le souhaitez
vos propres voyances <u>sans débourser un EURO de plus !</u>

✶✶✶✶✶

d) Le TAROT (de Marseille
comme GUIDE COMPORTEMENTAL

PAPIER : format A5 et EBOOK (téléchargement)

pour faire les bons choix vers une vie constructive
(à usage plus personnel).

– Une approche basée sur la psychologie et spiritualité, pour vous aider dans votre évolution personnelle. Entre 528 & 572 réponses proposées (endroit – renversé*). De quoi faire vous-même un tirage HEBDO ou MENSUEL ou une question UNIQUE… Méthode facilement interprétable !)*

➢ Que ce soit pour un tirage hebdo (tendance de la semaine) ou pour répondre à une question ou encore pour faire un prévisionnel mensuel sur les 5 domaines principaux avec 12 sous-domaines de l'existence…

➢ Chaque lame sortie vous fournira des informations sur

vous-même ou sur une situation en cours, ou encore, sur la personne qui occupe votre esprit ou qui est présente dans votre vie... Chacun des 22 arcanes MAJEURS étudié en position ENDROIT & RENVERSÉ, une prédiction, une orientation...

> En utilisant le tarot dans le but d' ÉVOLUER, il peut vous aider à faire les bons choix, mais aussi vous faire prendre conscience de vos erreurs, vous permettre de dévier votre route si vous avez pris le mauvais chemin, tout comme vous soutenir dans les épreuves... Cette méthode basée sur la PSYCHOLOGIE & la SPIRITUALITÉ, peut être un coup de pouce pour booster votre destin, vous faire pendre conscience, qu'autour de vous, il y a des Énergies qui sont déjà en place pour que vos projets, vos souhaits concernant un domaine bien précis, se réalisent.

> 3 tirages différents pour vous éclairer, vous suggérer telle ou telle attitude à tenir, vous guider pour résoudre tel ou tel problème ou vous assurer de la bonne continuité et évolution de votre demande, de votre démarche en cours, de votre souhait.

8 PAGES d'interprétation par LAME !

*****

E) Osez le mariage du tarot de Marseille avec le tarot à Jouer...

*Lames étudiées en sens ENDROIT & RENVERSÉ pour encore plus de précisions.
Méthode facile et ludique !*

PAPIER : 19 X 27 et EBOOK (téléchargement)

Ces ouvrages cités sont édités chez B.O.D
Et en vente sur : **B.O.D** – AMAZON – FNAC
CHAPITRE   DECITRE – RAKUTEN
(entre autres...)

Plus…
Multitudes d'autres livres
pour résoudre des problèmes divers…

ॐ